FRÉDÉRIC MASSON

de l'Académie Française

NAPOLÉON ET SA FAMILLE

VIII

(1812-1813)

PARIS

SOCIÉTÉ D'ÉDITIONS LITTÉRAIRES ET ARTISTIQUES

Librairie Paul Ollendorff

50, CHAUSSÉE D'ANTIN, 50

1907

NAPOLÉON

ET

SA FAMILLE

NAPOLÉON ET SA FAMILLE

VOLUMES PARUS

Tome I. (1769-1802), 1re partie . . . . 1 vol.

Tome II. (1802-1805), 2e partie . . . . 1 vol.

Tomes III et IV. (1805-1809), 3e partie . . . . 2 vol.

Tomes V et VI. (1809-1811), 4e partie . . . . 2 vol.

Tomes VII, VIII et IX. (1811-1814), 5e partie. . . . . 3 vol.

La sixième et dernière partie est en préparation.

FRÉDÉRIC MASSON
de l'Académie Française

NAPOLÉON
ET
SA FAMILLE

VIII

(1812-1813)

PARIS
SOCIÉTÉ D'ÉDITIONS LITTÉRAIRES ET ARTISTIQUES
Librairie Paul Ollendorff
50, CHAUSSÉE D'ANTIN, 50

1907

IL A ÉTÉ TIRÉ A PART

Vingt exemplaires sur papier de Hollande numérotés à la presse.

INTRODUCTION

A cette époque de la vie de Napoléon où je suis parvenu, la plus douloureuse qui soit à raconter, j'ai dû plus encore insister sur les responsabilités et, de plus près, suivre chacun des membres de la Famille afin de découvrir, s'il est possible la part qui leur incombe dans la catastrophe. C'est pourquoi ce tome huitième que j'annonçais l'an dernier comme devant bientôt paraître, m'a demandé de longs mois encore de travail et s'est si longuement étendu que j'ai dû le diviser en deux parties. J'espère, à moins de surprises, et l'on en rencontre à chaque pas, pouvoir terminer ce récit avant trois ans ; mais, dès à présent, j'aurai dit l'essentiel. Ce qu'il me reste à écrire n'est plus que le tressaillement de l'agonie. Si poignant qu'en soit l'intérêt ; si nécessaire que soit l'explication du rôle joué vis-à-vis de l'Empereur par les membres de la Famille à l'île d'Elbe, pendant les Cent Jours et durant la captivité de Sainte-Hélène ; si précieuses que soient les données qu'on y peut trouver pour compléter la physionomie psychologique de Napoléon envisagé sous cet angle ; au point de vue du système, au point de vue de la part qui incombe à la Famille dans l'histoire même de l'Empire, j'aurai dit ici ce que j'ai à dire.

Je me trouve une fois de plus obligé de le répéter : je n'écris point l'histoire de Napoléon, ni celle de l'Europe durant son règne, ni celle de l'Espagne, de la Westphalie, de la Hollande ou de l'Italie sous ses frères, j'envisage uniquement l'influence qu'a exercée sur ses desseins, ses actes et sa destinée l'esprit de famille. Dans cette mesure, j'essaie de prendre des événements la part qui se rapporte à une démonstration analogue à celle que j'ai tentée pour l'*Amour*, le *Conjugalisme*, le *Paternité*, et qui ne se trouve ici avoir reçu de tels développements que par suite de la multiplicité des personnages que j'ai dû envisager, de l'ignorance où l'on est resté de leur rôle, de l'obscurité que eux et leurs descendants se sont efforcés de jeter sur la part qu'ils avaient prise, surtout à la chute de Napoléon.

Je réserve, pour mes conclusions, d'expliquer par quel travail mystérieux, savant et surtout persévérant, on s'est, durant un demi-siècle, efforcé de fausser l'histoire au détriment de Napoléon, au profit de ses frères. Après la conspiration contre son autorité, j'exposerai la conspiration ourdie contre sa mémoire. Il suffit, pour le moment, d'avoir rétabli la vérité sur quantité de points où elle avait été volontairement dissimulée, contrariée ou retournée. Pour y parvenir, j'ai dû, en plusieurs cas, publier tout entières des pièces dont, si elle n'avaient été inédites, je me serais borné à donner les fragments les plus topiques. L'unité de mon récit y a perdu, qu'importe si la vérité y gagne. Je n'ai rien caché de ce que j'ai trouvé à la charge de Napoléon, mais rien non plus à la charge de ses frères et de ses sœurs. A chacun, j'ai essayé d'attribuer sa part de responsabilité. Celle qui revient à Joseph, à Jérôme, à Murat, à Eugène, est selon moi, singulièrement lourde, mais ce n'est point à dire que la Famille ait seule provoqué la catastrophe : celle-ci a d'autres causes bien plus lointaines et, historiquement, bien plus graves. Que la Famille ait contribué à en fournir l'occasion, c'est assez : tel est mon sujet. C'est dans les limites que je me suis tracées, entre les bornes que je me suis fixées que je dois être jugé : peut-être ai-je eu tort d'entreprendre ce livre, mais il est ce que j'ai voulu qu'il fût et si, par là, il a rempli mon but, je ne regrette rien des quinze années de travail que j'y aurai employées.

⁂

Quant à la cause réelle de la chute de Napoléon, je n'ignore pas qu'elle est ailleurs — et puisque je suis arrivé dans mes études à cette époque qui marque vraiment, à mon estime, la fin d'un système européen et le début d'un autre système, je veux m'expliquer nettement sur ce que je crois qu'elle fut et sur les conséquences proches et lointaines qu'elle a portées, qu'elle porte et qu'elle portera encore.

La chute de Napoléon en 1814 n'a point été le renversement d'un homme ou d'une dynastie ; elle n'a pas été, pour la France, un échec tel qu'une nation le répare, ou dont elle se relève. Elle a été l'abaissement de la France comme puissance directrice, et, en même temps que de la France, la subordination à l'Angleterre de la race latine et de l'Europe entière.

Napoléon n'a pas été un accident : il a été une résultante. Il représente, non pas une politique personnelle, mais la politique des âges ; il n'incarne point la quatrième dynastie qu'il a cru fonder, mais toute la longue lignée des rois qui, depuis qu'il y a une France, l'ont régie pour l'opposer aux desseins de l'Angleterre, qui, depuis qu'il y a une Europe, ont tenté d'en grouper l'effort contre la domination de la race anglo-saxonne.

De l'Angleterre à la France la rivalité s'est établie du jour où Guillaume le Bâtard, duc de Normandie et vassal du roi de France, a conquis l'Angleterre ; traversée par les incertitudes de la politique des deux nations, — surtout de la France — mais se retrouvant toujours active et vivace au fond de toute guerre particulière, elle a duré huit siècles.

Tout le reste de notre histoire est hors-d'œuvre ou épisode ; détournée vers l'Italie, l'Espagne ou l'Allemagne, la France manque à son œuvre, met son devoir en oubli, défaille à ses destinées.

D'abord, lutte des rois français contre les rois anglais pour la domination sur le royaume de France, lutte par laquelle s'agglomère, se coagule, s'affermit, s'établit l'unité nationale, incarnée dans le roi, souverain personnel de chacun des grands fiefs dont l'ensemble constitue son royaume. En la personne du roi et sous sa couronne, se confondent les droits de chacun des ducs, des princes, des comtes qui ont tenu ces fiefs. La France existe et vit par le roi, avant qu'elle vive d'une vie nationale ; elle a pris possession de son territoire ; elle est la maîtresse de son sol. L'œuvre est accomplie par Louis XI. Il a fallu cinq siècles.

Trêve alors, où la France se complète, s'agrandit, se civilise, se distrait aux aventures, s'éprend de phrases et de tableaux, mais où s'émeuvent aussi, sous prétexte de religion, des querelles où les races du Nord et du Midi s'acharnent; où, à la suite, la transformation s'opère d'un agglomérat d'États, presque sans autre lien de l'un à l'autre que le commun souverain, à un royaume unifié par l'embryon d'administration similaire que reçoivent les grands fiefs devenus provinces, par l'extension de l'autorité royale, par la disparition des féodaux, décimés bien plus par les guerres que par l'échafaud.

Pourtant les tressaillements de leur agonie se prolongent près de deux siècles, attestant à chaque fois une baisse de leurs forces, un épuisement de leur vitalité, de la Ligue et des révoltes contre Richelieu à la Fronde et aux conspirations contre Louis XIV, de l'avortement des Conseils à certains épisodes préliminaires de la Révolution.

Durant ce temps, la lutte s'est renouvelée; il ne s'agit plus entre la France et l'Angleterre, désormais constituées en nations, de la domination sur le territoire même de la France, il s'agit, pour la France, de la domination en Europe, pour l'Angleterre, bien plus ferme en ses desseins, de la puissance des mers. Les ambitions de l'Angleterre ont pris leur cours, ses visées ont un objet précis; elle ne s'en détournera pas un instant qu'elle n'ait touché son but. Toute autre affaire est secondaire ou accessoire, matière d'échange ou de spéculation, et, tandis que la France s'imagine croître en autorité et en puissance par l'étendue de ses possessions en Europe, par le greffage aux royaumes européens des branches de son tronc royal, l'Angleterre subordonne tout à la mer, aux possessions d'outre-mer, à l'extension de son domaine colonial.

La France, colonisatrice autant et plus que l'Angleterre, plus utilement, plus profondément, avec plus de pitié pour les humbles, plus d'entente avec les Indiens ou les noirs, s'est établie sur les points les plus intéressants des deux mondes. Peu à peu, siècle à siècle, guerre à guerre, l'Angleterre la dépouille, lui échangeant ses colonies contre de médiocres avantages territoriaux sur le continent — avantages qui ne vont même pas toujours à la France, mais à la Maison de France, procurent à celle-ci un trône ou un trônelet de plus. Le plan méthodique qu'a formé l'Angleterre ne s'attache pas seulement aux colonies, aux territoires qui peuvent recevoir et nourrir un trop-plein de population, fournir des matières premières ou présenter des éléments de commerce : l'Angleterre s'applique, en même temps, d'une façon raisonnée, à établir sur chaque mer un système de ports de refuge, de points d'appui ou de ravitaillement, de forteresses imprenables qui assurent à ses flottes la domination. Elle poursuit concurremment ces deux objectifs avec une lucidité merveilleuse, et elle ne s'en laissera pas détourner durant tout un siècle, malgré que l'avènement au trône de la dynastie de Hanovre ait créé à celle-ci des intérêts continentaux en lutte avec les intérêts maritimes. La nation ne soutient que le moins possible les querelles du souverain ; elle n'en tient pas compte dans sa politique générale et, si le souverain ou le fils du souverain s'engage à tort, elle le désavoue. Toute guerre qu'elle mène sur le continent doit porter un profit pour la domination de la mer.

La guerre d'ailleurs, elle la soutient par procureur ; elle ne cède que le moins possible à la gloriole de triompher en nom propre ; elle préfère, tant elle a l'esprit pratique, entretenir par des subsides les querelles qu'elle a vu ou qu'elle a fait naître, prendre à ses gages quelque puissance du continent, ou, au pis aller, acheter à quelque prince allemand des hommes dont elle forme des régiments britanniques. Elle a calculé qu'il était plus économique de payer des étrangers que de faire tuer ses nationaux et, son calcul établi, elle s'y est tenue.

Dans chaque variation de la politique française, elle trouve double profit. Étant constamment ennemie de la France, elle entreprend sur elle ; puis, la France contractant des alliances successives, elle en tire occasion de dépouiller les nations qui, momentanément, s'allient à la France. Ainsi, la rivalité entre la maison de Bourbon et celle d'Autriche ne lui rapporte pas seulement aux traités d'Utrecht, de la part de la France : l'Acadie, la baie d'Hudson, Saint-Christophe et Terre-Neuve, mais, de la part de l'Espagne, Gibraltar et Minorque ; l'entente de la maison de Bourbon avec celle d'Autriche ne lui rapporte pas seulement, aux traités de Paris, de la part de la France, le Canada avec ses dépendances, la Grenade, Saint-Vincent, la Dominique, Tabagò, le Sénégal, une partie de l'Inde, mais, de la part de l'Espagne, la Floride, le fort Saint-Augustin et la baie de Pensacola.

Dès le milieu du XVIIIe siècle, l'empire des mers semblait donc appartenir à l'Angleterre, grâce à la faute que « les Français commirent, comme a dit Frédéric II, de se mêler des troubles intérieurs de l'Allemagne. » Qu'ils y fussent attirés par des intérêts qui pussent les séduire et qu'ils dussent y trouver des avantages continentaux — tels que les Pays-Bas autrichiens — de nature à les entraîner, cela est possible, mais la mobilité de leur politique en présence de la rigidité inflexible de la politique anglaise, a porté là ses fruits amers. La diversité des ambitions a entraîné l'instabilité des desseins et l'éparpillement des forces : La France, dès lors, n'a pas su choisir d'être uniquement continentale, ou d'être avant tout maritime ; faute de choisir et croyant pouvoir suivre à la fois deux politiques, elle a annulé l'une par l'autre.

Pourtant, à la fin du XVIIIe siècle, elle paraît revenir à la notion plus exacte de ses destinées : sans abandonner ses intérêts continentaux, elle se contente de son territoire et n'aspire plus à l'agrandir. Elle met en valeur les colonies qui lui restent ; elle en acquiert ou en cherche quelques nouvelles qu'elle essaie de peupler ; elle développe son commerce maritime ; par des lois prévoyantes, elle unit étroitement ses sujets d'outre-mer à la couronne et réserve exclusivement à ses nationaux le droit de commercer entre eux. De ce simple fait, un immense afflux de richesses se produit vers la France ; parallèlement à la marine marchande, la marine militaire croît et se développe. Un courant national emporte vers les expéditions lointaines les jeunes activités. Des mers inconnues s'ouvrent sous la proue des navires fleurdelysés. A des îles nouvelles, ses marins imposent des noms français. Une flore créole, audacieuse et vibrante, s'épanouit sur le vieil arbre gaulois, parant chaque ramille de l'éclat joyeux de ses corolles éclatantes, aux parfums entêtants. Il y a de l'audace dans l'air, des bruits d'épée, des chansons d'amour ; une génération à peine et, par les créoles, la société a été transformée, — et la cour, et l'armée, et la marine, et presque la nation.

Les Anglo-Américains s'insurgent ; les créoles courent à leur aide, entraînent le gouvernement. Avec l'Angleterre la lutte se renouvelle, et cette fois, bien que débutant par un coup de tête, voici s'engager la grande guerre, celle d'où l'une ou l'autre des deux nations doit sortir triomphante ou pour jamais abaissée.

Le premier engagement dure cinq années (1778-1783). Le théâtre en est immense : désertant l'Europe, les adversaires s'affrontent en même temps sur toutes les mers. Les flottes ennemies se cherchent sur les océans, du golfe du Mexique au golfe du Bengale. Sur les points les plus distants, débarquements et combats ; les forteresses les mieux munies et les plus âpres succombent aux escalades joyeuses. S'appliquant à la stratégie navale et rompant avec la routine qui le déprime depuis un siècle, le génie français reparaît sur les mers en sa verdeur renouvelée, ses combinaisons, ses parades, son audace impétueuse et les ressources de sa diversité.

Tel il le faut saluer à cette heure et le voir en action alors qu'il paraît s'élancer à la conquête du monde. De Dunkerque à Bayonne, de Port-Vendres à Antibes, 135 000 gens de mer en service, Picards, Normands, Bretons, Saintongeais, Gascons, Basques et Provençaux : un tiers (27 000) breton, un sixième normand (26 000) un autre sixième basque (24 000) ; à peine un sixième provençal (21 000), le reste saintongeais (10 000) et picard (4 000). Quatre écoles les forment et les aguerrissent. La grande navigation avec les colonies qui occupe en 1787, 686 navires, jaugeant 219 000 tonneaux ; la grande pêche, pêche de la baleine au Brésil et au Groenland, pêche de la morue à Terre-Neuve, aux îles Saint-Pierre et Miquelon, en Islande, pêche du hareng, du maquereau et de la sardine, par quoi sont occupés des navires cubant 86 000 tonneaux ; la navigation avec le Levant, les Barbaresques, l'Inde et la Chine, l'Afrique (pour la traite), les îles de France et de Bourbon, 211 000 tonneaux ; enfin le cabotage de port à port, un million de tonneaux. Défalqués 34 000 d'ouvriers non naviguant, gens de mer hors de service et invalides entretenus, restent 100 000 marins, instruits par un continuel exercice, aimant la mer, l'ayant pratiquée sous toutes les latitudes, endurcis et vigoureux.

Pour les commander, un corps d'officiers héréditairement destinés à servir le Roi sur mer, descendant la plupart de familles qui s'y sont consacrés, nobles, non pas à douze quartiers, mais à quatre, débutant pour l'ordinaire par une campagne comme volontaires, admis ensuite dans l'une des trois compagnies de gardes-marine, instruits alors par un cours d'études de trois années, que sanctionnent des examens sévères, embarqués comme gardes du pavillon, et gagnant des grades uniquement par ancienneté ou pour action d'éclat. Les officiers du Corps Rouge, dont beaucoup, cadets de famille, sont rattachés à l'Ordre de Malte, y trouvant en la jeunesse une école de pratique, plus tard des récompenses enviables et enfin une retraite somptueuse, ont acquis un aplomb, une sûreté, une habileté tactique qui les rendent redoutables. Les équipages qu'ils tiennent en main ont, sous eux, développé leurs qualités manœuvrières, et, dans les spécialités, ont été appliqués à un entraînement qui les fait égaux aux meilleurs. Les compagnies franches de la marine rivalisent d'entrain et d'alacrité avec les troupes de terre embarquées pour les expéditions.

On le voit bien à Dominique, à Saint-Vincent, à la Grenade, à Tabago, à Saint-Eustache, à Minorque. Dans les batailles navales de la mer des Antilles et de la mer des Indes, on peut juger combien a pris de vigueur et d'autorité la marine française : si partout la fortune ne lui est pas favorable, partout elle balance la victoire et se montre redoutable. Elle est à égalité avec l'anglaise et, pour la première fois, sur la mer, et pour la conquête de la mer, elle concentre ses efforts et obtient des résultats en faisant reculer sa rivale.

A la paix, c'est peu de chose sans doute pour la France que des concessions pour la pêche à Terre-Neuve, que la restitution de Sainte-Lucie et des établissements dans l'Inde, la cession de Tabago et du Sénégal, mais l'Espagne a regagné Minorque et les deux Florides ; la Hollande, il est vrai, perd Negapatam et le droit de navigation et de commerce exclusif dans les mers de l'Inde ; mais le bloc anglo-saxon a été coupé en deux : que, pour le moment, par tradition, par attachement à l'ancienne mère patrie, les Anglais des États-Unis, libérés politiquement de l'Angleterre, restent, pour le commerce, liés avec elle plus qu'avec la nation libératrice, peu importe : en développant leur industrie, leur commerce et leur marine, ils deviendront ses rivaux ; et, portant les mêmes qualités, les mêmes vertus de race, la même opiniâtreté native, avec l'esprit d'entreprise par surcroît, ils pourront être pour la France de précieux auxiliaires, pour l'Angleterre de redoutables ennemis.

Mais, pour arrêter ceux-ci en leur développement, pour combattre et vaincre ces Français dont les succès l'inquiètent, l'Angleterre trouve des armes nouvelles bien autrement meurtrières que les boulets et les balles. Si la France est devenue menaçante pour sa domination, c'est par ces colonies qui l'enrichissent, qui alimentent, instruisent, éduquent sa marine. Il faut détruire ces colonies : ce qui en fait la richesse, c'est le travail des nègres. L'Angleterre, jadis, pour obtenir le droit exclusif de fournir des nègres aux colonies espagnoles, pour s'assurer pendant vingt-six ans la vente annuelle de 4 800 nègres, *pièces d'Inde de la mesure ordinaire*, a rudement mené la guerre et a obtenu satisfaction par l'article 12 de la paix d'Utrecht et par le traité particulier de Madrid ; elle a, pour cet unique objet, renouvelé la guerre avec l'Espagne en 1739 ; elle a espéré le regagner par l'article 26 du traité d'Aix-la-Chapelle, elle se l'est fait très chèrement racheter par le traité de Madrid du 5 octobre 1750 : mais, à présent qu'elle n'a plus ou presque plus de colonies à esclaves, elle se sent prise pour les nègres d'une immense pitié. Sa philanthropie déborde — admirable article d'exportation — d'autant plus désintéressée que, par l'abolition de la traite, périssent les colonies françaises, espagnoles et portugaises, et prennent leur essor les colonies anglaises.

En même temps, pour détruire la marine, la puissance maritime de la France, il y a la Révolution.

Si l'Angleterre ne la fit point, elle y participa ; elle tourna les troubles civils à son utilité. Elle propagea les incendies, paya les émeutiers et les massacreurs. Cela, tel qu'au début on le saisit, pouvait être le fait d'individus, mais les individus anglais sont toujours les agents de la collectivité ; leurs actes, même spontanés, sont inspirés par l'esprit national.

Voici d'ailleurs en scène le gouvernement même : jeter l'indiscipline et l'anarchie dans les équipages, contraindre à la fuite et à l'émigration les officiers du Corps Rouge ; susciter dans les colonies la révolte des noirs et leur fournir des armes pour tuer les blancs ; attaquer en pleine paix les navires français, les capturer ou les détruire ; s'introduire, sous prétexte d'y rétablir les droits du roi de France, dans le principal des ports de guerre, s'emparer du matériel, brûler l'arsenal et la flotte; après Toulon, viser Brest et, par vingt tentatives pour quoi rien n'est ménagé, essayer de s'y introduire pour anéantir, après la flotte de la Méditerranée, la flotte de l'Océan; organiser en régiments les officiers de la marine, les jeter sur une plage de Bretagne, les y livrer aux républicains dix fois plus nombreux, rappeler alors les chaloupes et couper les câbles, pour que, d'un coup, périssent le présent et l'avenir, c'est, dans la Révolution, la mission utile et pratique que se réserve le gouvernement britannique.

La Révolution provoquée repousse l'invasion et se jette en conquêtes sur le continent : voilà qui est bien; à se détruire entre eux, les Européens font le jeu des insulaires. Ceux-ci les excitent, les poussent, les fournissent d'armes et d'argent. Ils échauffent et nourrissent les guerres civiles; ils prêtent aux révoltés tous les secours; ils se rendent généreux et même prodigues pour aider les Français à s'entre-tuer, pour élargir et creuser l'abîme qui les sépare, pour les rendre irréconciliables et par l'anarchie où ils la jettent prendre leurs garanties pour que la France s'enfonce à l'abîme.

Elle se relève pourtant : Un homme est venu qui comprend tous ses intérêts, connaît tous ses besoins, partage toutes ses aspirations, revendique tous ses droits; un homme pour qui la conquête de l'Italie n'a semblé qu'un moyen, non un but, et qui, ayant contraint à la paix l'empereur allemand, ayant formé des deux grands peuples latins une coalition de principes, de sentiments et d'utilité, s'est jeté aussitôt sur cette Égypte, la clef du monde, et s'en est emparé. Clef du monde, oui. De là, la conquête de l'Asie est un jeu; la conquête de l'Afrique, une promenade : toutes les colonies d'Amérique mises ensemble ne valent pas l'Égypte systématiquement exploitée. « Les Français, une fois maître des ports d'Italie, de Corfou, de Malte et d'Alexandrie, la Méditerranée devient un lac français. » Et vers ce lac, de l'Inde, par le canal de Suez percé, couleront toutes les richesses du monde.

Rappelé par la France qui a besoin de lui, cette homme accourt, laissant en Égypte des forces qui, si ceux qui les commandent avaient la volonté de combattre et de vaincre, suffiraient à repousser toutes les attaques ; il comprime l'anarchie, déblaie les frontières, dissout la coalition préparée, contraint l'Europe et même l'Angleterre à accepter la paix que, pour son début, il leur a offerte. Et dès lors, sous son autorité bienfaisante, la France se réorganise; pour la première fois depuis dix ans, elle connaît des lois stables qui ne sont point des délires philosophiques, des formes de persécution, des arrêts de proscription; elle connaît une administration et un budget; dans la sécurité rétablie, elle se reprend à vivre, à produire, à commercer : plus de guerre civile, plus de guerre religieuse, l'ordre dans la nation, la paix dans les consciences! Mais, l'Égypte échappant, pour procurer à cette France les débouchés nécessaires, acquérir les matières premières, entretenir l'industrie, rétablir la marine, il faut rechercher des colonies : donc, retourner à cette Amérique où le Premier Consul s'est ménagé les anciennes possessions de la France royale, arrondies de territoires espagnols. Avec Saint-Domingue arraché à la tyrannie des nègres, avec la Louisiane, sanatorium, pays de ravitaillement, point d'appui militaire, avec les Antilles et la Guyane, c'est encore un beau domaine, et, aux ressources qu'il fournit jadis, on peut mesurer les richesses qu'il produira. Un rêve généreux, cela ; mais, outre que l'Angleterre n'entend point qu'il s'accomplisse, elle se refuse à restituer les conquêtes qu'elles a faites et que, par le traité d'Amiens, elle s'est engagée à abandonner : l'Égypte, qu'elle n'évacue que devant les menaces de la Russie ; le cap de Bonne-Espérance où elle contredit et révoque, jusqu'au 21 février 1803, ses ordres de rétablir l'autorité batave ; Malte enfin que, sous aucun prétexte, elle n'entend restituer. Les Anglais maîtres de Malte et de Gibraltar, c'est la Méditerranée à leurs mains. Malte est l'occasion ou le prétexte que les Anglais cherchent. Abattre l'homme qui à la tête de la France régénérée, menace leur domination, c'est le but : l'Angleterre rompt la trêve et déclare la guerre.

En voici là troisième période, celle où, pour chacun des deux peuples, l'existence même est en jeu. La première bien que, matériellement, elle eût peu rapporté à la France s'était terminée à son avantage et à sa gloire, dans l'espérance légitime d'une grandeur future ; la deuxième, bien que, par le traité d'Amiens, l'Angleterre n'eût officiellement gagné que la Trinité et Ceylan, s'est achevée, au profit de celle-ci, par une prodigieuse extension de sa marine, par l'abaissement de la marine adverse, par la perte de la plupart des colonies françaises, livrées au pillage et à l'anarchie, abandonnées aux Américains qui allaient les envahir.

La France sans doute a fait preuve, sous la baguette du magicien, d'une étonnante vitalité. Mais la Révolution a distendu en elle, même brisé, bien des ressorts. L'immuable fidélité au souverain qui, dans les grandes crises nationales, groupait tous les cœurs, réveillait toutes les énergies, et, comme après Malplaquet, montrait le peuple entier, gens de métier, de noblesse et de clergé, debout autour du chef, a fait hélas! ses dernières preuves contre l'indépendance de la nation, à l'armée de Condé, dans les guerres de Vendée et de Bretagne; c'est dans les rangs des étrangers envahisseurs que se sont confondus les derniers serviteurs du roi de France. La discorde a énervé et contredit la puissance française, armé les uns contre les autres les enfants du même sol; élevé entre eux des barrières qui ne peuvent être franchies; non seulement les convictions politiques et la foi religieuse les séparent, mais les intérêts qui ne peuvent être conciliés, les crimes qui ne peuvent être pardonnés. L'unité nationale est rompue. Pour la rétablir, et pour combien de temps! à une heure de suprême danger, il faudra plus d'un demi-siècle. Jusque-là une incurable faiblesse, des complicités prêtes, des trahisons s'offrant, tout ce que l'étranger encourage, tout ce dont il profite pour abaisser un peuple et le réduire à être esclave.

Refaire l'unité a été le but exprès de Bonaparte : il y a employé son génie et, dans toutes les parties où il a pu atteindre, il a contraint les êtres à se réconcilier. Mais il manquait à son pouvoir le prestige des siècles; de la Révolution, dont il était le fils et le soldat, il eût vainement renié les principes; il n'eût pu en détruire l'œuvre matérielle : les biens ne pouvaient appartenir à la fois à ceux qui les possédaient hier et à ceux qui les possédaient aujourd'hui. De ceux-ci ou de ceux-là, il fallait choisir, et Bonaparte se fût aliéné les uns sans conquérir les autres. Ces autres, il concentra ses efforts pour les gagner : Il crut y parvenir en faisant d'eux des chambellans, des écuyers, des préfets, des officiers de ses armées. Il disposait des emplois; il n'était point le maître du temps. Le temps seul eût consolidé l'édifice, aggloméré et uni tous les matériaux divers dont un seul homme l'avait formé. Que cet édifice eût l'air de monument, c'était beaucoup; de fait, il ne tenait debout que par la constante application de son architecte, gourmandant les ouvriers, les contraignant à besoigner, leur commandant l'union. Mais on ne commande pas la concorde.

Donc, lui seul du côté de la France, et à la tête des Anglais, emportés tous par la même passion, tendant tous au même but, avec la puissance coalisée et compacte de leurs traditions, de leurs intérêts, de leurs dépits, de leurs ambitions et de leurs haines, une oligarchie irresponsable, gouvernant despotiquement sous l'étiquette d'un roi insensé et d'un régent méprisé, pensant, voulant, exécutant un unique dessein qui est celui de la nation entière, — celle qui compte, le *pays légal*; ne s'en laissant distraire ni par les propositions pacifiques des Français, ni par les souffrances de la populace anglaise, ni par les échecs subis, ni par l'immensité des sacrifices, engageant pour le remplir toutes les ressources, tout le crédit, tout l'avenir du royaume, s'élevant au-dessus de tous les scrupules, employant tous les moyens, soudoyant Saint-Rejant ou Cadoudal comme l'Autriche ou la Prusse, étranglant à Pétersbourg, bombardant à Copenhague, incendiant à Boulogne, mettant en ligne les bandits espagnols, les princes bourbons, les majors prussiens, les machines infernales, les canons et les couteaux; tenant marché pour les consciences et payant à guichet ouvert les trahisons; racolant tous les intrigants, Dumouriez ou Pozzo, Rivoire ou Kolli, Pichegru ou Sarrazin; comme les individus, mais plus chèrement, achetant les cabinets et les cours, introduisant à chacune ses agents boute-feu, prêchant la résistance, organisant l'attaque et l'un après l'autre, ruant les peuples contre ce misérable Bonaparte.

L'adversaire est digne d'une telle haine, puisqu'à lui seul il la défie, mais, pour se défendre, il emploie d'autres armes; il joue franc jeu, et c'est le heaume levé qu'il entre en lice. L'Électorat de Hanovre saisi, le roi d'Angleterre ne cède point. L'oligarchie anglaise se trouverait presque heureuse d'être libérée de ce poids mort qui alourdit san vaisseau. C'est donc la Grande-Bretagne qu'il faut viser. En Irlande, où l'on croit encore avoir des amis, on tentera, le moment venu, une expédition, mais ce ne sera qu'une diversion, subordonnée à l'effort principal : celui-là, sur Londres. Des côtes de France aux côtes d'Angleterre, c'est un saut qu'on peut faire. Il suffit de bateaux plats qu'on construira sur tous les fleuves, toutes les rivières, qu'on groupera sur le détroit, qu'on protégera par des batteries de terre, qu'on tirera au besoin sur le sable. Deux heures de bon vent et de mer libre et la Grande Armée touche le sol anglais.

Mais pour nettoyer le Pas-de-Calais, il faut, ne fût-ce que deux heures, que la flotte française y soit maîtresse. Comme il fait sur terre avec ses fantassins, Napoléon, sur mer, fait marcher ses vaisseaux. Il pointe ses cartes et dresse ses plans : une envolée sur les Antilles entraînant en poursuite une partie des Anglais, un retour en coup de vent débloquant les ports de la Péninsule, ralliant au pavillon quiconque est Français ou Espagnol, et, toutes les forces assemblées, l'entrée dans la Manche et la bataille.

Pour exécuter un tel dessein, qui veut de l'intelligence, de la décision, de l'habileté et de la manœuvre, manquent les officiers du Corps Rouge que l'Angleterre fit tuer à Quiberon, manquent les équipages que ces officiers avaient formés et dont la Révolution a anéanti la discipline et l'instruction, manquent les vaisseaux que les Anglais brûlèrent à Toulon. En une année, on lève, on instruit, on aguerrit une armée de terre ; une armée de mer est la résultante des efforts continus d'une nation durant une suite de générations. Napoléon le sait, mais qu'y peut-il ? Là non plus il n'est pas le maître du temps. Des heures parcimonieusement mesurées qui lui ont été imparties, il fait des miracles, mais tels que l'homme peut en faire. Il ne peut ni reculer dans le passé, ni devancer l'avenir, il n'a que le présent. Tous les éléments que le présent peut fournir, il les lui prend.

L'Angleterre tremble : depuis les temps de Philippe II et de la Grande Armada, jamais telle menace contre son indépendance. A tout prix, il faut une diversion sur le continent et, bien que les fils de sa trame ne soient pas rejoints encore, bien que la Coalition dont elle est l'âme ne soit encore ni assurée ni prête à l'action, pour détourner le coup et se donner de l'air, elle lance l'Autriche en avant; le reste, Russie et Prusse, suivra. Napoléon quitte en hâte les rivages de l'Océan; il marche, il arrive, il triomphe : c'est Ulm, et l'Autriche abattue, mais l'Angleterre a respiré et, au même moment, Nelson abolit la flotte française.

C'est fini de la mer pour dix années : les efforts isolés ne serviraient qu'à sacrifier des hommes et des navires. Après Austerlitz, où les Russes, tardivement accourus au secours des Autrichiens, ont subi le même échec, Napoléon prend son parti. Le royaume des Deux-Siciles s'est fait l'allié des Anglais : les Bourbons ne règneront plus à Naples. La Péninsule entière, des Alpes à l'Adriatique, subira la loi française et s'opposera au commerce anglais. Avec l'Espagne alliée, la Hollande sujette, la Prusse achetée et payée par l'Électorat de Hanovre, l'Europe se fermera aux Anglais. L'Angleterre, pour parer le coup, suscite par une surenchère la Prusse qui, tout à l'heure, s'énorgueillissait de ses dépouilles : Napoléon y marche et, lorsqu'il l'a abattue à Iéna, et que, le royaume conquis, il est entré en triomphateur dans la capitale des Hohenzollern, il précise et affirme son nouveau plan de guerre.

L'Angleterre a les mers; soit! Il aura, lui, le continent entier, seul marché où l'Angleterre écoule son industrie, où elle véhicule et détaille les produits du monde. Plus de port qui soit ouvert à ses navires, plus d'entrepôt pour ses marchandises, plus de commerce; la mer libre, la terre fermée. La première des guerres économiques commence. Pour un intérêt que les peuples et les gouvernements abusés croient politique, et que l'Angleterre s'efforce de leur montrer tel, alors qu'en fait, c'est l'avenir industriel, commercial, financier de l'Europe qui est en jeu, il faut que Napoléon contraigne et tyrannise les goûts, les habitudes, le commerce, la fortune de l'universalité des Européens; qu'il étende, des bouches du Cattaro au golfe de Finlande, un réseau de douanes si serré que rien ne le traverse des marchandises que les Anglais fabriquent ou transportent; il faut que, partout, à tout instant, il se tienne prêt à réprimer la contrebande et la fraude, car, s'il laisse une fissure, par elle, coulera sur l'Europe l'Angleterre entière; il faut que, sous la loi qu'il a décrétée, il maintienne tous les peuples qu'il réduit à la misère et dont il trouble toutes les façons de vivre ; il faut qu'il convainque à chaque instant les souverains qu'il a vaincus et dont il a cru se faire des alliés, les souverains qu'il a établis et dont il a cru se faire des feudataires, que, par là seulement, l'Angleterre est vulnérable, que, par là seulement, la liberté des mers peut être acquise à l'Europe, donc l'essor industriel, commercial, colonial, donc la prospérité, et l'indépendance.

L'Angleterre se défend ; elle engage dans sa querelle chacune des nations d'Europe après l'autre : Dès 1806, durant que Napoléon est à Berlin, elle agite l'Espagne ; après Eylau, Friedland, Tilsit, par quoi Napoléon a cru fermer le cercle, en enlevant aux Anglais leurs derniers marchés, il revient à cette Espagne suspecte, à ce Portugal décidément anglais. Conquérir le Portugal ? Soit, c'est affaire d'une marche forcée. A l'Espagne à présent ? Pourquoi pas ? Ne fait-elle pas depuis huit ans tout ce qu'il veut, prévenant ses désirs et s'offrant toute, comme sa reine. Il mettra là un de ses frères, de même que Louis XIV son petit-fils, et point à lutter contre le Savoyard, l'Autrichien ou le Hollandais : non, mais contre les Espagnols, et chacun des royaumes, chacune des villes, chacun des hommes. L'abdication de Charles IV en faveur de Joseph ne vaut-elle donc point le testament de Charles II en faveur du duc d'Anjou ? Il y manque le huitième de sang espagnol qui coulait aux veines de Philippe V, et, cela, c'est le passé, le temps, la légitimité : surtout, nul, en Espagne, ne croit que, par un frère de Napoléon, l'Espagne puisse être indépendante, tandis que, par un descendant de Philippe IV, tout le monde en était convaincu. Et une guerre s'engage alors, guerre nouvelle où nulle victoire n'apporte de fruits, où, des villes prises, on ne garde que des ruines et des cadavres, où tout est hostile, la montagne et le torrent, l'église et l'hôpital, où les petits enfants crachent sur les soldats, où les femmes les empoisonnent, où, pour les brûler, les vieillards incendient leurs maisons. L'Empereur n'a point compris : dans sa mentalité, nulle insurrection populaire ne saurait tenir devant un régiment : que ce soit à Paris, ou à Pavie, en Westphalie ou à Parme, cela ne saurait compter. Avec une exécution militaire on en a raison. Alors, il envoie des conscrits qui se font cerner et prendre ; puis, il verse sur l'Espagne, pour épargner des Français, les contingents de ses alliés, des Italiens, des Napolitains, des Polonais, des Westphaliens, des Badois, des Hessois, des gens de Nassau, de Berg, de Francfort, de Saxe, d'Anhalt, de Lippe, de Schwartzbourg, de Waldeck, de Reuss, de Wurtzbourg, l'écume de vingt peuples. Et tout cela passe à l'Anglais qui paye bien, s'embauche à des guérillas cosmopolites, fournit de soldats les régiments britanniques, écume les routes et soutient l'indépendance espagnole. L'Empereur nourrit lui-même la guerre : tout renfort qu'il croit envoyer à ses armées accroît la résistance de l'ennemi.

Partout, en Europe, un flottement se produit ; les vaincus reprennent courage, les légitimes prêchent aux peuples la révolte et la révolution ; l'Angleterre souffle le feu, et jetant ses missionnaires dans toutes les cours, annonce la chute prochaine du tyran. Ainsi fait-elle partir l'Autriche avant que la Coalition dont elle assemble les éléments soit formée. Du fond de l'Espagne, Napoléon accourt, et par un grand effort — car la fortune a cessé d'être constamment fidèle, — il triomphe encore.

Comment, par quels moyens s'assurer cette Autriche qu'il eut cette fois tant de peine à vaincre et qui n'a pas craint de s'allier contre sa domination aux sociétés secrètes et aux ligues d'assassinat et de vertu ? Comment, du même coup, se faire agréer par l'Europe monarchique, acquérir ainsi une légitimité de reflet, sinon d'essence, et contraindre les souverains à adopter son système politique, en les engageant par des alliances de famille ?

A défaut de la Russie qui se dérobe, l'Autriche offre son archiduchesse. Par ce mariage, il voit sa puissance affermie, sa dynastie fondée. Il se tient, en France, pour le successeur naturel des Bourbons dont il devient le neveu ; il se tient, en Europe, comme pareil aux Habsbourg dont il est le gendre ; il n'en reste pas moins pour la France le soldat de la Révolution dont elle s'émeut qu'il paraisse déserter la cause ; il n'en reste pas moins, pour l'Europe, le Corse parvenu, dont les aristocrates conjurés méditent l'écrasement ; pour l'Angleterre, l'unique ennemi, celui qui, ayant deviné ses desseins, a porté à les déjouer la hardiesse, la persévérance, la fertilité de moyens, par qui seulement elle pourrait succomber.

Dans l'enivrement de son mariage, de la naissance de son fils, il laisse couler les jours; il n'en finit pas avec l'Espagne. Il laisse ouverte la plaie qui suppure. Sentant que nulle part on ne se conforme à son esprit, on n'obéit à son plan de guerre, il assume seul le gouvernement d'un empire dont chaque jour étend les frontières. Il le porte tout entier dans sa tête, il y commande seul, il est, dirait-on, le seul à y penser. De Cadix comme de Hambourg, de Laybach comme de Varsovie, tout arrive à lui, et, de même, tout part de lui. Cela demande, rien que pour la route, des jours et des jours. A la moindre crise nul n'a droit de parer, on attend des ordres. Si les communications s'interrompent, tout est en péril. Révolté par la médiocrité d'êtres qui le servent mal ou qui le desservent, il les a réduits à la passivité. La machine marche par cet unique ouvrier : au moindre grain de sable, tous les rouages seront paralysés.

L'Angleterre, cependant, a levé un autre empire. Malgré l'Espagne toujours en révolte, il se lance dans cette guerre de Russie qu'il ne saurait éviter; il entraîne à sa suite l'Allemagne frémissante, la Prusse irréconciliable, l'Autriche traîtresse. C'est l'Angleterre qu'il va combattre si loin, mais, la Russie abattue, ce sera fini; elle ne trouvera plus sur le continent personne pour embrasser sa cause, — cette cause qu'elle dit être la liberté de l'Europe et qui n'est que la servitude des mers.

Il est victorieux par les armes; il est vaincu par les éléments. A grand'peine, il revient presque seul en France, dans cette France où il a suffi du bruit de sa mort pour ébranler son empire jusqu'aux fondements. L'incendie est partout allumé : c'est la Suède ennemie, puis la Prusse, l'Autriche, les États de la Confédération, l'Allemagne entière; c'est l'Italie qui échappe, l'Espagne qui, d'envahie, se fait envahissante, la Hollande qui se soulève; l'Europe entière est ruée contre lui — et par les Anglais. Officiers anglais à tous les quartiers généraux d'armée, émissaires anglais dans tous les cours, à Stockholm, à Konigsberg, à Vienne, à Munich, à Naples, partout la haine anglaise qui excite, la roideur anglaise qui commande, l'or anglais qui paye.

Il tombe — avec lui, la France, et sans qu'elle en ait conscience, l'Europe. Il tombe parce que la France s'est divisée contre elle-même, que les Bourbons ont surenchéri à des conditions de paix qu'il eût pu subir, mais qu'il n'eût jamais acceptées telles qu'elles anéantissent la puissance maritime de la France. Cette puissance, il l'avait renouvelée et il attendait l'heure de l'employer.

Au 1er avril 1814, il existait sur mer, dans ses ports, depuis Dunkerque jusqu'à Toulon, à Anvers, à Gênes, Venise et Corfou 559 bâtiments de toute force et de tout rang : dont 41 vaisseaux de haut bord à la mer, 24 en réparation, 38 en construction; 20 frégates à la mer, 18 en réparation, 17 en construction; le reste, corvettes, bricks, flûtes, gabarres, transports et bâtiments légers. Les Bourbons livrèrent tout ce qui était d'armement terrestre hors des frontières de 1792, dotation des forteresses d'Allemagne et d'Italie, dépôts d'artillerie et de munitions, vivres et provisions de tout genre. Ils livrèrent, avec les places maritimes, les arsenaux et les vaisseaux de guerre armés qui s'y trouvaient, les matériaux de construction, l'artillerie et les munitions navales. Pour les navires armés, désarmés ou en construction qui étaient à Anvers devenu le grand port français refusé pour cela jusqu'à la dernière heure par l'Empereur (35 vaisseaux, 12 frégates, 4 bricks) la France en obtint les deux tiers, à condition de faire retirer ou vendre dans le délai de trois mois tout ce qui lui appartiendrait par ce partage. Ainsi, pour les Anglais, grâce aux Bourbons, plus de flotte française à craindre. Anvers leur devenait redoutable : Anvers ne sera plus qu'un port de commerce. L'Angleterre trouve à sa convenance les îles de Tabago et de Sainte-Lucie, l'Ile de France, Rodrigue et les Séchelles; elle les garde, et l'Inde tout entière. Ce n'est pas sur la France seulement que l'Angleterre entreprend, mais sur ceux qui, contraints et forcés, se trouvèrent un temps les alliés de la France : des Hollandais, il lui faut le Cap de Bonne-Espérance, Demerary, Essequibo et Berbice, le district de Bernagore près de Calcutta et l'île de Ceylan; des Espagnols, l'ouverture à son commerce des colonies qu'elle se charge de détacher de la métropole, et l'engagement de n'entrer avec la France dans aucun traité analogue au Pacte de Famille.

Enfin, Malte lui reste et, pour le temps qu'elle veut, elle s'établit aux Iles Ioniennes.

Ainsi, sur toutes les mers s'étend-elle, complétant son système de forteresses et de points d'appui, et fondant sa domination de façon qu'elle ne craigne plus aucune rivalité. Sur les colonies tropicales d'exploitation, elle ne porte point son ambition; à son ancien domaine des Antilles, acquis avant la fin du xviiie siècle (les îles Bahama, les Barbades, les Bermudes, la Grenade, Saint-Vincent, Antigoa, Montserrat, Saint-Christophe, la Jamaïque, les îles Malouines, la Trinité), elle joint seulement Sainte-Lucie et Tabago, sur le continent méridional une partie de la Guyane; au centre, son poste d'observation du Honduras, mais cela ne compte guère pour elle : de territoires qu'il faudrait cultiver par des esclaves noirs, elle n'a que faire. Les Indes lui suffisent, où les habitants, n'étant pas noirs, ne seront pas réputés esclaves, étant qualifiés sujets, et ne seront pas vendus — ce qui est immoral — mais loués — ce qui est pratique. Ce bétail humain en location, le preneur n'a point à le soigner comme s'il l'avait en propriété. Que lui importe qu'il crève et qu'importe au bailleur [illegible], dans cet immense réservoir d'êtres à peau grise, puise sans compter, prévenant ainsi les révoltes fâcheuses et remédiant, par une dépopulation raisonnée, aux onéreuses famines? Les Indes ne voulant pas d'esclaves noirs, mais des natifs qui rendent les mêmes services, pourquoi l'Angleterre tolérerait-elle que, au moyen des noirs, les nations européennes, fissent concurrence à l'industrie agricole des Indes, développassent leur commerce et alimentassent leur marine? Elle est philanthrope, cette Angleterre, lorsqu'il ne lui en coûte rien. Il lui convient que la traite des noirs soit prohibée, et la France aussi bien que l'Espagne devront unir leurs efforts à ceux de Sa Majesté Britannique pour en obtenir, au futur Congrès, l'abolition par toutes les puissances de la Chrétienté.

Hier, c'était pour en avoir le monopole que l'Angleterre menait la guerre — elle avait alors ses colonies d'Amérique; — à présent qu'elle ne les a plus, c'est pour la supprimer. En même temps qu'elle abandonne généreusement aux Européens les territoires qu'ils devront laisser incultes, l'Angleterre s'attache à accroître ses colonies d'émigration, où ses nationaux trouvent, avec un climat analogue à celui de l'Europe et un travail loisible aux blancs, des richesses naturelles qu'ils exploitent et dont profitera la mère patrie. Ainsi a-t-elle acquis les immenses territoires de la Nouvelle-Bretagne et du Canada avec Terre-Neuve et l'Ile du Prince-Édouard ; ainsi, a-t-elle jeté son dévolu sur l'Australie dont Napoléon avait assez pressenti l'avenir pour prétendre s'en emparer ; ainsi, par le cap de Bonne-Espérance s'assure-t-elle, avec la route des Indes, la pénétration dans l'Afrique méridionale.

Dès lors, tout est prêt pour assurer sa domination exclusive et en favoriser le développement. En même temps que les continents où les Européens peuvent vivre, travailler, subsister, se reproduire, d'où ils recevront les produits agricoles, où ils écouleront leurs produits industriels, et qui, par le transport et l'échange des uns et des autres, assureront à leur commerce et à leur marine une prospérité sans exemple, les Anglais ont acquis des points d'appui et de protection tels qu'ils possèdent en fait toutes les mers ; avec un art infini et une persévérance séculaire, ils les ont choisis, occupés, fortifiés. Ainsi tiennent-ils la Méditerranée par Gibraltar et Malte, l'Adriatique par les Sept Iles, la Manche par les Iles Normandes, la Baltique par Héligoland, l'Atlantique par Sainte-Hélène et l'Ascension, l'Océan Indien par l'Ile de France, les Séchelles et Ceylan, l'Océan Pacifique par l'Australie. L'Angleterre est la maîtresse de tout ; elle tient tous les débouchés. Rien d'inutile, là dedans, rien de somptuaire. Constate-t-elle qu'une île occupée ne rend pas ce qu'elle attend, qu'elle coûte trop cher pour ce qu'elle rapporte ? Sans hésiter, elle paie, et sans marquer un regret, sans mettre à amener son pavillon un point d'honneur qu'elle trouve vain, elle évacue, au moment qu'elle choisit, la Corse ou la Sicile, les îles Ioniennes, Héligoland ou Sainte-Hélène. Par contre, s'ouvre-t-il une route nouvelle et qu'elle n'avait point pressentie, car son génie est court, elle en occupe les abords, s'en assure la domination et épuiserait, pour s'y maintenir, jusqu'à la dernière guinée de son trésor.

Par la chute de Napoléon, elle a tout gagné, tout emporté, mais, pour jouir de son empire, sans trouble et sans crainte, il lui faut une France vassale. La France seule a été et peut, à quelque moment, redevenir une puissance maritime. L'Europe, telle qu'elle l'a organisée, se consumera en rivalités intérieures avant de parvenir à une stabilité telle qu'elle puisse fournir une autre rivale. Cette Europe agricole lui sera une cliente, la fournira de blé, de vins, de bétail, recevra et consommera ses produits industriels.

Mais la France se remue et s'agite. Les Bourbons que l'Europe lui a imposés ont, en moins d'une année, lassé sa patience. A défaut de Napoléon, *contraint* par eux à revenir de l'île d'Elbe, l'inévitable révolution se ferait par le premier venu — l'affaire Drouet Lefebvre-Desnoëttes le prouve assez. C'est là au premier chef une querelle intérieure. Les Anglais ont trouvé fort mauvais que Louis XIV intervînt chez eux en faveur de Jacques II, Louis XV en faveur de Charles-Édouard. Encore, les alliances de famille, les principes communs, la *légitimité* pareille, pouvaient expliquer que la maison de Bourbon soutînt la maison de Stuart; mais nulle alliance qu'on sache des Bourbons aux Hanovre, nulle ressemblance, sauf le nom, de la Grande Charte à la Charte octroyée, et, pour la légitimité, les descendants de l'Électrice Sophie, appelés à l'exclusion des héritiers mâles des Stuarts et bénéficiant de la Révolution de 1688 et de l'usurpation factieuse de Guillaume d'Orange, étaient, en vérité, les derniers qui pussent s'en proclamer les défenseurs.

N'importe : le principe de *non-intervention* dont, par la suite, l'Angleterre fit un si brillant usage, n'est alors de mise qu'en ce qui la touche et ne s'applique point au continent, surtout à la France. L'Angleterre échauffe, conduit, dirige la coalition nouvelle. Même elle hasarde de faire combattre ses soldats, trop heureux d'être sauvés par les Prussiens et victorieux par eux. Elle abat le monstre, établit à côté du trône bourbonnien, deux fois restauré par elle, son héros Wellington, à la tête d'une armée d'occupation, et, de la France morcelée dans son territoire, épuisée dans ses finances, désarmée par le licenciement, elle fait une servante à souhait.

Au joug que les Anglais font peser sur leur cou, les rois Bourbons ne sont pourtant pas accoutumés. L'Europe tardivement comprend quelle tyrannie elle va subir. Partisans hier de la légitimité qui leur servait de prétexte pour abaisser et contraindre la France, les Anglais, à présent, se proclament les partisans du droit qu'ont les peuples à disposer d'eux-mêmes. C'est qu'ils y trouvent leur avantage ; l'Espagne a partagé avec eux son commerce exclusif avec les colonies; ce n'était point assez : il leur en fallait le monopole. Aussi, encourageant et alimentant la révolte des colonies espagnoles, la Grande-Bretagne est la première en Europe qui, par la déclaration du 1er janvier 1825, reconnaisse une indépendance dont elle espère être seule à profiter (traité d'amitié, commerce et navigation avec la République Argentine 2 février 1825 ; avec le Mexique, 26 décembre 1826). Partout, même flexibilité des principes au profit des intérêts, même hypocrisie altière, voilant les appétits sous des formules humanitaires. L'Europe s'émeut : les États qui aspirent à une façon d'indépendance se cherchent et se rencontrent. Forte de leur consentement, la France s'émancipe jusqu'à tenter l'expédition d'Alger, à y réussir, à prendre pied dans l'Afrique septentrionale.

Faut-il croire que cet acte d'indépendance a été immédiatement puni par le renversement du trône de Charles X ? Il n'était pas ici besoin des Anglais. Au moins, s'ils n'y poussèrent point, ils montrèrent tout de suite leur sympathie pour l'homme qui, à l'exemple de Guillaume d'Orange, usurpait le trône de ses aînés et, à l'aide du *pays légal*, substituait au Droit divin sa quasi-légitimité.

Louis-Philippe répondait si bien à l'idéal que l'Angleterre s'était formée d'un souverain français, qu'elle n'hésita point à lui accorder toutes ses sympathies, en échange de toutes ses complaisances. Dirigeant par-dessus ses ministres et parfois contre eux, la politique étrangère, il la subordonna, durant ses dix-huit années de règne, à deux préoccupations, l'une familiale et dynastique, l'autre pacifique et anglophile. Toutefois malgré la reconnaissance du droit de visite, l'alliance de 1831, la reculade de 1840, l'entente cordiale de 1841, il ne se subordonna point à l'Angleterre au point qu'il ne lui fit point obstacle lorsqu'il eut à établir ses fils ou ses filles et qu'il ne cherchât point à favoriser une expansion dont trente années de paix avaient développé le besoin. Il a peu à peu conquis l'Algérie ; il a étendu la domination française au Sénégal et au Gabon, il s'est établi aux îles Marquises, à Taïti et aux îles Gambier ; il a entrepris des expéditions qui n'ont pas été sans attester la valeur militaire de nos escadres et l'audace intelligente de nos marins. Sans doute, à chaque fois, l'Angleterre a grincé des dents, menacé de représailles, cherché des chicanes; les quelques grains de mil que picorait le coq gaulois, qu'était-ce pourtant près de la part que se taillait le léopard britannique! Après avoir grondé, il s'apaisait, si le coq se crêtait, et, toute réflexion faite, il se fût gardé de passer aux actes. L'Angleterre pouvait appréhender un moment où, sur le continent, elle eût à débattre des intérêts pour la défense desquels elle eût besoin, non seulement d'une flotte, mais d'une armée.

Ce rôle d'auxiliaire bénévole, elle le réservait à la France avec d'autant plus d'empressement que celle-ci, au contraire des puissances que, depuis le XVIIe siècle, l'Angleterre avait employées contre la France pour assurer sa domination mondiale, ferait la guerre à son compte et à ses frais, et mettrait son honneur à n'en tirer aucun profit.

Cette hypothèse, la plus invraisemblable qu'on pût concevoir, se réalisa moins de quarante années après Waterloo, le neveu de Napoléon étant empereur des Français. On vit, pour une querelle où les Anglais seuls étaient matériellement intéressés, la guerre s'émouvoir, le gouvernement français tirer l'épée et, à côté d'un fantôme d'armée anglaise qui risquait, à chaque combat, de s'évanouir en fumée, une armée française endurer toutes les fatigues, subir toutes les privations, remporter toutes les victoires, s'acharner avec une héroïque ténacité à détruire le camp retranché de Sébastopol et à arrêter, pour le compte des Anglais, le développement de la puissance russe.

Certes, il y eut des raisons, des excuses ou des prétextes; mais, en allant plus au fond, en écartant les querelles occasionnelles et les froissements d'amour-propre dont l'Angleterre avait su tirer si bon parti, que trouve-t-on après un demi-siècle? Le dessein, prémédité par les Anglais, de refouler la Russie dans la mer Noire, devenue un lac diplomatique; de détruire, pour vingt années au moins, une puissance navale dont, pour son commerce, elle craignait le développement aussi bien dans la Baltique que dans la Méditerranée ou les mers de Chine; de maintenir à l'Empire ottoman une apparence de vie qui en permît le démembrement successif au profit des confuses nationalités qui se cherchaient encore dans les Balkans et qui prohibât la constitution, alors possible, d'un immense empire gréco-slave par quoi, aux empires et aux royaumes soumis au tzar orthodoxe, eussent été soudées, d'abord les provinces que les Anciens nommaient la Dacie, la Thrace et l'Illyrie, puis la Grèce et ses îles, la Palestine et la Syrie, d'où par l'Asie Mineure eût été rejoint le Caucase conquis. Comment dès lors l'Angleterre, si elle ne l'avait prévenue, se fut-elle opposée à l'invasion des Indes malgré ses flottes mobilisées, impuissantes et ridicules?

Grâce à la France — uniquement par elle — l'Angleterre triompha de la Russie; elle ne paya rien, toucha les profits et même de la gloire — tant cette France est naïve. Il y eut mieux : au Congrès de Vienne, en imposant l'abolition de la Traite, elle avait supprimé la concurrence que les colonies des Européens eussent pu faire aux Indes : mais alors, elle avait pour parler l'autorité du bailleur de fonds qui retire sa mise. A présent, pour imposer sa volonté à l'Europe, son prestige militaire pesait peu : celui de la France beaucoup. Il s'est agi pour elle de faire déposer et soutenir par la France une déclaration, analogue sinon plus avantageuse encore que celle de l'abolition de la Traite, et, par la France de l'imposer au monde entier.

Car, sur un seul point, le commerce anglais restait vulnérable : la guerre de course. Maîtresse des mers dès qu'il s'agissait de flottes ou d'escadres à combattre, que pouvait l'Angleterre contre les corsaires qui, de toute baie, port ou crique, s'échappaient malgré le blocus, et, gagnant la haute mer, couraient sus aux navires de commerce, les rançonnant, les vendant chez les neutres ou les détruisant? Par un travail mené, sur le continent même, avec une adresse remarquable et une persévérance digne d'elle, l'Angleterre a fait démontrer par des publicistes complaisants, peut-être même désintéressés, que la guerre de course était plus onéreuse pour qui la faisait que à qui on la faisait. Elle a peu à peu introduit cette doctrine dans les manuels et, du même coup, elle a attendri les philanthropes sur les misères de ces commerçants infortunés qui perdaient le fruit de leur labeur, sur l'injustice qu'il y avait à détenir des marins, paisibles citoyens qui allaient à leurs affaires. On a répandu ainsi beaucoup d'encre humanitaire, mais on s'est bien gardé de dresser des statistiques, de calculer sur l'exemple du premier Empire ce qu'a coûté et rapporté la guerre de course. Les éléments d'appréciation sont à présent singulièrement difficiles à recueillir et l'on ne saurait penser à former un état auquel devraient contribuer les archives du Conseil des Prises et les greffes de tous les tribunaux de commerce, durant une période qui s'étend au moins jusqu'en 1838, date des dernières liquidations. Un seul exemple : Pour trente courses opérées, de 1806 à 1814, par des corsaires de Saint-Malo, il y a neuf millions de prises, en moyenne 360 000 francs par course. Il est des courses de six, de sept cent mille francs. Les corsaires, dit-on, sont capturés et détruits par les vaisseaux de guerre : pas tant ; pas sans avoir infligé au commerce de l'ennemi des pertes très supérieures. En dix courses, vingt-huit navires anglais ont été pris ou détruits : trois corsaires ont été capturés. Différence : vingt-cinq navires, plus les cargaisons.

C'est à la pire époque, après Trafalgar ; on n'a vu que cinquante-deux liquidations, s'appliquant à un seul port et ne constituant pas le quart de ses opérations : la période de 1793 à 1801, celle de 1803 à 1806, furent sans doute bien plus favorables ; les dix-huit millions de bénéfices devraient donc au moins être multipliés par trois ; Saint-Malo, par la course, n'a pu prendre moins de cinquante-quatre millions au commerce anglais, sans compter les cargaisons et les navires détruits. Or, on a armé des corsaires dans la plupart des ports de France, de Bayonne à Dantzick, dans la plupart des ports des Colonies, et surtout à l'Ile de France. Comment évaluer alors les pertes anglaises ; à quel chiffre les estimer dans une guerre contemporaine où, par un nombre médiocre de navires à grande vitesse, le commerce anglais tout entier serait anéanti ou à tout le moins paralysé ?

Mais l'empereur Napoléon III était chevaleresque, humanitaire et philanthrope. Il lui plut de briser la seule arme qui restât à la France contre les Anglais. Par l'organe de son ministre des Affaires étrangères, il présenta au Congrès de Paris, le 16 avril 1856, et il fit adopter par la plupart des puissances européennes, cette déclaration néfaste qui porte à l'article 1er : *La Course est abolie.*

Le profit pour l'Angleterre fut immense et l'expérience

qu'elle venait de faire des services qu'elle pouvait attendre de la France, même contre la France même, l'engagea à l'employer en Chine, au Mexique, en France où, grâce aux doctrines de libre-échange qu'elle avait su répandre et qu'elle avait suggérées à quelques Français naïfs, elle abolit l'industrie née du Blocus continental et protégée par des tarifs nécessaires, ouvrit à ses produits manufacturés un immense marché et reçut, en échange, des produits agricoles dont la sortie éleva en France le prix de la vie, donc de la main-d'œuvre, tandis que, dans la même proportion, l'entrée l'abaissait en Angleterre. Mais sitôt que la France obtint quelque avantage territorial ou tenta de s'établir en quelque colonie, l'Angleterre protesta, se rendit insolente, remua des volontaires, se mit en garde contre d'imaginaires descentes.

Elle ne leva pas un soldat, elle ne bougea pas un vaisseau, elle ne fit pas même le geste d'intervenir lorsque, en 1870, l'Allemagne accabla la France. Elle se contenta de lui vendre le plus chèrement possible de l'or et des fusils. D'ailleurs, la France tombée, l'Angleterre se trouva vaincue : elle dut renoncer aux stipulations du Congrès de Paris; à présent il est vrai la chose lui importait bien moins. En retardant, comme elle avait fait, la formation de l'empire gréco-slave, elle en avait rendu la réalisation presque impossible. La carte du monde étant changée, elle y avait pointé les positions qu'elle comptait prendre et qui devaient la mettre à l'abri de toute éventualité.

Ces positions, elle les a toutes occupées depuis trente-sept ans ; elle a triplé son empire en étendue ; elle l'a centuplé en population. Elle a conquis le canal de Suez percé par le génie et l'argent français ; elle s'est emparée des approches et des débouchés : Chypre ici, là Perim et Aden ; elle a acquis l'Egypte entière en en chassant pacifiquement la France ; elle a enlevé d'autorité toutes les parties du continent africain qui sont habitables, et, sous prétexte de régler les points de discussion qu'elle pouvait avoir avec la France, elle s'est, en échange de quelques mètres de sable qui n'étaient point à elle, fait céder la pêche à Terre-Neuve.

Partout, elle suit son plan avec la rigidité impitoyable d'une tradition deux fois séculaire, sans broncher un instant, sans se laisser distraire, sans s'embarrasser de conquêtes superflues; même fait-elle à la France, avec les territoires vains et vagues dont la possession ne lui importe pas pour le moment, des largesses qu'elle saura retrouver quand ils seront mis en valeur, que l'outillage y sera développé et que au lieu de coûter, ils rapporteront. Elle laisse la France, dans une fringale de colonies, s'annexer sans plan arrêté, d'immenses espaces que rien ne relie et qui tomberont aux mains du premier qui, maître de la mer, se donnera l'air de les attaquer. Çà et là, au hasard d'une fantaisie, d'une tradition, d'une mortification, pour faire plaisir à un gouverneur ou donner de l'avancement à un général, la France fait une conquête, puis une autre, et une autre, reculant sans cesse les frontières, sans gagner par là ni un revenu, ni une force, y épuisant au contraire les ressources de la métropole, et, par l'extension indéfinie des points à défendre, frappant ceux qui seraient intéressants d'une incurable faiblesse. Ainsi s'attribue-t-elle, à défaut d'un système colonial, des territoires qui font figure d'empire. On avait la Cochinchine, on y joint le Cambodge, l'Annam et le Tonkin — et cela fait dix-huit millions de sujets; on avait l'Algérie, on y joint la Tunisie : deux millions de protégés; on avait Bourbon, on prend Madagascar avec deux millions cinq cent mille madécasses; on avait le Gabon et des parties du Sénégal dont on ne faisait rien qu'y mourir; on y annexe vingt millions de nègres, auxquels on apporte la liberté et la civilisation !

Ainsi, dispersement des efforts et émiettement des forces. Sitôt qu'on croit un terrain sans maître, on s'y rue : c'est du sable, c'est de la boue, c'est des rochers, n'importe. Cela fait des apparences de colonies, avec des réalités de sinécures. L'Angleterre laisse la France jouer à cela, c'est sans importance et sans danger pour elle, mais, lorsque, se lassant d'errer dans des déserts et de faire la chasse aux nègres, la France tente de relier ces éléments épars, de leur donner une cohésion et une issue commerciale, d'occuper des points stratégique qui en permettent la défense, l'Angleterre met son veto : c'est Fachoda.

Nulle part, d'ailleurs, dans ces colonies, le Français ne peut s'établir, exister, vieillir, travailler, se reproduire. Aussi bien quels Français ? Comment peupler des colonies lorsque la population de la métropole ne se maintient dans une apparence d'équilibre, sans accuser sa décroissance, que grâce à la naturalisation forcée des étrangers résidant depuis deux générations, grâce au pouvoir prolifique que ces étrangers conservent et emploient, alors que l'indigène, entre le malthusianisme et l'alcoolisme, diminue chaque année, volontairement ou non, sa natalité ? La race est par là modifiée, bien plus profondément que ne l'enregistrent les statistiques, lesquelles tiennent compte de l'immigration restée étrangère, non de la progression des éléments naturalisés à la troisième génération, complètement assimilés pour les droits aux citoyens français et devenus alors administrativement incognoscibles, alors que, physiquement et moralement, ils conservent tous les traits et les vices de leur race, après en avoir, par le déracinement, perdu les vertus.

Dans ces conditions, il est heureux que l'émigration soit nulle ou presque : encore, lorsqu'elle se produit, se dirige-t-elle, non sur les colonies françaises, mais sur des territoires où l'Européen rencontre des conditions de travail et d'existence analogues à celles qu'il trouvait dans son pays. Sur 6 000 émigrants français, 2 500 vont en Argentine, près de 2 000 aux États-Unis : restent 1 500 pour le reste du monde.

A grand renfort de capitaux, moyennant une immense prodigalité de vies humaines, la France prépare, aménage, met en valeur, pour le compte des maîtres de la mer, ces colonies qu'elle ne saurait peupler, et qu'elle ne peut défendre.

Elle est étreinte, en effet, dans un dilemme dont elle ne saurait sortir : par sa population qui ne s'accroît point, elle est au septième rang des nations : elle vient avec ses 38 millions d'habitants après la Russie (102 millions pour la seule Russie d'Europe), les États-Unis (76 millions), l'Allemagne (58 millions), le Japon (48 millions), l'Autriche-Hongrie (46 millions) le Royaume-Uni de la Grande-Bretagne et d'Irlande (42 millions), et elle prétend rester une puissance militaire et navale de premier ordre. En même temps, elle s'épuise à recruter, sur trente-huit millions d'âmes, une armée égale à celle que recrute l'Allemagne sur cinquante-huit millions ; et elle prétend avoir une flotte presque égale à celle de l'Angleterre qui n'a presque point d'armée, et dont les intérêts maritimes sont par rapport aux siens comme dix est à un : la flotte de commerce anglaise dépassant 35 000 navires (dont 14 000 à vapeur), jaugeant douze millions de tonnes ; la française comptant 16 000 navires (dont 14 000 à voiles), jaugeant douze cent mille tonnes.

Elle achève de se ruiner par des aventures qu'on dit sociales et qui ont diminué sa puissance de création industrielle par rapport à celle des autres nations de près de moitié (un tiers, plus un septième).

Mais elle n'y regarde point et, comme sous un vent de folie, elle court à la banqueroute nécessaire.

Seule, sa flotte ne peut rien contre l'anglaise ; seule, son armée ne peut rien contre l'allemande. Aussi a-t-elle dû imaginer un système d'alliances qui rétablit l'équilibre. Elle a pu s'attacher raisonnablement à l'alliance russe, bien que cet immense empire fût fragile, et que les subsides qu'il fallait lui payer parussent démesurés pour les services qu'on en attendait. Mais, là, elle suivait au moins une tradition et elle trouvait sinon des intérêts, au moins des dangers communs. Se reprenant de la Russie, atteinte à la fois dans sa puissance militaire et dans son organisme politique, elle se jette aujourd'hui, à la suite d'intrigues qu'on voudrait croire désintéressées, dans une entente anglaise qui déjà a failli lui rapporter la guerre avec l'Allemagne et dont la terminaison pourra être sa destruction comme nation.

L'Angleterre n'a fait à la France tant d'avances que parce qu'elle a besoin d'elle — comme au temps de la guerre de Crimée ; mais l'ennemi n'est plus le même. Ce n'est point la Russie qui est en jeu, c'est l'Allemagne. Ce n'est pas la flotte russe qu'il s'agit d'écraser par une double action militaire et maritime, c'est la flotte allemande. L'enjeu n'est plus Sébastopol, c'est la France même. Que le territoire français soit envahi et partagé, l'Angleterre s'en soucie autant que des Français tués à l'Alma, à Inkermann et à Malakoff, pourvu qu'elle anéantisse la flotte allemande comme elle fit de la flotte russe ; mais, si c'était payer chèrement l'amitié anglaise des deux cent mille morts de la guerre d'Orient, ce sera la payer plus chèrement encore de notre disparition comme nation.

C'est là ce qui se prépare. Dès qu'une nation arrive à l'hégémonie en Europe, comme la France s'est efforcée d'y parvenir aux XVIIe et XVIIIe siècles, comme elle a pensé le réaliser au début du XIXe, elle constate que la domination terrestre n'est rien sans la domination maritime. Son armée, si nombreuse, si bien instruite — et par là si onéreuse — marque le pas et piétine sur place, tant que l'essor industriel, commercial, économique n'est pas en rapport avec la puissance militaire. Cette puissance militaire n'a plus pour objet, comme aux temps anciens, de dépouiller matériellement les peuples conquis, mais d'imposer aux vaincus les produits de l'industrie des vainqueurs, d'ouvrir des débouchés au commerce de ceux-ci, de leur créer des marchés avantageux, de supprimer la concurrence.

C'est à quoi Napoléon avait tendu par le Blocus continental : c'est à quoi, malgré qu'il ait échoué pour les marchés extra-européens, il réussit, dans une mesure, pour l'industrie européenne, qui, du fait du Blocus continental, a été contrainte à se développer dans des conditions que, sans la guerre contre les Anglais, elle n'eût jamais réalisées.

Mais les industries nationales ne peuvent se contenter aujourd'hui de marchés nationaux, ni même de marchés d'échange européens. Il faut à celles surtout, qui, comme l'allemande, se sont développées dans des proportions inouïes, des marchés mondiaux. Ces marchés ne peuvent être atteints que par la mer ; il faut en être le maître. De là, le choc fatal avec l'Angleterre, et, pour celle-ci, la nécessité de prévenir le moment où la puissance prépondérante en Europe aura perfectionné son outillage maritime au point de devenir, sur la mer, une rivale dangereuse.

Dans la lutte de l'Angleterre contre la France qui a pâti ? Surtout les nations qui s'étaient faites les soldats de l'Angleterre : certaines ont disparu momentanément de la carte du monde ; toutes ont vu leurs capitales violées et occupées par Napoléon, leur territoire morcelé, leurs sujets rançonnés. Quels qu'aient été les agrandissements qu'elles aient tirés ensuite de la victoire définitive, elles n'en ont pas moins été ruinées pour un siècle — et au profit de l'Angleterre. Le rôle de l'Autriche en 1805 et en 1809, de la Prusse en 1806, de l'Espagne en 1808, de la Russie même en 1812, n'a rien qui soit tentant — c'est celui que l'Angleterre distribue à la France. Il est ingrat. D'autant que l'Angleterre peut difficilement se flatter de grouper contre l'Allemagne une coalition telle que contre la France.

En Europe, l'hégémonie a échappé à la France en 1814, et, par là même, l'Angleterre s'est trouvée la maîtresse du monde. Nulle puissance, de 1815 à 1870, ne s'est trouvée assez forte pour reprendre le rôle que la France avait joué durant deux siècles et pour défendre, contre l'Angleterre, les intérêts européens. Immenses dès lors, mais paraissant plus spécialement français, ces intérêts sont aujourd'hui vitaux. Existent-ils moins parce que la France les partage avec les autres nations?

La politique de Napoléon n'avait pas été seulement une politique française : si elle eût été telle, et que Napoléon n'eût tenu compte que des intérêts de la France, la révolte de l'Europe contre lui eût été légitime. Mais l'Italie, dès qu'elle échappait par l'unité à la décadence, devait tendre à reprendre, avec sa marine, le rang qu'occupaient jadis Gênes et Venise; l'Allemagne devait écouler ses produits agricoles et industriels vers les villes de la Hanse qui s'en feraient les commissionnaires par l'univers et atteindraient ainsi une invraisemblable richesse. Pour toutes les nations feudataires du Grand Empire, il fallait, comme pour la France, si elles voulaient se développer, prospérer et vivre, la mer libre, le commerce libre et la colonisation libre.

Parce que l'hégémonie n'appartient plus à la France, en quoi les intérêts européens ont-ils changé? En quoi la domination de l'Angleterre est-elle plus tolérable?

L'axe de la résistance n'est plus le même, mais le rayon de la résistance est identique. Tôt ou tard, pour une raison quelconque, un conflit s'ouvrira sur un des points du monde. Dans ce conflit, l'Angleterre aura pour allié le Japon dont les intérêts, en ce moment, ne sont point contraires aux siens, et à qui elle peut abandonner comme sphère d'influence le Pacifique à condition de se réserver l'Océan Indien. Par suite, les États-Unis, qui auront à défendre les colonies et les postes qu'ils ont acquis dans le Pacifique, se trouveront les premiers menacés et rejetés vers l'Europe. Dans cette lutte, qui sera rude, la France, en toute hypothèse, a tout à risquer, n'a rien à gagner; mais, si elle se tient à son rôle de puissance européenne, elle risque ses colonies d'Indo-Chine, et certaines de ses colonies africaines; si elle se rend une fois de plus le soldat d'Angleterre, elle risque son indépendance nationale.

Quant à penser que, par une guerre, même soutenue par toutes les forces navales de l'Europe et des États-Unis, la domination anglaise sur le monde puisse être sérieusement atteinte, il faudrait un aveuglement que suffit à détruire le moindre examen rationel des moyens mis en présence : en une guerre maritime où combattront uniquement des navires à vapeur, la victoire appartiendra à celui des adversaires qui aura multiplié et fortifié, sur la face du monde, les points d'appui et les dépôts de charbon. Entre les facilités que trouvera pour se ravitailler l'Angleterre sur toutes les mers, et l'impossibilité où seront les flottes européenne et américaine de dépasser certaines latitudes, qu'on compare.

L'Angleterre serait atteinte sans doute dans son commerce, car les États-Unis n'ont pas commis la faute d'adhérer à la Déclaration de 1856, mais, sur mer, elle ne laisserait point d'être à la fin victorieuse. Elle n'est vulnérable — mais elle l'est — que si, de maritime, la guerre se fait terrestre. Bonaparte, là comme partout, a proclamé la vérité : on ne saurait avoir raison de l'Angleterre qu'en la frappant au cœur, en jetant sur ses côtes cent mille hommes qui marcheront aussitôt sur Londres, arrêteront la machine d'où part le mouvement initial. Sans doute, de cette chute de l'empire britannique, naîtront des nations nouvelles, colonies ci-devant, alors républiques ou empires : mais isolées elles ne seront point redoutables pour l'Europe comme elles l'étaient, liées à la métropole.

Et si, avant vingt ou trente ans, ce démembrement de l'empire britannique n'a pas été accompli, il ne saurait plus l'être par les Européens. L'Angleterre a prouvé, en recherchant l'alliance japonaise, que, pour des intérêts même minimes, elle n'hésiterait pas à prendre pour soldat, à défaut d'une nation européenne de bonne volonté, la race jaune. Avant vingt ans la Chine sera militarisée par le Japon. Qu'une vague humaine partie des bords du Pacifique vienne s'abattre sur la Russie, réduite par l'anarchie — moins spontanée peut-être qu'on ne pense — à l'impuissance ; qu'elle franchisse l'obstacle, ou l'entraîne pour s'en faire un bélier, comme les eaux débordées avec les poutres des digues renversées ; qu'elle se heurte alors à l'Allemagne, qui peut dire l'issue d'une telle bataille ? Attila succomba dans les plaines catalauniques, mais par quels hasards et devant quelle union ! A présent, pour lui fournir des espions et des armes, il y trouverait les Anglais.

Telle sera peut-être pour l'Europe et pour la civilisation occidentale ; la conséquence, après un siècle et demi, du triomphe de l'Angleterre sur la France et de la chute du Héros par qui seul nos destinées eussent pu être changées.

Arrivé dans ce livre devant ces pages lamentables que je n'ai point écrites sans un frémissement de tout mon être, n'ayant plus à rendre compte que des derniers soubresauts d'une agonie que les Anglais ont pu rendre la plus douloureuse qui ait ému l'humanité, ne sachant, à l'âge que j'ai atteint, s'il me sera permis d'écrire encore les trois volumes qui doivent terminer cette histoire, j'ai voulu, du moins, donner un libre cours à ces idées qui hantent mon esprit depuis trente ans et qui, à quelques-uns de ceux qui veulent bien me suivre en ces études, feront mieux comprendre pour quelles raisons d'admiration passionnée je m'y suis attaché.

Napoléon n'est pas seulement « le professeur d'énergie » que vénèrent les représentants les plus distingués de la génération qui suit la nôtre ; il n'est pas seulement l'exemple déterminati du héros ; pas seulement l'homme en qui la fortune a montré ses prodiges, élevant et abaissant tour à tour sa destinée pour la rendre la plus enviable et la plus lamentable qu'ait enregistrée les annales du monde ; il n'est pas seulement l'admirable ouvrier qui, des débris de deux Frances, a édifié cette France nouvelle, battue depuis un siècle par toutes les tempêtes et encore debout ; il est l'incarnation même d'une politique nationale, aussi vieille que notre France ; il en fut le dernier soldat ; il en a été le martyr.

Mais l'Empereur des Français a été aussi l'Empereur des Européens : partout où il a passé, sa trace est vivante ; son histoire passionne les écrivains ; sa mémoire agite les peuples ; ses enseignements présentent aux meneurs de nations l'unique leçon. Leurs pères ont abattu l'homme : sa doctrine s'impose à leurs appréhensions et les contraint à le reconnaître pour leur chef. C'est lui qui l'a dénoncée comme le suprême péril, cette domination de la mer, dont on croit, cent ans après lui, rédiger la philosophie, contre laquelle on s'efforce de lutter en créant des ligues maritimes, et qu'on s'imagine pouvoir combattre en construisant à grands frais des navires de guerre. C'est lui encore qui a imposé la seule solution logique du problème, à présent que, délaissant ou presque le marché européen, encombré par les industries nationales, les maîtres de la mer se sont emparés du marché mondial. Cent ans après Tilsit, « l'aventurier corse » donne encore ses leçons aux descendants de ceux qui n'ont su ni le comprendre, ni le suivre, et qui, en le renversant, ont cru se rendre libres, alors qu'ils concouraient au triomphe définitif de la plus âpre tyrannie que les nations aient pu jamais subir.

Frédéric Masson.

Clos des Fées. Novembre 1906.

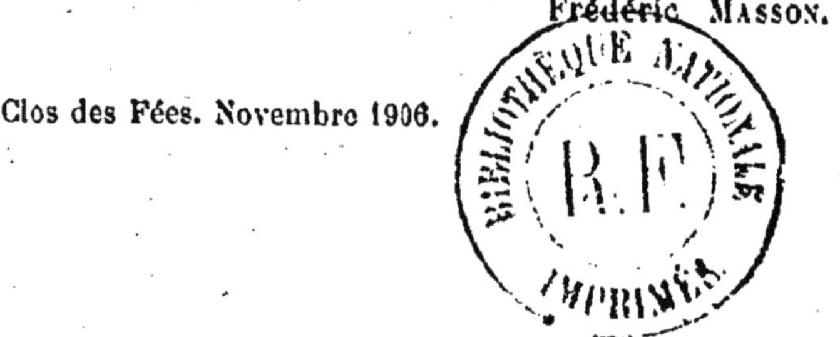

NAPOLÉON

ET SA FAMILLE

XXVII

LA CHUTE DU GRAND EMPIRE

(Décembre 1812 — 11 novembre 1813.)

Retour de Russie. — L'Empereur aux Tuileries. — L'affaire Malet et la question dynastique. — Quel remède? — Au milieu de sa fièvre de travail, l'Empereur croit le trouver : Régence de Marie-Louise; Sacre de Marie-Louise et du Roi de Rome par le Pape; Association du Roi de Rome à l'Empire. — Vis-à-vis du Pape, difficultés qui paraissent insurmontables sans renoncer au grand dessein; il y renonce. — Pour la Régence, difficultés présentées par la Constitution, surtout par les droits de Joseph à exercer la Régence.

JOSEPH. — Dès son retour Napoléon s'occupe de l'Espagne. — Nécessité d'évacuer l'Espagne et de rétablir Ferdinand VII. — Objections de l'Empereur au projet du duc de Bassano. — Pour établir la Régence de l'Impératrice, obligation de maintenir Joseph en Espagne; il ne saurait y rien faire, mais il ne viendra pas en France. — Instructions de l'Empereur pour la Campagne de 1813. — Napoléon veut se réserver les possibilités d'évacuer, si besoin est. — Il insiste pour rétablir les communications. — Il est obligé de donner à Joseph le commandement en chef, de rappeler Soult et Caffarelli. — Nouveaux généraux des armées d'Espagne. — Ils sont hors d'état de tenir tête à Joseph. — Moyens insuffisants attribués à Joseph. — Joseph ne peut conduire l'armée qu'à un désastre. — Mais il ne rentre pas en France.

Entrevue avec le Pape à Fontainebleau. — Signature du Concordat. — Preuves de la confiance de l'Empereur. — Vie de Cour.

Hortense. — La vie qu'elle mène. — Mêlée à toutes les fêtes. — Quadrille des Incas. — Quadrille des Suissesses. — Demandes à l'infini qu'elle présente. — Faveurs qu'elle obtient.

Le Pape dénie sa signature. — Le Concordat tombe. — Donc le Sacre. — Reste la Régence. — Voyage de Trianon.

Catherine. — Arrivée de Catherine en France, avec toute sa maison. — Le roi a demandé l'autorisation de l'Empereur; mais l'autorisation n'a été que conditionnelle. — La condition n'est pas remplie. — Jérôme fait partir la reine pour Paris. — Pourquoi ? — La comtesse-princesse de Löwenstein-Wertheim. — Son pouvoir. — Sa grossesse. — Catherine arrêtée à Compiègne. — Ses protestations. — Réponse de l'Empereur. — Autorisation de venir à Trianon. — Meudon lui est assigné pour résidence. — Demande par Catherine du traitement de prince français. — Réponse négative de l'Empereur.

Ajournement du Couronnement de l'Impératrice. — La Régence autrichienne. — La déclaration à l'Élysée. — Départ de Napoléon pour Mayence. — La désillusion sur l'Autriche. — Les victoires. — L'armistice forcé. — Dresde. — Les frères.

Jérôme. — Il sollicite de venir à Dresde. — L'Empereur y consent. — Il veut arriver à une explication. — Depuis le 1er janvier, Jérôme demande vainement à venir à Paris. — Mission de Marinville. — Ouvertures à Reinhard. — L'Empereur à Dresde se rend à la fin. — Zèle de Jérôme depuis qu'il a connu les désastres de Russie. — Son armée détruite. — Tentatives pour reformer une armée. — Encouragements de l'Empereur. — Mais Napoléon veut aussi des magasins. — Affaire du magasin à Magdeburg. — L'Empereur veut mettre l'armée westphalienne sous ses généraux. — Il n'entend confier aucun commandement à Jérôme. — La question des approvisionnements à Magdeburg. — Demandes excessives. — Jérôme réclame de l'argent. — Comment on le paie. — Exaspération en Westphalie. — Départ de la reine. — L'armée française, commandée par Eugène, battant en retraite, se rapproche. — L'armée westphalienne n'existe que sur le papier. — Mouvements de Czernitcheff et de ses partisans. — Invasion de la Westphalie par les partisans. — Inanité des forces de Jérôme. — Il demande des secours au duc de Valmy. — Arrivée de l'Empereur à Mayence. — Nouvelles demandes au duc de Valmy et aux généraux français. — Panique à Cassel. — Le roi pense à partir. — Il se décide à rester. — Cassel délivré. — L'Empereur croit que ce sont des fantômes. — Il veut que son frère ait une garde française. — Lettre à ce sujet. — But de l'Empereur de tirer à lui l'armée westphalienne. — Demandes vaines de Jérôme d'aller voir l'Empereur. — Hostilité de Reinhard contre Jérôme. — Brutalités de Davout. — Le roi se retire à Napoléonshöhe. — Nouvelle incursion de Czernitcheff. — Jérôme plus démuni encore que la première fois. — Il réclame, *au nom de l'Empereur*, deux bataillons polonais. — Cassel de nouveau sauvé. — Représentations de Jérôme à l'Empereur. — Vives ripostes de Napoléon. — On a abusé de son nom. — Explications. — L'Empereur autorise Jérôme à venir à Dresde. — Il recommande l'incognito. — Jérôme ne s'y soumet pas. — Séjour à Dresde. — Entrevue de Napoléon avec Metternich. — Napoléon défend à Jérôme de divorcer. — Pauline de Schönfeld. — La garde française. — Retour de Jérôme à Cassel.

Joseph. — Nouvelle de la défaite de Vitoria. — Pas de lettres du roi, ni de Jourdan. — Désastre. — Qu'a fait Joseph depuis le 3 décembre 1812? — Rentrée à Madrid. — Il y joue au roi. — Epuisement et misère de l'armée. — Joseph réserve toutes les ressources pour son administration. — Querelles avec les généraux français. — Arrivée du Vingt-neuvième Bulletin. — Caractère insoutenable de Joseph. — Altercations avec ses entours. — Violentes lettres à Soult. — Dénonciations contre lui. — Il demande à venir à Paris pour exposer ses griefs. — Polémique avec Clarke à propos de Soult. — Affaire de Souham. — Vanité de Joseph. — Il apprend le retour de l'Empereur. — Nouvelles dénonciations contre Soult. — Soult complice de Malet. — L'Empereur rappelle Soult. — Joseph lui fait bonne mine à son passage. — La querelle avec Soult a absorbé entièrement Joseph. — Pas de plan de campagne. — Il ne s'occupe pas du Nord. — Les communications. — Jourdan conseille de porter le quartier général à Valladolid. — Refus de Joseph. — Arrivée des ordres formels de l'Empereur. — Joseph n'en tient aucun compte. — L'Empereur réitère ses ordres les 14, 18 janvier, 3, 7, 10 février. — Ordres directs à Reille d'envoyer une division à l'Armée du Nord. — Refus d'obéissance de Joseph. — Il menace d'abdiquer. — Il se décide à *paraître* obéir. — Se portant à Valladolid, il laisse la plus grande partie de son armée à Madrid. — Séjour à Valladolid. — Dissertations politiques de Joseph. — Sa manière de pacifier. — Pas de renforts à l'Armée du Nord. — Les Français subordonnés aux Espagnols. — Obéissance passive qu'il exige. — Règlement qu'il prétend imposer. — Nouvelle polémique avec Clarke. — Décision de l'Empereur. — Comment elle est tournée par Joseph. — Départ de l'ambassadeur de France. — Joseph maître absolu. — Espérances qu'il forme sur la soumission des Espagnols. — Il se met en rapport avec les insurgés. — Malgré des ordres réitérés, Joseph n'a rien fait pour rétablir les communications avec la France. — Triste situation de l'Armée du Nord. — Joseph n'y envoie aucuns renforts. — Ordres formels. — Clarke obligé d'envoyer directement des ordres. — Position des armées sous Joseph. — Il secourt l'Armée du Nord cinquante-six jours après en avoir reçu l'ordre. — Ce qu'il fait pour conserver Madrid. — Au moment où les Anglais entrent en opérations, Clausel peut seulement commencer à agir. — Joseph ne s'est pas occupé des Anglais. — Nullité de ses informations. — Plan de Joseph qui se retire sur Burgos. — Temps perdu pour l'évacuation de Madrid. — Injustices vis-à-vis des soldats français. — Joseph rappelle de l'Armée du Nord les troupes qu'il y avait envoyées. — Départ du premier convoi d'émigrants sur Burgos. — Retraite du roi. — Il renonce à tenir sur le Duero, sur le Carion, sous Burgos. — Les convois expédiés à Vitoria. — On fait sauter Burgos. — La retraite continue. — On s'arrête à Vitoria. — Pourquoi l'on n'en fait pas partir les convois. — Etat des armées. — Insouciance de Joseph. — Ses occupations dans la journée du 20 juin. — Bataille de Vitoria. — Attitude de Joseph. — Sa fuite. — Il ne donne aucun ordre. — Butin des Anglais. — Le roi manque d'être pris. — Son arrivée à Irurzun. — Sa lettre à Julie. — Sa lettre à Clarke. — Il passe la main. — Les généraux français se tirent eux-mêmes d'affaire. — Joseph entre en France. — Lettre du 28 juin à l'Empereur. — Joseph a tout prévu et tout sauvé. — Sa vanité. — Ses récriminations. — Il reprend le commandement. — Lettre à Clarke contre les généraux, contre le ministre, contre l'Empereur. — Mission de Miot près de l'Empereur en passant par Vichy. — Julie, à Vichy, empêche Miot d'aller plus loin. — Arrivée à Vichy d'un envoyé du ministre de la Guerre, sur l'ordre de l'Empereur. — Ce que fait l'Empereur. — Ordre à Soult d'aller prendre le commandement de l'Armée d'Espagne. — Hypothèses diverses de l'Empereur sur ce qu'a fait Joseph. — Défense à Joseph de quitter le Midi. — S'il l'a quitté, interdiction de venir à Paris. — Exil à Mortefontaine. — Envoi de Rœderer près de lui. — Craintes au sujet de la Régente. — Mansuétude extrême de l'Empereur. — C'est à lui-même qu'il s'en prend. — Ce que font à Paris Cambacérès et Clarke. — Lettre de Clarke à Joseph. — Actes d'autorité de Joseph à Bayonne et à Bordeaux. — Lettres à Clarke. — Plaintes contre tous les généraux. — Arrivée de Rœderer à Bayonne. — Arrivée de l'aide de camp de Clarke. — Entretiens de Joseph et de Rœderer. — Joseph paraît se soumettre. — Entrevue avec Soult. — Demandes de Joseph à l'Empereur. — Joseph paraît vouloir s'établir au château de Poyanne. — Il s'évade de Bayonne. — On le rattrape. — Inquiétudes de Soult. — Sommations. — Joseph revient à Poyanne. — Il reçoit l'autorisation de se retirer à Mortefontaine. — L'Empereur exaspéré contre Joseph. — Conditions qu'il met au séjour à Mortefontaine. — Retour de Joseph à Mortefontaine.

Conséquences de la défaite de Vitoria. — Les Coalisés plus arro-

Le 18 décembre 1812, à onze heures et demie du soir, l'Empereur, toujours roulant depuis Smorgoni, arrive à l'improviste aux Tuileries. Dans cette traversée de l'Allemagne, sans croire aussi imminents les dangers qu'il court, sans savoir qu'un complot a été formé pour l'enlever au passage et le supprimer, il a forcé de vitesse et s'est déguisé sous un faux nom. De tous les désastres qu'il connaît ou qu'il pressent, qu'il laisse en arrière ou au-devant desquels il court, celui qui atteint le plus profondément son orgueil, et qui le laisse le plus incertain sur les moyens de le réparer, c'est le désastre dynastique. Il ne comprend pas. Son « étonnement naïf » frappe les observateurs. Alors, nul n'a songé qu'il y avait un Roi de Rome? Alors, à ceux qui répandaient que l'Empereur était mort, nul, dignitaire, ministre, préfet, n'a répondu que c'était un mensonge, que l'Empereur ne meurt pas, qu'il vit dans son fils et que rien n'est changé dans l'Empire, hormis un chiffre après le nom du souverain. De Malet, Napoléon veut tout savoir, mais, sans doute, trop de gens sont intéressés à ne point livrer les ressorts secrets, à ne point révéler les alliances avec les royalistes prisonniers ou libres. On ne sait rien, ou l'on ne veut rien dire. Les complices échappent ; reste à châtier les comparses et les dupes :

Frochot, préfet de la Seine, sera destitué ; Boutereu, bachelier en droit, condamné à mort par la Commission militaire, sera exécuté le 30 janvier 1813, dans la plaine de Grenelle. A quoi bon ? Ce n'est pas ce sang-là qui cimentera la dynastie.

A ce mal qu'il n'a pas prévu, il faut un remède héroïque, et ce remède, il faut le découvrir et l'appliquer en même temps que faire face à tout, produire des moyens pour résister à la Russie victorieuse, peut-être à l'Europe soulevée. Alors, tandis qu'emporté par une fureur de travail, telle qu'il ne l'éprouva peut-être à aucune époque de sa vie, multipliant les conseils spéciaux pour remettre l'ordre en chaque partie et les faisant durer jusqu'à six heures du soir, présidant chaque semaine le conseil des ministres et l'appelant à délibérer aussi bien sur les mesures de défense nationale que sur les points les plus délicats de la politique intérieure, dirigeant le Conseil d'État et y suivant les dispositions législatives que les circonstances imposent, voyant chaque jour tous les ministres et recevant leur portefeuille, dictant cent lettres par vingt-quatre heures, signant dix décrets, revisant tous les comptes arriérés, mettant au courant la besogne de six mois par un coup de collier qui, regardé dans ses effets, donne la sensation directe de l'immensité de ses ressources et de la puissance de son cerveau, trouvant du temps encore pour chasser — car on a dit qu'il était malade et c'est la meilleure façon de démentir, — pour passer des revues, pour visiter le Salon, pour aller au spectacle, pour tenir sa cour, pour recevoir des députations, pour haranguer les Grands Corps de l'État; dans ce vertige d'affaires, de représentation, même de plaisirs, il porte le dessein qui seul, à son estime, peut consolider la dynastie et en assurer la perpétuation ; il le rumine et le digère ; il en pose un à un les jalons, car l'entreprise est singulièrement difficile et, pour l'accomplir, le temps est strictement mesuré.

Il faut qu'avant l'ouverture de la campagne prochaine, le Pape réconcilié soit venu à Paris couronner Marie-Louise comme impératrice, le Roi de Rome comme empereur associé à l'Empire. A l'Impératrice couronnée, l'Empereur remettra, durant la guerre, la régence de l'Empire. S'il meurt, la Régence, durant la minorité de l'Empereur, continuera ainsi, sans contestation, à être exercée par elle.

De la sorte, croit-il parer aux deux périls qui menacent la dynastie :

A l'intérieur, car la religion est pour lui le ressort suprême de gouvernement et, contre l'Empereur sacré par le Pape, lever la main est léser la majesté divine et humaine ; Napoléon II associé à l'Empire, mis ainsi en possession de la couronne du vivant de son père, ne peut plus être oublié ou passé sous silence comme fut le Roi de Rome. Les Grands Corps de l'État, les citoyens et les soldats lui auront prêté serment. Par quelque cérémonie dont il ne sera pas difficile de tracer le touchant appareil et les pompes nationales, les imaginations auront été frappées et le prestige s'imposera à Napoléon II. Si Napoléon Ier meurt, la transmission de la Couronne s'opérera ainsi naturellement.

A l'extérieur, car Marie-Louise d'Autriche étant régente de l'Empire, les souverains européens ne pourront plus former contre la dynastie, contre la personne même du souverain mineur les objections qu'ils dirigeaient contre Napoléon ; ce ne sera plus le soldat couronné de la Révolution victorieuse qu'ils rencontreront, ce sera une femme, leur égale et leur pareille, fille des Césars, à demi Bourbon, à demi Lorraine, dont ils ne pourraient renverser le trône sans ébranler les leurs ; ce sera un enfant qui joindra à l'investiture divine l'investiture nationale, et aux veines duquel coule le sang de sa mère, leur propre sang. Pour traiter, quels avantages ! Il ne serait plus question du Grand Empire ; la Régente n'aurait plus à défendre que la France, et, là où Napoléon est contraint de ne rien céder, elle, pour son fils, aura les mains libres.

Mais un tel projet n'est pas sans soulever des difficultés à l'infini : vis-à-vis du Pape, pour obtenir qu'il couronne la mère et l'enfant, il faut que Napoléon renonce, au moins pour l'instant, au plan gigantesque qu'il a développé depuis 1805 ; il faut qu'il fasse toutes les concessions compatibles avec l'exercice d'un gouvernement laïque, qui, quoique respectant et honorant l'Église catholique et ses ministres, ne saurait admettre l'ingérence cléricale. Pour un avantage immédiat, si grand soit-il, Napoléon n'est point homme à livrer quoi que ce soit du domaine protégé à si grand peine par les rois, les évêques et les docteurs français contre la marée montante de l'ultramontanisme. Il prétend garder intangible le corps des doctrines gallicanes, base essentielle de la religion catholique, telle qu'elle a pu être acceptée en France par les gouvernements et telle qu'elle a été professée par les peuples, digue nécessaire dont l'écroulement laisserait le champ libre aux aspirations théocratiques, aux cultes superstitieux, aux dogmes féministes et assurerait la prépotence des Congrégations romaines. De même, les règlements sur la police des Cultes, que l'autorité séculière revendiqua et exerça constamment le droit d'édicter et qui sont la condition de l'existence légale des Églises et de leurs ministres[1]. Sur ces points essentiels, l'Empereur ne cédera point : on en a pour preuves les notes qu'il dicte le 26 janvier et le 17 février, en Conseil des ministres, alors qu'il croit le Concordat conclu, sur la nature et le mode des relations qui pourront avoir lieu en France entre le Pape et les évêques ou les fidèles, mais, sur les autres points, il est disposé à tout accorder et, en particulier, il se rend facile en ce qui touche le temporel, qui fut l'objet unique de ses dissentiments avec le Saint-Siège,

Pour ce qui est de la Régence, les choses semblent se présenter plus simplement. Sans doute, à prendre les Constitutions de l'Empire, les femmes en sont

[1] V. *L'Impératrice Marie-Louise*. Ed. in-8°, p. 249 et suiv. — *Napoléon et son fils*. Ed. in-8°, p. 241 et suiv.

exclues (art. XVIII, § 2) ; si la Régence n'est déférée de droit « au prince le plus proche en degré, dans l'ordre de l'hérédité, ayant vingt-cinq ans accomplis », qu'à défaut d'une désignation de la part de l'Empereur, ce droit de désignation est restreint aux princes français, ou, à leur défaut, aux titulaires des grandes dignités de l'Empire ; mais, malgré les inconvénients qui s'attachent à l'instabilité des lois constitutionnelles, surtout lorsqu'elles ont, comme le Sénatus Consulte organique du 28 floréal an XII, été présentées à l'acceptation du peuple, on peut soutenir qu'un Sénatus Consulte peut légalement modifier ces articles de la Constitution. Que le Sénat se rende docile, nul n'en doute, mais que penseront et que diront les princes qui se trouveront ainsi dépouillés d'un de leurs droits essentiels ? Que dira surtout Joseph qui, le premier, au cas où la Régence s'ouvrirait, est appelé à l'exercer.

*
* *

Dès son arrivée, l'Empereur s'est occupé de l'Espagne, dont les affaires exigent que, dans un sens ou l'autre, il prenne un parti immédiat. Après la défaite des Arapiles et l'évacuation de l'Andalousie, après la campagne manquée par Joseph, en présence de l'insurrection luttant à égalité, sur le territoire de l'Armée du Nord, avec les troupes de Caffarelli, insultant les frontières de France et menaçant toutes les communications, devant cet étrange résultat de six années de guerre perpétuelle : les six armées employées dans la Péninsule réduites aux places qu'elles occupent et n'ayant pas même obtenu la sécurité de leurs quartiers d'hiver, faut-il espérer qu'on rétablira les affaires, que, pour la troisième fois, on conquerra l'Espagne, alors que la France, presque désarmée, va être obligée, en Allemagne, de faire face à l'Angleterre enfin délivrée de ses terreurs, à la Russie enivrée de sa victoire, à la Prusse exaspérée de l'occupation française, à la Suède affolée de jouer un rôle, à l'Autriche qui prépare sa défection prochaine, aux États de la Confédération qu'entraîne l'universelle révolte contre l'hégémonie napoléonienne.

Le moment n'est-il pas venu d'en finir avec cette aventure néfaste où l'Empereur a été attiré par les facilités rencontrées d'abord chez un peuple dont on ignorait le caractère et les ressources ; par l'obligation de briser dans le gouvernement une inimitié qui se faisait jour au premier bruit d'un échec qu'auraient subi les armes françaises ; par l'ignominie d'une race royale dont les disputes révélaient l'ineptie, les hontes et les crimes ; par la tradition historique qui voulait en Espagne une alliée fidèle ; par l'esprit familial enfin qui, à la Maison de Bourbon partout où elle avait régné, substituait la Maison de Napoléon. Que toutes ces causes eussent concouru à attirer, à engager, à retenir l'Empereur ; ensuite, lorsqu'il avait compris la faute et qu'il en avait jugé les suites, que l'autorité de Joseph dans la Famille, le prestige de son droit d'aînesse, la violence de ses déclamations, la crainte de ses révoltes et de ses intrigues, la conscience qu'on l'avait embarqué dans une affaire malencontreuse, l'obligation de lui offrir un dédommagement au moins égal, qu'on ne savait où prendre, eussent contraint Napoléon à renoncer en 1809, en 1810, en 1811, en 1812, à l'unique solution qui pût, sinon rétablir la paix avec l'Espagne, du moins libérer la France de l'occupation de l'Espagne, mettre un terme à des dépenses d'hommes et d'argent qui l'avaient épuisée sans le moindre profit, soit ; l'Empereur, alors partout victorieux sur le continent, pouvait s'obstiner par amour-propre dans une guerre de luxe, si onéreuse qu'elle fût. Même pouvait-il trouver des arguments qui lui fissent illusion : à la fin, les révoltés se lasseraient ; et puis, comment retirer ses armées devant les armées anglaises et reconnaître ainsi la supériorité, même sur terre, de l'ennemie traditionnelle ? Mais, à présent, cent mille vieux soldats n'étaient pas négligeables et les cent millions qu'il en coûtait par année avaient ailleurs leur emploi. Il était trop tard pour renvoyer Ferdinand VII en Espagne et cette solution, pratique en 1809, cessait d'offrir les mêmes avantages dès qu'une armée anglaise pouvait déboucher des Pyrénées, mais là on l'arrêterait par une guerre de chicane et les Espagnols, redoutables sur leur territoire où ils se rendaient insaisissables, ne lui seraient en France d'aucun secours. D'ailleurs, l'Empereur pouvait espérer que le prince des Asturies s'engagerait dans l'alliance française, y demeurerait fidèle et s'opposerait aux Anglais. Sans doute, en traitant avec Ferdinand, l'Empereur n'aurait tenu compte ni de la « Majesté » des Cortès de Cadix, érigés en gouvernement absolu, ni de « l'Altesse » de la Régence devenue leur instrument servile, mais l'idée de négocier avec de telles assemblées n'entrait pas dans son esprit. Il conclurait avec Ferdinand et tout serait dit.

Tel était le parti que lui proposait le duc de Bassano ; mais, outre qu'il se résignait difficilement à avouer l'échec de sa politique en Espagne, et qu'il se sentait singulièrement faible vis-à-vis les colères de Joseph, « il ne pouvait, a-t-il dit lui-même, se résoudre à renoncer aux grands résultats qu'il avait droit d'attendre de ses immenses sacrifices depuis 1809 ».

Raisons bonnes à montrer de Sainte-Hélène. Il en était une meilleure que Napoléon n'a point dite alors et qu'il n'a pu dire : la raison dynastique. Dès qu'il pensait à déférer la Régence à l'Impératrice, en vue de se concilier l'Autriche et, dans le cas où il disparaîtrait, à assurer à son fils la médiation de l'empereur François, il ne pouvait rappeler en France le roi d'Espagne découronné qui s'empresserait alors de réclamer ses prérogatives de prince français. Si Joseph ne devenait pas régent de plein droit, il ne pouvait être écarté sans un scandale. Il était « le prince le plus proche en degré dans l'ordre de l'hérédité » ; il n'avait point démérité et il était titulaire de la première des grandes dignités de l'Empire : il réunissait donc toutes les conditions prévues par l'article XIX du Sénatus-Consulte organique.

Pour justifier d'une façon au moins apparente, l'abrogation du § 2 de l'article XVIII qui excluait les femmes de la Régence, l'Empereur n'avait d'autre argument que l'absence des princes français susceptibles d'exercer la Régence et l'option par eux de trônes étrangers.

S'il passait outre, s'il réformait l'article XVIII de la Constitution tout en rappelant Joseph, il pouvait l'écarter de la Régence, mais non pas du Conseil de Régence « composé des titulaires des grandes dignités de l'Empire ». Il avait à craindre dès lors, et il craignait en effet, des intrigues et une opposition qui eussent rendu impossible l'exercice du gouvernement par l'Impératrice et qui eussent renversé toutes les combinaisons qu'il avait échafaudées dans l'éventualité de sa mort.

Pour écarter Joseph, à la fois de la Régence et du Conseil de Régence, un seul parti restait à prendre : Le maintenir coûte que coûte en Espagne. De la reconquérir pour lui ou de lui donner les moyens de la reconquérir, il n'y avait pas à y penser. Tout manquait, les hommes et l'argent. Si peu d'argent qu'on envoyât, c'était trop quand la France avait besoin de toutes ses ressources, et, en y laissant seulement les hommes qui y étaient, on privait la nation des éléments les meilleurs dont elle pût se servir pour constituer et encadrer une armée nouvelle, à présent que la Grande Armée de Russie avait disparu. On ne pouvait attendre en Espagne aucun résultat favorable, puisqu'on ne pouvait se flatter de faire mieux, avec des troupes diminuées et mal soldées, qu'on n'avait fait avec des troupes plus nombreuses et mieux payées, mais la question de ce qu'on ferait n'était là que subsidiaire, l'unique était que Joseph ne rentrât pas en France.

Qu'ensuite, pour colorer à ses propres yeux la détermination que lui inspiraient à la fois sa confiance en l'Impératrice autrichienne et sa passion pour son fils, Napoléon se flattât qu'un retour de fortune lui permettrait de reprendre et de terminer à sa guise les affaires d'Espagne; qu'il prétendît encore, en maintenant ainsi une sorte d'occupation française dans certains royaumes de la Péninsule, s'assurer, lors des négociations avec l'Europe, une matière de transaction ou d'échange, cela peut être, mais toute discussion au sujet des mobiles est oiseuse devant deux dates : la lettre qu'il adresse à Clarke, première manifestation de sa volonté au sujet du maintien de Joseph en Espagne est du 3 janvier, et c'est le 5 qu'il appelle le Conseil privé à délibérer sur la régence de l'Impératrice.

Reste à savoir ce qu'on fera en Espagne. Voici ce que l'Empereur ordonne à Clarke : « Faites connaître au roi, en lui écrivant en chiffres, que, dans les circonstances actuelles, je pense qu'il doit placer son quartier général à Valladolid, que le Vingt-neuvième Bulletin lui aura fait connaître l'état des affaires du Nord qui exigent nos soins et nos efforts; qu'il peut bien faire occuper Madrid par une extrémité de la ligne, mais que son quartier général doit être à Valladolid et qu'il doit s'appliquer à profiter de l'inaction des Anglais pour pacifier la Navarre, la Biscaye et la province de Santander. »

Ainsi — et cela résulte des développements d'ailleurs médiocres que Clarke donne à la pensée de Napoléon, — l'Empereur reste au jeu, mais il restreint sa mise; il se borne à présent au nord de la Péninsule; il entend nettoyer ces provinces, peut-être pour en préparer l'annexion, peut être pour se ménager un objet d'échange, à coup sûr pour maintenir libres ses lignes de communication dans le cas où un échec survenu en Allemagne le contraindrait à rappeler comme suprême ressource les armées employées en Espagne. La concentration sur Valladolid où sera transporté le quartier du roi diminue le rayon d'action de l'armée, prépare l'évacuation, fournit une base d'opération plus solide que Madrid, au cas que les Anglais entrent en mouvement, menace les cantonnements ennemis et, par là, empêche Wellington de faire des détachements qui insulteraient les frontières ou les côtes.

L'Empereur, couvrant d'un prétexte militaire des mesures qui, en réalité, annoncent le prochain départ, laisse à Joseph la satisfaction de conserver sa capitale; à la vérité, selon ses ordres, Madrid doit être occupé par une extrémité de la ligne, mais c'est ouvrir la porte à toutes les fantaisies du roi d'Espagne, devenu l'arbitre de la situation et rendu plus puissant qu'il n'a jamais été.

En effet, Napoléon, dès qu'il s'est arrêté à l'idée de maintenir Joseph en Espagne, a été entraîné à toutes sortes de conséquences : il ne peut enlever à Joseph, si déplorable chef qu'il se soit montré, le commandement supérieur des armées ; il ne peut laisser à la tête de l'Armée du Midi le duc de Dalmatie, à la tête de l'Armée du Nord le général Caffarelli. Contre Soult, Joseph a formé de tels griefs que tout serait à craindre si ces deux hommes restaient en présence. Pourtant, Soult « est la seule tête militaire qu'il y ait en Espagne ». Napoléon le sait ; il le dit, il a pleine conscience de la faute qu'il commet ; il sait qu'en rappelant Soult, il livre désormais l'armée entière aux imaginations dynastiques et stratégiques de son frère ; quant à Caffarelli, si l'éloignement a rendu les altercations moins vives, les plaintes de Joseph contre les refus d'obéissance du général de l'Armée du Nord et son insistance à réclamer sur lui le commandement direct ont étrangement tendu la situation ; dès que les Armées du Portugal, du Midi et du Centre vont se trouver en contact direct avec l'Armée du Nord, il paraît bien difficile que celle-ci aussi, bien qu'ayant une destination spéciale, ne soit pas, au moins pour la forme, mise sous le commandement du roi. Le 3 janvier, l'Empereur ordonne donc à Clarke d'envoyer au duc de Dalmatie « par estafette extraordinaire, un congé pour revenir à Paris ». Ce n'est pas une disgrâce qu'il lui inflige ; il laisse dans le doute s'il le rappelle sur la demande qu'a faite le roi d'Espagne ou sur la demande qu'a formée Soult lui-même; et il lui réserve à l'Armée d'Allemagne un poste qui implique la plus haute confiance. Quant à Caffarelli, qu'il rappelle près de sa personne, il va le charger, durant son absence, de la garde de l'Impératrice et du Roi de Rome : nulle assurance meilleure qu'il n'a pas démérité. Par ces deux actes, il montre à quel point il désapprouve l'attitude de Joseph et quelle contrainte il subit, mais il cède.

Ainsi Joseph n'aura plus à craindre aucune contradiction et les armées françaises seront livrées à son bon plaisir et à celui de Jourdan, toujours empressé à prévenir les ordres du roi, fussent-ils les plus contraires aux premières notions stratégiques, aux intérêts du soldat, aux volontés de l'Empereur et aux exigences de la défense nationale. Gazan qui succède à Soult à l'Armée du Midi est un homme déjà mûr, plié dès l'enfance à l'obéissance passive, bon divisionnaire, mais incapable d'une vue d'ensemble et à ce point timoré qu'il ne bougera pas un homme sans l'ordre du roi; Reille, suspect comme aide de camp de l'Empereur, préposé par une désignation expresse de l'Empereur à l'Armée de Portugal où Joseph avait placé d'Erlon, démuni peu à peu de la plupart de ses divisions en faveur de l'Armée du Nord, ne sera ni écouté, ni même entendu quand il fournira une opinion militaire; Drouet d'Erlon, auquel Joseph donne l'Armée du Centre au défaut de l'Armée de Portugal, doit trop au roi qui, en toute occasion, l'a ménagé pour l'opposer à Soult, et il a formé avec lui trop de liens obscurs, pour que, même fût-il d'esprit supérieur, il ait une influence.

Seul, le nouveau commandant de l'Armée du Nord, le général Clausel, pourrait tenir tête au roi et peut-être imposer une opinion. Par sa retraite après les Arapiles, il a acquis une renommée qui ne peut être contestée ; il a le caractère vigoureux, la tête carrée, l'esprit net. Mais la réputation dont il jouit dans l'armée n'est pas pour plaire à Joseph. De plus, il tient de l'Empereur une mission expresse qui le rend de fait indépendant, bien qu'il reste nominalement subordonné. Il est chargé de mettre fin dans les provinces du Nord à une insurrection qui, sous les ordres de Mina et de Longa, a pris une forme militaire, affronte à nombre égal de combattants les troupes françaises, interrompt toute communication avec l'Empire et parfois même en insulte les frontières. Dès la retraite de Russie, l'Empereur s'était assez inquiété de cet état de choses pour donner l'ordre précis de renforcer la défense sur les Pyrénées ; à présent, du moins tant que l'armée anglaise n'entrera pas en mouvement, il subordonne toutes les opérations au rétablissement et à la sûreté des communications : Clausel a donc son entière liberté d'action, et il doit recevoir, des armées qui sont sous le commandement de Joseph, tous les renforts qu'il jugera nécessaires.

De là, pour le roi, si jaloux de toutes les autorités, en même temps que si incapable de les exercer, une perpétuelle inquiétude, des récriminations quotidiennes et un prétexte pour justifier toutes ses fautes.

Si Joseph avait eu quelque sens d'une situation déjà singulièrement compromise, ce n'eût pas été des ordres donnés à Clausel qu'il se fût plaint, car leur exécution pouvait seule assurer la retraite et le salut de l'armée, son salut à lui-même; c'eût été de l'étrange abandon où l'Empereur allait le laisser. Pas d'argent pour solder les troupes, pas de renforts, au contraire un continuel écoulement vers la France d'officiers et de sous-officiers rappelés pour constituer des cadres à la Grande Armée d'Allemagne, des régiments squelettes où l'esprit de corps n'existe plus, où il n'y a plus ni discipline, ni goût de servir, ni volonté de combattre, mais partout, du haut en bas, le découragement, le malaise, la méfiance. Point d'approbation à ses règlements d'administration, à ses arrêtés sur la formation d'un grand État-Major. L'Empereur se désintéresse et n'écrit pas. On dirait qu'il se propose de ne prendre aucun engagement, de ne faire aucune promesse, de n'aliéner en rien sa liberté. Toutes ses instructions passeront par Clarke « qui continuera les mêmes rapports qu'il a eus avec l'Armée d'Espagne et mettra dans le *Moniteur* ce qu'il jugera convenable ». Et Clarke, bas courtisan, transmet les ordres de l'Empereur en une forme molle, veule, presque adulatrice, du moins conciliante, telle qu'il n'ordonne jamais et, que où l'Empereur a écrit *commandement*, il transmet *conseil*... Joseph est donc livré à lui-même. Il a pour le guider, en ce rôle de général en chef d'une armée de cent mille hommes, ses inspirations royales, son génie militaire et la sénilité complaisante de Jourdan. Les optimistes même sont convaincus du désastre prochain — mais Joseph n'est pas rentré en France !

*
* *

L'Empereur pourtant a suivi son plan et, pour le réaliser, il est allé trouver le Pape à Fontainebleau. Pour que ce voyage portât ses fruits, c'est-à-dire que la paix fût rétablie dans l'Église et que le couronnement fut acquis à l'Impératrice et au Roi de Rome, il fallait que les deux parties contractantes fussent de bonne foi et qu'elles cherchassent le bien avec une sincérité égale ; cela eut lieu lorsque le Pape et l'Empereur traitèrent tête à tête, cela manqua lorsque Pie VII appela les cardinaux italiens à examiner le pacte qu'il avait discuté en pleine liberté et signé en pleine indépendance. Les Français n'étaient pas de force et Fesch, rappelé de son exil de Lyon, envoyé par l'Empereur à Fontainebleau, ne savait pas même surprendre ce qu'on y tramait et avertir du danger.

Napoléon, confiant en une parole sacrée, faisait ses préparatifs ; il annonçait publiquement le Couronnement ; il entrait en marché pour le château de Crachamp qui devait, en Avignon, servir d'habitation provisoire au Pape ; il pensait à faire entrer les biens des Congrégations et des Confréries des États romains dans la dotation qu'on ferait au Pape ; il prenait des mesures pour régler les rapports entre le chef de l'Église et les évêques, les prêtres et les fidèles de l'Empire; il s'inquiétait de nommer « un commissaire chargé près de Sa Sainteté de la correspondance pour les affaires ecclésiastiques »; il balançait même entre un prêtre et un laïque, mais celui-ci au moins maître des requêtes en son Conseil d'État; il ordonnait au ministre des Cultes de « lui apporter le travail pour les nominations à tous les évêchés de France vacants »; il acceptait donc avec franchise la situation et il multipliait les preuves de sa sincérité, quelle que fût d'ailleurs son impatience légitime de voir s'accomplir, le plus tôt possible, les cérémonies auxquelles il attachait de si grandes espérances.

*
* *

Au travers de ces négociations, de ces inquiétudes, de ces préparatifs de guerre poussés avec une hâte fébrile, la vie de Cour a continué, mais, seule de la Famille, Hortense y prend part, Madame apparaissant seulement à quelques dîners et se renfermant de plus en plus dans son palais, Pauline toujours absente et pérégrinant dans le Midi, Julie à peine visible aux cérémonies d'obligation et d'ordinaire cachée derrière un épais rideau de Clary, d'Antoine, de Ricard, de Guay, au Luxembourg ou à Mortefontaine.

Hortense, au contraire, ne manque ni un cercle, ni une fête. A la fin de novembre, sur le bruit que l'Empereur resterait à Varsovie et y ferait venir l'Impératrice, elle craignait un hiver « qui fût d'un triste affreux » ; à présent, c'est une autre tristesse et pire, mais elle n'a plus à redouter la première. « Malgré ma pauvre santé, on me parle déjà de recevoir, écrit-elle ; si cela convient à l'Empereur, sûrement je le ferai, mais je tarde autant que possible pour en être sûre et me reposer. » Elle n'a pas longtemps à douter ; presque aussitôt elle est saisie dans l'engrenage et c'est quelquefois, comme le 1er janvier, de neuf heures du matin à neuf heures du soir qu'elle est prise, changeant quatre fois de toilette, allant deux fois aux Tuileries, une à Malmaison, courant sans poser, toujours debout, en représentation, morte de fatigue. Vent ou pluie, glace ou neige, elle est aux cérémonies, poitrine nue, coiffée en diamants, accompagnant l'Impératrice. Un gros rhume la sauve de la chasse à Grosbois, par suite du voyage de Fontainebleau, fatal aux bronches délicates et dont toutes les femmes reviennent gelées comme d'une retraite de Russie ; mais, le 19 février, la voici en habit de cour de crêpe rose, brodé en plein d'hortensias d'argent, garni, sur la robe et la queue, de roses et de pensées, hortensias de diamants dans les cheveux, montant avec l'Impératrice dans la voiture à huit glaces qu'on ne ferme pas d'un côté, et le cortège s'en vient au pas du Carrousel au Palais du Corps Législatif. Par bonheur, ce jour-là, le thermomètre qui, à six heures, marquait sept degrés au-dessous de zéro, monte à quatorze sur les midi.

L'Empereur veut qu'on aille et on va; l'Empereur veut qu'on danse et la reine, chaque semaine, donne à danser ; mais elle ne raye pas de ses listes les éclopés de Russie et cela fait des danseurs à bras en écharpe et même à jambe de bois, ce qui attriste. Au bal masqué que l'Empereur donne aux Tuileries, il commande le même quadrille de Péruviens que la reine menait le carnaval précédent, mais la liste en est funèbre, tant il y a de Péruviens disparus, de Péruviennes et de Prêtresses endeuillées. De celles-ci, il faut en remplacer onze par onze volontaires qu'on fait répéter et qu'on habille en sauvagesses, toujours par ordre. Le 10 mars, au second bal, Hortense conduit avec plus d'entrain une mascarade de Suisses et de Suissesses — souvenir de son voyage à Prégny — qui a le plus vif succès. Elle-même, la voici, la taille serrée dans un corset de velours nacarat, décoré à plusieurs rangs de dentelle d'or et de point d'Espagne, guimpe et manches en percale d'Écosse plissée à très petits plis ; la jupe de taffetas bleu Marie-Louise, montée sur un jupon de velours nacarat, coupée d'un tablier de mousseline ; au col et aux bras, collier et bracelets de velours et d'or ; sur la tête, un chapeau de paille chargé d'une demi-guirlande de fleurs et de nœuds de velours en diadème. Les couleurs des autres costumes alternent, bleu et rouge, rouge et noir ; cela est seyant, printanier, répand comme une bonne odeur de foins nouveaux, fournit à Hortense elle-même l'illusion qu'elle aime les champs.

Ils lui seraient bons en effet, ou tout le moins une vie

unie et calme conviendrait mieux aux névralgies fiévreuses qui la torturent à heure fixe : la promenade au Bois de Boulogne avec ses enfants, Malmaison très souvent, le soir quelques personnes d'esprit avec qui, dans le salon de la rue Cerutti, elle cause, chante, dessine, joue au billard ; voilà ce qui lui plaît, mais elle doit bien payer les grâces qu'elle sollicite constamment et qu'elle obtient sans cesse. Elle est insatiable, et comme elle réitère ses demandes avec un entêtement que rien ne trouble, elle finit presque toujours par réussir.

Dès les premiers jours, le 5 janvier, étant présente à une conversation de l'Empereur avec Fontaine, elle saisit l'occasion pour demander un palais pour son fils, le grand-duc de Berg : l'Empereur promet l'hôtel de Bénévent, rue de Varennes, racheté par lui, pour deux millions, au prince vice-grand-électeur le 30 octobre 1811. Elle a déjà enlevé six à sept recettes générales pour servir de prébendes à des gens de sa maison, de dots à des nièces ou des protégées de Mme Campan, elle en souhaite une de plus pour marier Mlle Cochelet à M. Decazes ; le projet n'aboutit pas, heureusement pour M. Decazes, mais ce n'est pas la faute de la reine. Elle est plus heureuse pour M. de Mailly-Couronnel, mari d'une gouvernante de ses fils ; elle obtient pour lui promesse d'une place ; quelle, elle ne sait pas : la première bonne sinécure qui viendra à vaquer, car, du mérite et de l'aptitude professionnelle de son protégé, elle ne s'inquiète point et elle entend qu'à son profit les ministres violent toutes les règles. La place qui vaque est celle d'inspecteur général des Haras et Hortense court chez le ministre des Finances qui, dans son rapport, en date du 14 janvier, écrit : « S. M. la reine Hortense m'a fait l'honneur de me dire que Sa Majesté m'ordonne de lui présenter pour candidat M. de Mailly-Couronnel. » Mais la faveur est vraiment trop forte et l'Empereur, qui a seulement promis une place, en octroie une bien moindre : de lui-même, il raye dans un décret présenté à sa signature le nom du sieur Verpy, promu d'inspecteur, conservateur des Forêts à la résidence de Carlstadt (Illyrie) et y substitue le nom de *Malli*[1]. De même, la reine obtient elle, une place de dame dignitaire à la Maison impériale Napoléon de Saint-Denis pour une Mme Angelet, sa protégée, — et ce presque malgré la surintendante. Il y a pis. Elle s'interpose, lorsque Mme Moreau arrive d'Amérique pour qu'on ne la repousse pas de Bordeaux et qu'on la laisse débarquer. Elle allègue les anciennes liaisons de société et les rivalités passées et elle obtient de l'Empereur cette singulière faveur. Or, c'est le moment où Moreau prend du service en Russie et rédige cette proclamation aux soldats français qui fournit le thème de toutes les trahisons par qui la France sera livrée.

[1] Il conviendrait qu'on comparât ces faits au récit qu'a donné M. le comte de Mailly-Couronnel dans un livre qui, pour avoir reçu déjà des démentis éclatants, n'est point davantage véridique sur les points qui n'ont pas été jusqu'ici contestés.

La reine s'intéresse aussi à l'armée ; Flahaut, nommé général de brigade le 4 décembre 1812, la veille du départ de Smorgoni, reçoit, le 26 janvier 1813, les aiguillettes d'aide de camp de l'Empereur. Malgré le désintéressement qu'on se plaît à lui reconnaître, Hortense, on le voit, savait demander, mais ces grâces ne s'obtenaient que par l'assiduité d'une présence continuelle.

*
* *

Le Concordat est à vau-l'eau ; Pie VII a renié sa signature. les cardinaux romains ont triomphé. Le couronnement est abandonné. L'Empereur a échoué dans la partie la plus importante du plan qu'il avait conçu. Reste la Régence autrichienne, devant laquelle, même s'il en avait l'idée, Napoléon ne pourrait reculer, puisque, se fiant à la parole du Pape, il a fait rendre, le 3 février, un sénatus-consulte qui l'engage et l'oblige. Le 7 mars, il part pour Trianon avec l'Impératrice et le Roi de Rome — et Hortense est du voyage. Le temps est particulièrement pluvieux et froid ; il fait à midi + 4 le 10, + 4 le 11, + 1,5 le 12, + 0,1 le 13, + 2,4 le 14 ; mais ainsi pense-t-il supprimer les commentaires, ainsi se soustrait-il lui-même à l'espèce de confusion qu'il éprouve de son dessein avorté. Une vie claustrale ; parfois la chasse, qu'on suit en calèche découverte ; pour le dîner, souvent l'Impératrice et la reine attendent de six à huit heures que l'Empereur interrompe son travail. A neuf heures, « il emmène sa femme avec lui se coucher ». Pour se distraire, Hortense lit ou dessine avec sa dame de service, Mme de Broc. On peut penser que parfois elle trouve mieux, M. de Flahaut ayant été, hors tour, nommé du voyage.

*
* *

Dans cette vie où le calme apparent et l'ennui réel dissimulent mal la déception et l'inquiétude, tombe soudain une nouvelle qui n'est pas pour rendre plus sereine l'humeur de Napoléon. Catherine de Westphalie est arrivée en France. C'est l'aveu que, en Allemagne, la domination française est menacée, que les bruits de défaite qu'on met tant de soin à démentir, sont véridiques, que ce sera à la frontière même qu'il faudra combattre, puisque Jérôme ne pense pas la reine en sûreté à Cassel.

Le 11, Cousin de Marinville, chambellan du roi, qui est à Paris pour les affaires de son maître, vient trouver à Trianon le duc de Frioul. Il a reçu, par le baron de Sorsum, secrétaire du roi, l'ordre « de lui faire part que la reine de Westphalie devant arriver à Paris avec sa maison et toute sa garde-robe, le roi désire qu'elle descende et loge à l'hôtel du cardinal Fesch qui a bien voulu le lui offrir. La reine, ajoute-t-il, ayant avec elle sa maison et tous ses effets, ainsi que des voitures pour elle et pour toute sa suite, le roi a pensé qu'il serait plus convenable qu'elle logeât en son particulier pour éviter l'embarras qu'elle pourrait occasionner dans un des palais de l'Empereur ». Et il communique en même temps la liste des personnes qui auront l'honneur d'accompagner Sa Majesté : ce sont la comtesse de Bocholtz, grande maîtresse, les comtesses de Pappenheim, d'Oberg, de Furstenstein et la princesse de Hesse-Philipstahl, dames du Palais, le comte de Busch, chevalier d'honneur, le comte d'Oberg, premier écuyer, les deux Boucheporn, un maréchal de la Cour, l'autre préfet du Palais, puis deux lectrices, un médecin, un secrétaire des commandements et une quarantaine de personnes de service.

L'Empereur est surpris à cette nouvelle dont il prévoit immédiatement les conséquences. Sans doute savait-il que le roi désirait envoyer Catherine en France, mais il croyait avoir pris ses précautions et signifié ses volontés de façon que cette arrivée intempestive fût au moins retardée jusqu'au moment où les événements de guerre rendraient impossible le séjour de la reine à Cassel.

Le 18 janvier, le roi s'était ouvert confidentiellement à Reinhard, lui disant son désir que la reine allât à Paris; lui-même se sentirait plus libre et pourrait se porter partout où les circonstances l'exigeraient avec toutes ses troupes, dont, sans cela, il faudrait toujours qu'une partie restât à la garde de la reine. Mais, avant tout, il souhaitait que la reine ne se doutât pas qu'elle pût courir un danger, car elle voudrait rester. Il avait donc demandé que ce fût l'Empereur qui invitât directement Catherine à venir à

Paris. L'annonce, pour le premier dimanche de mars, du couronnement du Roi de Rome lui paraissait fournir une occasion tout à fait favorable. La reine partirait aussitôt que l'Empereur l'aurait permis; elle logerait au palais du cardinal Fesch ou à celui de Madame et passerait ainsi les moments de la crise. Reinhard avait transmis cette conversation, mais n'avait été chargé d'aucune réponse. Le 21 février, le roi était revenu à la charge et avait demandé à Reinhard de solliciter l'autorisation de Sa Majesté : « il paraissait alors résolu à attendre cette autorisation avant de prendre sa dernière résolution », mais, au moins, désirait-il qu'on se pressât, car si la reine ne devait pas aller à Paris, il était déterminé à l'envoyer à Stuttgard. Si singulière que cette hâte dut paraître, l'Empereur avait donné, le 2 mars, une autorisation, mais conditionnelle. « Aussitôt, avait-il écrit, que l'empereur Alexandre ou le général Koutouzoff seraient entrés soit à Berlin, soit à Dresde, vous feriez partir la reine par Wesel et l'enverriez à Paris, *mais pas avant.* »

Jérôme n'avait tenu aucun compte de cette restriction : de longue date, il avait préparé la reine à ce départ. Le 20 janvier, il lui racontait le couronnement prochain, lui faisait espérer qu'elle y serait invitée, qu'elle y viendrait avec lui. Catherine en était transportée de joie; « j'aime Paris à la folie », écrivait-elle dans son journal. Puis, il lui glissait que le mieux serait qu'allant à Paris elle y restât; et elle notait alors, dans sa docilité exemplaire : « Si la guerre continuait et que j'aille à Paris pour les fêtes, l'intention du roi serait de m'y laisser. Le théâtre de la guerre, selon toutes les probabilités, serait un peu trop rapproché de nos foyers et le roi doit naturellement défendre son royaume jusqu'à la dernière goutte de son sang. » Enfin, sur la lettre de l'Empereur du 2 mars, il lui a dit que « l'Empereur désire qu'elle quitte Cassel au moment même où les Russes entreront à Berlin ; » il le lui a fait écrire au roi de Wurtemberg ; il a pris toutes les mesures pour son départ, son installation dans l'hôtel de la rue du Mont-Blanc ; le 7, il a expédié à cet effet à Paris un de ses préfets du Palais, et le 8, il a annoncé dans le *Moniteur Westphalien* que « la reine partait pour Paris sur l'invitation de Sa Majesté Impériale. » C'est ainsi que Reinhard a appris le voyage, mais il n'a plus eu d'objections à y faire, le roi ayant pris sur lui d'écrire le 9 à l'Empereur que, le 4 au soir, l'ennemi était entré en force à Berlin.

Le 10, à deux heures de l'après-midi, accompagnée par son mari jusqu'à Wabern, la reine a pris la route de Wetzlar, puis elle a suivi par Bonn, Aix-la-Chapelle et Bruxelles « pour éviter de se trouver au milieu d'une armée de cent mille hommes qui passe maintenant sur la route de Francfort ». Partout son passage a fait la plus triste impression. « Les nouvellistes disent qu'elle craignait les incursions des cosaques et qu'elle serait bientôt suivie de son auguste époux », écrit entre autres le préfet de la Roër.

Averti ainsi, le 11 seulement, l'Empereur est en

face d'un fait accompli : Est-il donc vrai que l'empereur Alexandre ou Koutouzoff soient entrés à Berlin ? Cassel est-il menacé ? Le royaume est-il en perdition ? Rien de cela, mais Jérôme a maintenant une maîtresse, dont la déclaration n'est qu'affaire de temps et qui porte ses ambitions bien plus haut et bien plus loin que ces passantes dont on contentait les appétits avec quelques poignées d'or ou de diamants.

La comtesse de Löwenstein-Wertheim, née comtesse de Pückler et Limburg, est une femme d'une trentaine d'années, de race de dynastes par elle-même et par son mari, mais fort pauvre, étant de branche cadette, qui, déjà mère de trois enfants, est venue en 1808 de Wurtemberg lorsqu'on a formé la cour westphalienne. Distinguée par Jérôme, puis délaissée, revenue en faveur par un travail souterrain où elle a déployé des qualités manœuvrières de premier ordre, elle sort de l'ombre avec une soif de pouvoir et une ardeur d'ambition qui, pour des raisons peut-être lointaines, car elle fut de la cour de Stuttgard, l'ont jetée dans une lutte directe contre la reine. Elle s'est rendue toute puissante dans sa maison et n'y a toléré que des gens à elle. Elle a fait chasser le comte de Gilsa, chevalier d'honneur, qu'elle a remplacé par le baron de Busch-Münch, lieutenant aux Gardes du Corps; elle a fait donner la charge de premier écuyer à une autre de ses créatures, le baron d'Oberg, chambellan ordinaire. Elle a soumis la reine à un espionnage continuel qui s'exerce sur ses actes, ses paroles, ses correspondances. Catherine a bien été obligée de s'en apercevoir, car on ne ménageait même pas les apparences : « Ce que vous me mandez de la lettre que vous avez reçue ouverte ne m'étonne pas, écrivait-elle à son père ; apparemment qu'on suppose ma correspondance digne d'être connue du public ou renfermant quelques aventures faites pour piquer la curiosité : le fait est qu'il m'arrive très souvent de recevoir des lettres, même de l'Impératrice de France, tout ouvertes et sans qu'on ait pris la moindre précaution pour le dissimuler. »

Le pouvoir de Mme de Löwenstein sur Jérôme est devenu tel qu'elle l'a engagé dans des démarches auxquelles il était difficile qu'on se méprît. Elle a voulu être princesse, et Jérôme a sollicité du roi de Bavière, et il a obtenu, le 19 novembre 1812, que le titre comtal porté par le beau-père de Mme de Löwenstein, senior de sa maison, fût érigé en titre princier ; il s'est employé pour faire reconnaître ce titre par le grand-duc de Hesse (17 décembre 1812) et il est parvenu à le faire réériger par son propre beau-père, le roi de Wurtemberg, le 27 février 1813 : mais la dame ne se contentait point si facilement.

A présent, enceinte de trois mois d'un enfant dont tout Cassel nommait le père, elle a voulu éloigner la reine pour rendre la place libre, s'établir en maîtresse, en attendant qu'elle amenât Jérôme au scandale d'un double divorce et d'un nouveau mariage. Et Jérôme lui a obéi en ordonnant que Catherine partît.

L'Empereur ne sait rien encore de ces histoires, dont Reinhard jusqu'ici a parlé à peine. Il ne peut imaginer que, dans une circonstance aussi grave, l'influence d'une maîtresse ait pu déterminer un voyage qui jettera le trouble partout, accréditera toutes les mauvaises nouvelles ; l'arrivée de la reine sera remarquée et commentée, les visites d'usage et de déférence qu'elle ne pourra se dispenser de recevoir, fourniront encore des occasions de parler. Elle ne doit pas entrer à Paris. Donc, il envoie à sa rencontre M. de Canouville, maréchal des logis du Palais, (le frère du Canouville de Pauline) « pour la prier de descendre au palais de Compiègne ». Canouville fait diligence, la trouve à Péronne, lui donne connaissance de ses ordres et l'amène le 15, vers les sept heures du soir, à Compiègne, où le général comte Delaborde, gouverneur, a été envoyé pour la recevoir et pour tout disposer, et où le comte de Ségur, grand maître des Cérémonies, vient, de la part de l'Empereur, pour la complimenter. Elle occupe le double appartement de prince qu'elle a habité dans ses précédents voyages.

Ces honneurs ne voilent pas plus à ses yeux le dégoût qu'elle reçoit qu'ils ne la font passer sur le déplaisir qu'elle éprouve. Le 17, elle adresse à l'Empereur, par son chevalier d'honneur, une lettre où, avec toutes les démonstrations du respect et de l'affection, elle réclame les égards qui lui ont manqué et auxquels elle prétend : « D'après une de vos lettres, Sire, écrit-elle, je dois quitter Cassel au moment où les Russes devaient entrer à Dresde ou à Berlin. Ils sont dans cette dernière ville du 4 de ce mois et ce n'est que le 10 que j'ai pu me déterminer, moins pour ma sûreté personnelle que pour laisser au roi la disposition de toutes les troupes dont il eût fallu laisser une partie à Cassel pour ma garde, à le quitter dans un moment aussi pénible... J'ai donc cru devoir sacrifier mon désir de vivre et de mourir auprès du roi à sa tranquillité personnelle, aux intentions de Votre Majesté qui avait déterminé d'une manière précise le moment où je devais quitter Cassel. Accablée d'inquiétudes pour un être qui m'est aussi cher que le roi, c'est dans les bras de sa famille, de Votre Majesté elle-même que j'honore comme un père, que je suis venue me jeter avec une pleine confiance, espérant y trouver une ample consolation. J'ai tâché de rendre ce voyage en quelque sorte utile au roi, en amenant avec moi des personnes des plus illustres familles de la Westphalie et du Hanovre qui sont autant de garanties de la bonne volonté qui les anime encore. Et maintenant, Sire, il ne me reste plus d'appui, plus de ressource, de consolation contre la chance des événements que l'attachement et la tendresse de la famille du roi. » En même temps, elle écrit à Jérôme et au roi de Wurtemberg pour leur faire part de sa déconvenue : « Le roi, dit-elle à son père, sera encore plus sensible que moi à la petite épreuve par laquelle on me fait passer avant d'arriver à l'Élysée et c'est à moi à lui adoucir la chose le mieux possible. »

Napoléon, au reçu de la lettre de Catherine, bien

qu'il ne comprenne rien encore au mystère de son départ, sent à quel point il serait injuste s'il la rendait responsable de faits qu'elle a subis et dont elle souffre. Il se justifie devant elle de ses prétendues rigueurs; il lui en explique la nécessité; il répare autant qu'il peut, sans se contredire formellement, les torts qu'il a paru se donner: « Ma sœur, écrit-il, j'apprends avec plaisir votre arrivée à Compiègne. J'avais pensé que le roi ne vous ferait partir que dans le cas où le gros de l'armée ennemie serait arrivé à Berlin ou à Dresde. Je lui avais exprimé mon opinion de la manière la plus positive, en lui disant que ce n'était que dans le cas où l'empereur Alexandre ou le général en chef Koutouzoff serait entré à Berlin, mais il vous a fait partir lorsque la cavalerie seulement y était arrivée. Quelques jours de retard auraient été utiles parce que cela a été un objet d'inquiétude pour la 32e division militaire et même ici, à Paris. J'ai pensé que, dans les circonstances, il était préférable que Votre Majesté restât à Compiègne; n'ayant pas encore annoncé son voyage à Paris, elle ne doit pas s'y rendre. Je comptais aller moi-même à Compiègne sous peu de jours, mais ce voyage ayant été retardé, je ne vois pas d'inconvénient à ce que vous laissiez votre maison à Compiègne et que vous veniez ici avec une partie de votre service d'honneur. Que Votre Majesté ne doute pas de tout le plaisir que j'aurai à la voir et de tous les sentiments que je lui porte. »

Si sèche que fût l'invitation, dès le lendemain 18, la reine, accompagnée de sa grande maîtresse, de son chevalier d'honneur et de son premier écuyer, s'est empressée de venir à Trianon, où elle est tombée dans cette vie de travail, de tristesse et d'attente qui devait lui sembler si nouvelle. Elle a été d'ailleurs fort bien accueillie par l'Empereur et l'Impératrice qui semblent « vouloir lui faire oublier le court, mais assez désagréable séjour de Compiègne ». On lui a donné un appartement dans l'aile de Trianon-sous-Bois ; sa grande maîtresse et ses officiers ont reçu « les prérogatives dont jouissent les personnes du voyage », mais, reste à régler où elle ira en quittant Trianon, car elle ne veut à aucun prix retourner à Compiègne, et de quoi elle vivra. L'Empereur décide le premier point : il met à la disposition de la reine le palais de Meudon tout meublé, avec la porcelaine, le linge et la batterie de cuisine qui s'y trouvent, « pour que son séjour, dit le *Journal des Voyages*, soit plus près de celui de Leurs Majestés qui doivent se rendre à Saint-Cloud ; il lui assigne, pour sa garde, un poste de l'infanterie de la Garde casernée à Sèvres et ordonne au gouverneur de prendre ses ordres en tout.

L'on peut croire au premier moment, lorsque Catherine quitte Trianon pour Meudon, le 23 dans la matinée, qu'elle est satisfaite : « Le château de Meudon, écrit-elle à son père le 24, est très beau ; il appartient au Roi de Rome et vient d'être récemment arrangé. Je suis maintenant très contente de me trouver tranquille et de pouvoir soigner ma santé qui a besoin de repos » ; mais cela est pour la poste. Lorsqu'elle écrira librement, elle dira que, « par grâce spéciale, l'Empereur l'a confinée à Meudon qui, par sa position élevée et isolée, devient, dès qu'il fait froid, un séjour inhabitable. »

Reste à chercher les moyens de vivre, même à Meudon, car si, presque à chaque courrier, le roi a écrit ou fait écrire que à Paris la reine vivra en son particulier et que tout a été prévu pour elle et pour le personnel de sa maison, il semble en effet n'avoir rien oublié, hormis l'argent; comme de juste, c'est l'Empereur que Catherine requiert d'en fournir.

« Il est impossible au roi de m'envoyer des fonds, écrit-elle. Les rentrées ne se font plus, vu le nombre de troupes qui occupent notre territoire; le peu de ressources qui restent au roi est employé à solder les troupes qu'il a mises à la disposition de Votre Majesté; ni lui ni moi ne voulons faire des dettes; il ne me reste donc qu'à attendre, Sire, ce que vous voudrez bien faire pour un frère et une sœur qui vous ont prouvé leur entier dévouement et leur parfaite confiance. » Ce ne peut être moins que l'apanage conservé au roi d'Espagne : un million par année; il est vrai que, en montant au trône de Westphalie, Jérôme a fait générosité, en faveur de Madame, du million que lui donnait alors l'Empereur, mais Catherine n'entre pas dans ces raisons. Même un million est-il assez? La reine, après avoir tiré argument de « ce motif qui existe pour elle dans toute sa rigueur », allègue l'augmentation considérable des dépenses imposées par « le séjour de Meudon, que les vues politiques ont sans doute nécessité », et elle ajoute que, « telle modérée que soit cette dépense, elle se voit aujourd'hui dans l'impossibilité d'y faire face. » « J'ose espérer être suffisamment connue de Votre Majesté, dit-elle en terminant, pour qu'elle doive concevoir combien il en coûte à mon caractère de solliciter des bontés de ce genre. » L'Empereur ne répond pas : sans doute, la situation est attendrissante, mais Jérôme a seul décidé le départ de la reine, il a déclaré qu'à Paris elle vivrait à son compte; il a pris le 2 avril une décision par laquelle il a établi, en la personne de son intendant particulier à Paris, un administrateur central qui donnera les fonds aux chefs de service de la maison de la reine d'après une base déterminée pour la dépense de chaque jour et qui enverra ensuite les comptes à Cassel pour y être apurés par le grand maréchal et le grand écuyer dans la comptabilité desquels ils doivent rentrer; le roi ne manquera donc pas d'envoyer de l'argent. Mais Catherine, bien qu'ici elle se soit trop pressée, est dans son rôle. L'Empereur, à son compte, est obligé de la recevoir à Paris, de lui assigner au moins un million par année et d'entretenir sa cour. Il ne peut faire moins pour la femme de son frère, et tout ce qu'il dirait d'ailleurs pour expliquer qu'il ne le peut pas, ne servirait de rien.

*
* *

L'affaire de Catherine réglée mal que bien, et l'on ne saurait dire au contentement de la principale intéressée, il faut à la fin rentrer à Paris, avouer la déception et installer la Régence. Le 30 mars, le jour même de son retour, l'Empereur annonce à la députation du Corps législatif l'ajournement *sine die* du couronnement : « Aussitôt, dit-il, que les soins de la guerre nous laisseront un moment de loisir, nous vous rappellerons dans cette capitale, ainsi que les notables de notre empire, pour assister au couronnement de l'Impératrice, notre bien aimée épouse, et du prince héréditaire Roi de Rome, notre très cher fils. » Cela ne trompe personne; guère plus la Régence. Napoléon seul croit encore, ou affecte de croire que, pour l'Autriche, elle comptera. Il garde encore quelque illusion sur l'attitude que prendra l'Autriche. Surtout il pense que, si lui-même disparaît, l'empereur François, en présence de sa fille et de son petit-fils, arrêtera son hostilité, leur deviendra un protecteur, les maintiendra en possession, non pas du Grand Empire, mais du territoire de l'ancienne France. Seulement, puisque, à présent, la Régence ne s'adresse plus qu'à l'Autriche, puisque, au refus du Pape, l'on ne saurait y donner une consécration solennelle, religieuse et nationale, puisque, sur le peuple, l'effet est manqué, c'est à petit bruit, presque clandestinement que s'opère l'investiture de Marie-Louise; pas même aux Tuileries, où il faudrait l'assistance de la Cour, des Grands Corps de l'État, quelque chose des pompes qu'exige un tel cadre, mais dans une maison presque privée, où les salons sont fait pour une société, non pour une cour, où il n'y a point de galerie pour étaler les cortèges, point de place pour aligner des soldats, point de chapelle pour prêter des serments. Au lieu des ombres des rois, de tous les rois depuis les Valois, ce sont les ombres assez mal famées du comte d'Évreux et de Mme de Pompadour, de MM. de Marigny et de Beaujon qui accueillent dans cette maison, hier encore un lieu de plaisirs payant, l'Impératrice Marie-Louise accompagnée de la reine Hortense et de la reine de Westphalie. Eh l'on s'asseoit sur les meubles de Murat qu'occupaient tout à l'heure les familiers de Joséphine.

Cette cérémonie manque de prestige, et que ce soit Napoléon qui l'ait réglée, lui si amoureux d'étiquette, si flatté en sa latinité profonde par l'éclat des costumes, l'ordre des défilés, la richesse des décors, cela dit plus sur son découragement que toutes les paroles. Et il ne rentre pas même aux Tuileries ; de l'Élysée, le 7 avril, il vient à Saint-Cloud où il s'occupe des sûretés qu'on prendra en son absence, des postes, des gardes, de la police et de la défense. Il enlève toute autorité au chevalier d'honneur, Beauharnais ; confie sa femme et son fils uniquement au général Caffarelli, son ancien aide de camp. L'attentat de Malet a porté ses enseignements. Le 15, sans rentrer à Paris, peut-être encore dupe de Schwarzenberg qu'il vient de voir, il part pour Mayence.

Là, les voiles commencent à se déchirer. Il ne doit plus compter sur l'alliance et la coopération de l'Autriche, mais, en forçant de victoires, ne peut-il pas au moins gagner sa neutralité? Puis, en entraînant après lui ses conscrits, en se jetant, sous prétexte de les animer, au plus fort du feu, un boulet ne simplifiera-t-il pas la situation, ne permettra-t-il pas à la Régente et à son conseil, où la seule tête est Talleyrand, de traiter, moyennant l'abandon, qu'il ne peut faire, lui, du Grand Empire et de l'Italie, moyennant le détrônement, qu'il ne peut signer, de ses frères et de sa sœur? Lutzen, Bautzen, Wurtchen, des victoires où pour les achever, manque la cavalerie d'Espagne, où, pour les rendre décisives, manquent les 100,000 hommes, rançon de la Régence!

Ce n'est pas Austerlitz, et Metternich n'est pas Haugwitz. Il tient sa revanche, mais, pour la prendre entière, pour replonger Bonaparte au néant, pour exercer sur la France vaincue et démembrée sa rage d'aristocrate, point si sot que de négliger une chance, de presser un mouvement, de déclarer sa haine avant l'heure. D'ailleurs, de cet empereur plébéien qui a les mains autrement larges que les « Légitimes », n'y a-t-il plus rien à tirer? Au moins fera-t-il monter l'enchère des Anglais, et pour être héritier désigné à la principauté d'Ochsenhausen en Souabe, aux seigneuries de Spurkenburg et Rüdesheim au Rhin, aux comtés de Konigsmark, Amons-Marken-Grün et Miltigau en Bohême, on n'est pas moins sensible aux profits. Metternich accule Napoléon à une comédie de négociations, où il exigera, sous couleur de conclure la paix, un certain nombre de sacrifices; si Napoléon y accède, et qu'il ait contenté l'Autriche, ce sera l'Angleterre, puis la Russie, puis la Prusse qui élèvera à chaque fois des exigences nouvelles. Napoléon est pris dans l'engrenage : ou il se soumettra à toutes les conditions que chacun de ses ennemis pose aujourd'hui, à toutes celles que chacun d'eux posera demain, ou il rompra brusquement. Alors on l'écrasera. Mais on aura atteint son prestige en le montrant réductible, impatient de la paix, découragé de la guerre; on aura gagné le temps qu'il faut pour achever la mobilisation autrichienne et recevoir les renforts russes et prussiens; pour préparer les défections militaires qui elles aussi ne se déclareront qu'à l'heure la plus néfaste, dans la circonstance la plus aggravante; pour pratiquer à la cour de Napoléon, dans son gouvernement, dans son armée même, des intelligences utiles et des complicités souhaitables. On aura ainsi mis de son côté ce qu'on appelle le bon droit et rejeté sur l'Empereur la responsabilité de la guerre.

Et Napoléon, qui, malgré les illusions qu'il se fait et que certains nourrissent, pressent le péril, est acculé à cette prétendue négociation, à cette prétendue médiation de l'Autriche, à cette paix prétendue. L'armistice est signé le 4 juin; il doit durer deux mois ; c'est le terme que Schwarzenberg a fixé pour que l'Autriche soit prête à entrer en ligne.

Comme si ce n'était pas assez de la Russie, de la Suède, de la Prusse, de l'Angleterre, conjurées contre lui et de l'Autriche faisant le jeu, comme si c'était peu que ses armées d'Allemagne à réorganiser, à réarmer et à instruire, ses armées d'Italie à former de toutes pièces, ses places à mettre en défense, l'Empire entier à gouverner, les embûches des négociateurs alliés à éventer, les agissements de Murat à surveiller, il a ses frères !

*
* *

Le 24 juin, de Brunswick, Jérôme lui a écrit : « Je serai le 20 à Halle, sur les frontières de la Saxe et à quelques lieues de Leipsick ; je me regarderais comme infiniment heureux si Votre Majesté, cédant à l'extrême désir que j'ai de la voir, me permettait d'aller à Dresde lui faire ma cour, ne fût-ce que pour vingt-quatre heures. » Le 17, l'Empereur a répondu qu'il ne voyait pas de difficulté à ce que Jérôme vînt. Il faut arriver à une explication : Depuis que le roi a quitté comme il a fait la Grande Armée de Russie, Napoléon n'a pas voulu le voir et ce ne sont pourtant pas les sollicitations qui ont manqué.

Dès l'arrivée de l'Empereur à Paris, Jérôme a envoyé tout exprès Marinville qui a eu l'honneur d'être présenté le 1er janvier — en habit habillé, non en costume de chambellan westphalien ; Marinville a été bien accueilli par Duroc qui a tiré de lui des renseignements sur la situation en Westphalie, les moyens de « réparer le déficit de l'armée », la vente à bas prix des domaines, le reliquat qui en subsiste, mais qui, sur le voyage du roi, s'est contenté de dire d'abord « que l'Empereur ne paraissait pas très disposé à voir le roi en ce moment », et qui, à une autre audience, a dit qu'il en avait parlé deux fois à l'Empereur, lequel n'avait pas voulu s'expliquer et, à la fin, « en avait parlé de lui-même comme d'une chose qui n'était guère praticable en ce moment. »

Jérôme donc, sur la lettre qu'il a reçue de son frère, a renoncé pour le moment au voyage; mais, sur la nouvelle que le couronnement de l'Impératrice et du Roi de Rome était fixé au 1er mars, il s'est cru certain d'y être invité; la rupture du Concordat et l'ajournement indéfini du Couronnement ayant dissipé cette illusion, Jérôme, le 17 février, a employé le ministre de France pour solliciter « qu'il lui fût permis de se rendre à Paris avec un seul aide de camp et seulement pour vingt-quatre heures ». « Je prendrais si bien mes mesures, disait-il, qu'on ne s'apercevrait pas de mon absence. » Refus encore et péremptoire : le roi devait rester à son poste et y faire son métier. Nouvelles sollicitations le 22 et le 28 avril, et même réponse, mais plus apaisée et moins nette : ce n'est plus qu'une question d'opportunité. A la fin, Napoléon s'est rendu. En admettant Jérôme en sa présence, il pardonne la désertion de Russie et il rend cette grâce officielle. Sans doute a-t-il encore bien des griefs contre son frère, mais il doit reconnaître que, depuis quelques mois, le roi a tout fait pour se rendre un allié utile et qu'il vient en outre de subir des épreuves dont on peut lui tenir compte. D'ailleurs cette situation ne saurait se prolonger indéfiniment et la femme ayant été reçue, il n'y a point de raison pour exclure le mari.

Qu'a fait pourtant Jérôme depuis le mois de décembre ?

Dès qu'il a connu les désastres de Russie, il a déployé un zèle méritoire pour reformer son armée qui, après la retraite, ne comptait plus que 280 officiers et 2 000 soldats, sans un cheval, un caisson, un canon, un fusil ! De 1808 à 1812, il avait appelé par la conscription 36 000 hommes : 6 000 avaient formé la division d'Espagne anéantie, sauf quelques cadres reparus au début de 1813 ; 25 000 étaient sortis du royaume pour la campagne de 1812 : il en restait environ 1 500 hommes, enfermés à Dantzig où ils avaient retrouvé les dépôts de la brigade Dauloup-Verdun et formé le 1er régiment de ligne, et moins de mille enfermés à Custrin, la plupart incapables d'un service et supposés former les 4e et 5e de ligne. Dès la fin de 1812, Jérôme a reformé les fusiliers de la reine (garde) à deux bataillons et le 9e de ligne ; en janvier 1813, les bataillons des grenadiers et chasseurs de la garde, cinq régiments de ligne portant les numéros 2, 3, 6, 7 et 8, trois bataillons d'infanterie légère, un régiment de chevau-légers de la garde à quatre escadrons, deux régiments de hussards et deux de cuirassiers ; il n'avait pas de fusils : l'Empereur l'a autorisé a en tirer 4 000 des manufactures de Mutzig ; il n'avait pas de canons : Allix a trouvé les moyens d'en fondre et d'en forer, et a fourni quarante pièces attelées.

Il a donc été en droit d'écrire à l'Empereur le 16 janvier : « Je fais des efforts inouïs afin de pouvoir, dans quelques mois, présenter à Votre Majesté une belle armée de 18 000 hommes et 2 000 chevaux. Je vends le reste de mes domaines..., enfin je porte à l'exécution de toutes ces mesures un zèle dont un frère et un prince français sont seuls capables. »

Mais, si l'Empereur tenait aux hommes et demandait que le contingent westphalien se retrouvât au complet, il ne s'attachait pas moins aux moyens de faire vivre l'armée française dans la campagne qu'il allait entreprendre en Allemagne. Tous les immenses magasins qu'il avait formés en Pologne, en Lithuanie et en Prusse étant détruits, pris, ou employés comme réserves de siège, il avait à en établir de nouveaux à proximité de la frontière. Ces magasins, qu'il prétendait obtenir des États confédérés sans délier sa bourse, il ne pouvait demander qu'on les remplît que sous le prétexte d'assurer la défense des places fortes : Magdeburg, bien que constamment occupé par les Français, qui seuls y étaient maîtres, n'en faisait pas moins partie du territoire westphalien : c'était donc à Jérôme d'approvisionner Magdeburg. On lui avait demandé de le faire pour 15 000 hommes durant trois mois : il y avait accédé et il y employait les ressources d'un dernier emprunt qu'il venait d'ouvrir. L'Empereur, brusquement, modifia les chiffres, les tripla tout net et exigea l'approvisionnement pour 20 000 hommes pendant six mois : « Je ne puis, répondit Jérôme, que rendre compte à Votre Majesté que je n'ai aucun moyen de satisfaire à sa demande. On peut, en traitant la Westphalie comme un pays ennemi et en frappant des réquisitions, rassembler des vivres, mais, alors, les contributions ne rentreront plus, l'armée ne pourra être réorganisée et l'esprit public qui me donne tant de peine à maintenir se perdra entièrement. « Tout ce qu'il pouvait, c'était se charger de l'approvisionnement moyennant quatre millions ; encore, dans un post-scriptum, s'enhardiss t-il à produire une balance de compte d'où résultait, profit de la Westphalie, une créance de 1 846 0 francs.

Il s'att dait « à une réponse assez dur de l'Empereur », et il eût pu le craindre d'autant plus que, à ce moment même, l'Empereur ordonnait à Lacuée de former à Magdeburg un magasin contenant 150 000 quintaux de farine, 6 000 quintaux de légumes secs, et 6 000 000 le boisseaux d'avoine « qui devaient être fournis par la Westphalie » ; mais, outre que l'Empereur tenait fort à la belle division westphalienne, bien armée et bien équipée, que dès lors Jérôme disait prête, outre qu'il comptait bien que « le pays un peu poussé » aurait, dès le mois de mars réorganisé l'armée entière et fourni son contingent complet de 20 000 fantassins, 2 500 cavaliers et cinquante pièces attelées, il avait des ménagements à garder à l'égard de Jérôme, s'il voulait obtenir que celui-ci abandonnât le commandement de ses troupes aux généraux français. Il avait destiné le contingent westphalien à compléter le Corps d'observation de l'Elbe et, dès le 20 janvier, il avait ordonné à Lauriston, qui avait le commandement de ce corps, de passer à Cassel à son retour de Hambourg et d'y voir toutes les troupes que le roi avaient organisées, et qui devaient former la 5e division et compléter l'effectif de son corps à 40 000 hommes. Mais il se doutait bien que Jérôme ne céderait pas volontiers l'unique moyen qu'il eût de se réhabiliter.

En effet, ce même jour, 20 janvier, comme s'il avait pressenti le coup qui le menaçait, Jérôme avait remis à Reinhard une lettre où il demandait à l'Empereur le commandement entre l'Elbe et le Rhin, seul moyen assuré, disait-il, de garantir son royaume de toute insurrection, d'utiliser et de régulariser toutes les ressources qu'il offrait, et, la reine allant à Paris, de disposer immédiatement de toutes les troupes westphaliennes. « Dans ce cas, il se porterait de suite en avant avec dix à douze mille hommes, toute sa garde comprise; il s'enfermerait au besoin dans Magdeburg. »

Averti par les expériences de 1807 et de 1809, l'Empereur était décidé à ne confier à Jérôme aucun commandement important, mais il ne pouvait le signifier, sous peine de renoncer aux 20 000 hommes que la Westphalie devait fournir. Il devait donc, sur la question du commandement, gagner du temps, et pourtant il n'en avait pas à perdre pour approvisionner Magdeburg. Il sentait fort bien que Jérôme ferait tous les sacrifices pour réorganiser son armée, parce que ses goûts l'y portaient, qu'il en tirait une puissance effective, et qu'il se flattait d'obtenir, grâce à elle, un grand commandement sur les troupes françaises, mais qu'il était bien moins disposé à employer ses ressources pour approvisionner Magdeburg dont les magasins ne serviraient qu'à l'armée française de campagne, sans aucun profit pour ses propres intérêts. L'Empereur tenait aux deux termes : il voulait les hommes — sans qu'ils fussent commandés par le roi; et il voulait les approvisionnements, — sans qu'il eût à les payer. En ce qui touchait l'armée qui, à présent, était levée et s'organisait, il laissait dans le vague la question du commandement, ce qui permettait à Jérôme de prendre des espérances, et, afin d'obtenir l'approvisionnement comme il le comprenait, il faisait des concessions, telles que de reconnaître la dette de la France vis-à-vis de la Westphalie; avec une habileté de prestidigitateur, il jonglait avec les chiffres, retournait les nombres, affirmait que tout ce qu'il en faisait était pour être agréable à son frère et qu'il diminuait ce qu'en fait il aggravait : Ainsi de 1 350 000 rations qu'il demandait d'abord, était-il monté à 3 600 000 et prétendait-il à présent qu'on fît à Magdeburg l'approvisionnement nécessaire pour 15 000 hommes et 2 000 chevaux durant une année, ce qui représentait la consommation de 200 000 hommes et 20 000 chevaux durant un mois. Il ne pouvait vraiment exiger intégralement du roi cet immense magasin sur la destination duquel on ne pouvait se méprendre. Aussi consentait-il à prendre à son compte l'approvisionnement de six mois, — c'est-à-dire à promettre de le payer, la Westphalie n'en devant pas moins fournir la totalité, au besoin par voie de réquisition : les denrées une fois reçues, l'Empereur en rembourserait sa part. Or, à la façon dont il payait les dettes qu'il avait contractées en Westphalie pour l'entretien des troupes françaises, le roi avait le droit de réfléchir.

Exemple : Le ministre de l'Administration de la Guerre, arguant de ce que ces dettes étaient en partie étrangères à son administration, n'en retenait que la portion qui la concernait et exigeait, pour ordonnancer la liquidation, des comptes détaillés de toutes les sommes dues par la France à la Westphalie et par la Westphalie à la France ; or, c'était pour la dixième fois que ces comptes étaient fournis ; l'apurement avait été fait par chacun des départements compétents, mais, à chaque fois qu'il s'agissait d'ordonnancer, un ministre soulevait, en ce qui le concernait, une chicane nouvelle. Même lorsque l'Empereur paraissait avoir donné des ordres, le ministre du Trésor alléguait l'omission d'une formalité et n'envoyait pas les fonds. Ainsi, le 11 avril, l'Empereur accorde 500 000 francs en or, dont Jérôme remercie le 15, en disant pourtant que c'est bien loin de ses besoins. Le même jour, Bassano écrit que Mollien, auquel il a demandé les fonds, a répondu que l'Empereur n'avait pas statué sur un rapport présenté à ce sujet. Le 3 mai, Jérôme n'a encore rien reçu et, à ses plaintes, l'Empereur répond qu'il ne comprend rien à ce retard, que la somme est comprise dans la distribution de mars, que, pour la réclamer, le roi n'a qu'à envoyer un courrier au ministre des Relations extérieures. Le 13, l'Empereur en écrit lui-même à Bassano; enfin, le 4 juin, le roi annonce qu'il a touché 250 000 francs, soit la moitié de ce qui lui a été garanti le 11 avril.

Pour Magdeburg, l'Empereur avait adopté le bon système. Il prenait ce qui lui convenait et renvoyait les factures au roi de Westphalie : ainsi, par décret, a-t-il ordonné qu'on démolit les faubourgs et a-t-il chargé le roi de dédommager les habitants. Avec quoi? Mais peu lui importe si le roi paiera ou non, il va à son but qui est de rendre la campagne prochaine le moins onéreuse possible pour la France et de ménager ses sujets, dussent les sujets de son frère en pâtir. Et de même qu'il a montré, pour les chiffres à escamoter, une habileté sans pareille, il fait preuve, pour l'abondance et la subtilité des raisonnements, d'une fertilité sans égale : « Qu'on me cite un exemple, depuis que le monde est monde, écrit-il, d'une armée qui ait pu être approvisionnée autrement que par des magasins réunis de longue main, ou par des réquisitions sur les pays à défaut de magasins. En cas d'urgence, ces magasins sont toujours formés par réquisition, car alors les prix seraient portés par la concurrence à un [illegible]ation qui serait hors de toute proportion avec la valeur des denrées. » Et il multiplie les exemples : C'est par réquisition qu'il a approvisionné les places d'Italie en 1809, c'est par réquisition que, en France même, il a fait vivre la Grande Armée lorsqu'il l'a portée du Camp de Boulogne sur le Rhin. Sans doute, mais, alors, il payait comptant les réquisitions, et, à présent, s'il promet qu'il paiera, c'est avec des restrictions qui font penser, car le duc de Bassano déclare volontiers que la totalité de l'approvisionnement incombe à la Westphalie.

Jérôme s'est donc tenu en droit de demander un secours d'argent, de solliciter une avance de quatre millions pour payer à proportion qu'on livrera. Car, s'il frappe des réquisitions sans les payer, il renonce à percevoir des impositions et il n'a plus à compter sur son armée qu'il a eu tant de mal à lever, et qui n'est encore ni habillée, ni armée.

Mais Napoléon a la fièvre. Le grand joueur va engager sa suprême partie et il prétend la gagner. Dans son activité prodigieuse, il crée des ressources, il mobilise des forces, il brise les obstacles ou les tourne, il persuade, il prie, il ordonne, il emploie tous les moyens pour convaincre comme il est nécessaire que chacun se dévoue à l'œuvre commune : « Je suis obligé, écrit-il à Jérôme, de faire fortifier Magdeburg à mes dépens, de l'armer à mes dépens et de lutter constamment contre les autorités westphaliennes pour toutes les mesures qui n'ont pour objet que d'assurer la défense de la ville et du pays. A quoi donc vous sert votre esprit, puisque vous voyez si mal ? Et pourquoi mettre votre vanité à contrarier ceux qui vous défendent, lorsque c'est surtout à votre royaume que l'ennemi en veut le plus ? » Pour de l'argent, il en donnerait s'il en avait : « Vous croyez, dit-il, qu'il y a des milliards disponibles, alors que, si vous preniez la plume en ce moment, vous verriez combien trois cent mille hommes que j'ai en Espagne, combien toutes les troupes que je lève cette année et les cent mille chevaux que j'équipe en ce moment me coûtent d'argent. » Et la conclusion, l'unique, c'est ce mot qu'il écrit à Bassano : « Qu'ils comprennent donc qu'il faut laisser là tous ces chiffres et que, lorsque le feu est à la maison, il faut d'abord l'éteindre. »

Sans doute ; mais si, en France, bien des gens déjà ne pensent point comme lui, combien plus en Westphalie ? Combien, qui ne sont retenus ni par le patriotisme, ni par le loyalisme, qui, tout au contraire, mettent leur patriotisme à n'être point francisés et leur loyalisme à regretter leurs anciens souverains, trouvent excessifs les sacrifices qu'on leur impose et, poussés au désespoir par la ruine, s'affilient aux sociétés secrètes qui organisent les rébellions futures en promettant l'indépendance de la nation et l'expulsion des Français. Jérôme qui, par intermittences, ne se fait pas d'illusions, annonce encore, le 10 février, un mécontentement universel qui se traduira quelque jour par des coups de fusil, et ce n'est pas le don qu'il a fait à l'Université de Gœttingue de son buste colossal en plâtre, « précurseur d'un monument plus durable », qui, malgré les remercîments empressés du chevalier de Hugo, prorecteur, modifiera les dispositions des étudiants, devenus les directeurs occultes du mouvement.

Le départ de la reine a été singulièrement hâtif ; il a été amené par des considérations qui n'avaient rien de politique, mais ensuite les événements se sont précipités avec une rapidité qui a dépassé toute prévision et ils ont pris une gravité à laquelle Jérôme lui-même était bien loin de s'attendre. Quant à l'Empereur, comme il s'était plu à grossir dans son esprit les éléments de résistance dont disposait Eugène, comme il avait résolu que les Russes, aussi éprouvés que les Français, n'étaient pas en état de former des attaques sérieuses, il faisait fond sur les forces que Jérôme se vantait de devoir réunir, sans vouloir réfléchir que, recrutées par force, mal encadrées, peu habillées et mal armées, n'ayant aucun esprit militaire et moins encore de dévouement au souverain, elles n'existaient que sur le papier. Jérôme avait annoncé 20 000 hommes; mais, seulement à la fin de mars, il pourrait faire marcher quatre bataillons et douze canons, dans le courant d'avril, quatre autres bataillons et deux régiments de hussards. Si, par un prodige de l'activité de Salha et d'Allix, il avait devancé ces termes et, dès le 24 mars, s'il avait proposé de mener à Brunswick et de porter au besoin sur l'Elbe, dans la première semaine d'avril, dix bataillons, deux mille cavaliers bien montés et vingt-quatre pièces de canon, cela ferait des hommes, mais ces hommes se battraient-ils ?

Or, on était aux prises.

L'aile droite des Russes était commandée par le général Wittgenstein, et, à l'extrémité de cette aile droite, manœuvrait en partisan Czernitcheff, ayant le colonel prussien Tettenborn pour commander ses éclaireurs et Dörnberg, l'ancien colonel des chasseurs de la garde westphalienne[1], promu général par Alexandre, pour diriger son service d'espionnage. Czernitcheff, débordant constamment la gauche des Français, avait obligé Eugène à se retirer de l'Oder sur Berlin et de Berlin sur Magdeburg; dès que Berlin avait été évacué, il avait continué sur le bas Elbe; il avait paru aux portes de Hambourg que, le 12 mars, lui avait abandonné Carra Saint-Cyr, faisant sa retraite sur Brême où il s'était réuni à Morand, l'ancien commandant de la Corse. Morand, qui n'avait avec lui que mille fantassins, quatre canons et un piquet de cavalerie, avait été attaqué à Luneburg par quatre mille hommes; il avait été tué et sa troupe, réduite de moitié, avait dû capituler (2 avril.) Davout avait repris Luneburg, nettoyé la rive droite de l'Elbe des partisans ennemis; mais Wittgenstein, entrant en action avec le gros de son corps, avait menacé de tourner Magdeburg. Eugène avait fait face et livré combat à Mockern, après quoi, ne voulant pas engager une affaire générale, il s'était retiré. Malgré des épisodes isolés, souvent avantageux pour les Français, tout le nord de la Westphalie était en butte aux partisans. Dörnberg, qui tenait sa revanche, passant et repassant l'Elbe, lançant ses cosaques à la volée, battu à chaque rencontre, mais remordant après chaque défaite, répandait partout ses émissaires, accréditait ses succès, provoquait la fermentation chez les étudiants, la désertion dans les troupes, la panique chez les Français. A Napo-

[1] V. *Napoléon et sa famille*. IV. 311.

léonshöhe et à Cassel, des piquets entiers de garde désertaient avec armes et bagages.

Dans cette crise, Jérôme se montre à son avantage. On avait annoncé (29 mars) qu'il allait partir et déjà les Français s'apprêtaient à le précéder. « La plupart mettaient leurs richesses en sûreté. Bon nombre d'employés se séparaient de leur famille et la renvoyaient en France » ; même les membres du Corps diplomatique faisaient leurs malles. Jérôme ayant déclaré qu'il resterait, tout est à peu près rentré dans l'ordre. Il y avait, autour de Cassel, presque équipés, le 8e de ligne, le régiment des fusiliers de la reine, les 2e et 4e bataillons d'infanterie légère, les chevau-légers de la garde et les deux régiments de hussards. Le roi a envoyé à Heiligenstadt, pour garder les défilés du Harz, le général de Hammerstein, son premier aide de camp — promu par l'Empereur officier de la Légion le 7 mars — avec les fusiliers, le 4e Léger, les hussards et douze pièces de canon. De sa personne, il est allé le 4 avril à Göttingue faire manœuvrer ces troupes. Bien qu'il n'eût guère d'illusion, il a eu le 11, à Napoléonshöhe, spectacle, souper et une cour nombreuse, mais le lendemain 12, apprenant que le duc de Valmy envoyait quatre bataillons à Wetzlar sur les confins de la Westphalie et du grand-duché de Berg, il a prié Reinhard de demander au maréchal d'en envoyer deux autres à Marbourg. Il n'avait plus en effet à Cassel que cinq bataillons d'infanterie, sept cents chevaux et dix-huit pièces de canon et rien de cela n'était sûr. Mais Kellermann avait trop à faire dans le moment pour se démunir; il ne répondit pas.

Sur la nouvelle officielle que l'Empereur arriverait le 15 à Mayence, la population civile s'est un peu calmée; mais l'ennemi a continué d'avancer. Le 15, le général Wolff, capitaine des gardes, envoyé en reconnaissance à Nordhausen par le général de Hammerstein, a perdu un escadron tué ou pris et a fait sa retraite à grand'peine. Les fantassins désertaient par centaines de Magdeburg et du camp de Cassel, comme de la division active. Les Cosaques ont passé l'Aller et sont venus insulter Hanovre. Le général Bourcier, qui y commande le grand dépôt de cavalerie, en prépare le départ. Le général Maurin a évacué Celle. Le 16, Reinhard, « surtout, dans la vue, dit-il, d'arrêter la désertion dans les troupes westphaliennes », a pris sur lui de renouveler sa requête au duc de Valmy et de lui demander deux bons bataillons de troupes françaises des anciens départements.

Jérôme, auquel il a fait part le 17 de sa démarche, a répondu d'abord qu'il n'a pas d'ordres à donner et qu'il ne peut avouer qu'il se défie de ses propres troupes; mais, les nouvelles devenant plus mauvaises et Hammerstein annonçant qu'une de ses compagnies avait été enlevée, il s'est décidé à écrire lui-même au duc de Valmy pour lui demander de diriger sur Cassel six des bataillons qui étaient à Giessen (entre Wetzlar et Marbourg), car, disait-il, « mes troupes sont toutes composées de recrues et je ne sais à quel point elles tiendraient si elles étaient seules ». Il a rendu compte à l'Empereur dont il attendait l'arrivée à Mayence comme l'unique chance de salut qui restât, sinon pour lui, au moins pour sa capitale.

A Cassel, en effet, la panique était au comble. « Tous ceux qui pouvaient se procurer des chevaux partaient ; c'était un roulement incessant de voitures ; le peuple s'émouvait, les bruits les plus saugrenus avaient cours ; on prétendait que Napoléonshöhe était miné et allait sauter. Les habitants s'enfuyaient et répandaient la terreur dans la ville. » Le roi lui-même pensait au départ.

Le 18, à deux heures du matin, on a appris enfin que l'Empereur était arrivé à Mayence, mais, en même temps, Hammerstein a fait savoir qu'il craignait d'être attaqué et d'être obligé de se retirer sur Witzenhausen, à huit lieues de Cassel. « Il n'avait que les chevau-légers qui tinssent, les autres troupes restaient en arrière ou se débandaient. » Jérôme a écrit au général français commandant à Giessen, et « l'a invité à diriger sur Cassel, à marches forcées, six bataillons pour couvrir ce point important pour toutes les opérations de l'Armée de l'Elbe et toutes les opérations de l'Empereur ». Et il a ajouté : « Je prends sur moi, vis-à-vis de Sa Majesté Impériale, toute la responsabilité qui pourrait peser sur vous. Je lui rends compte de l'ordre que je prends sur moi de vous donner. » A deux heures, les nouvelles sont encore pires. Le colonel Mauvillon, commandant le département du Harz, accourt annoncer que Hammerstein a été tourné, que ses troupes ne tiennent pas, qu'il est en pleine retraite sur Witzenhausen, que, dans la nuit, l'ennemi sera vraisemblablement à cinq ou six lieues de Cassel. Sans vérifier, Jérôme, qui pense de plus en plus au départ, expédie à l'Empereur un nouveau courrier et demande à Reinhard d'envoyer M. de Malartic, secrétaire de la légation, d'abord à Giessen pour presser la marche des renforts, ensuite à Mayence pour rendre compte à l'Empereur. Quant à lui, « il va faire un choix parmi les hommes qu'il croira le plus capables de se maintenir encore et, à la dernière extrémité, il se retirera sur Marbourg, allant à la rencontre des troupes qui viendront de Giessen. »

Jérôme, ayant pris la résolution de rester, « montre dès lors, dit Reinhard, le plus noble courage ». D'ailleurs, la terreur s'est calmée; la nouvelle apportée par Mauvillon était fausse. Le général de Hammerstein n'avait pas quitté Heiligenstadt. L'Empereur a écrit le 18 une lettre annonçant qu'il a donné l'ordre au général Teste, commandant la 4e division du 6e corps, de se porter sur Marbourg. Cette division, il est vrai, n'a encore que deux bataillons, mais l'Empereur y joindra quatre bataillons polonais du général Dombrowski. Seulement, les Polonais, « ayant besoin de se remettre, » ne viendront pas et les deux bataillons de Teste n'arriveront que le 21 au plus tôt.

Peu importe, l'Empereur a fait mieux; dès qu'il a été informé (le 19 à deux heures après midi), il a donné ses ordres directement au duc d'Istrie : « Il paraît, lui a-t-il écrit, qu'il n'y a là que des partisans, mais agissez de manière à dégager Cassel. » Les mouvements de la Grande Armée ont déterminé Czernitcheff à se retirer; Hammerstein, quittant sa position de Heiligenstadt, où il n'a pas été attaqué, a chassé l'ennemi de Duderstadt et l'a rejeté sur Nordhausen. Tout danger a donc été écarté pour le moment, mais l'alerte a été chaude et Jérôme a sévi : il a destitué le colonel Mauvillon qui a apporté la fausse nouvelle; il a destitué le capitaine de gendarmerie Caussidières qui a abandonné son poste; il a fait arrêter les deux Bulow, l'un, le baron, préfet du Harz, l'autre, le comte, ancien ministre, « mauvais homme, dangereux, intrigant et ennemi du système », dont on a saisi les papiers. Jérôme aurait été bien plus loin, s'il avait osé.

L'Empereur, qui était tenté de penser que ces ennemis si redoutables étaient « des fantômes », n'avait point pris en considération la bonne attitude que, somme toute, Jérome avait gardée, prévenu qu'il était par Reinhard de chacune de ses défaillances. Seulement, il avait tiré occasion de cette alerte pour rappeler à son frère ses anciens conseils et se plaindre qu'ils n'eussent pas été suivis : « Vous devez bien sentir dans ce moment, lui a-t-il écrit, ce que j'ai toujours senti pour vous, l'inconvénient de ne pas avoir à Cassel une garde de quatre mille Français, qu'il vous eût été si facile de former comme ont fait le roi d'Espagne et le roi de Naples. » Il s'est attaché à cette idée, comme si les hommes eussent abondé tellement en France qu'il pût en détourner quelques milliers pour la garde d'un roi étranger. « Profitez de cette circonstance, a-t-il écrit à Reinhard, pour faire comprendre au roi combien sa situation est fausse; que si, dans ce moment, il avait une garde de six cents cavaliers français, de trois mille fantassins et une ou deux compagnies d'artillerie française, il serait maître de son royaume et à l'abri de tout. Le roi d'Espagne et le roi de Naples n'y ont pas manqué. Moi-même, dans mon royaume d'Italie, j'ai eu une garde française jusqu'au moment où l'esprit de l'armée italienne est devenu si bon que cette précaution s'est trouvée inutile et d'ailleurs je ne demeurais pas dans le royaume. Le gouvernement du roi est contesté par les anciens souverains et même n'a jamais été reconnu par une des puissances prépondérantes, l'Angleterre. Comment, dans cette situation, n'avoir pas adopté le parti que je lui avais conseillé, et qui était si politique, de se composer une garde sûre et qui ne pût jamais le trahir? Je pense que cela est facile à réparer aussitôt que faire se pourra, mais il y aura eu un temps précieux de perdu. Si cela avait été fait il y a trois ans, la garde westphalienne serait superbe au lieu qu'aujourd'hui elle ne pourra se composer que de conscrits... »

L'Empereur calculait trop bien pour donner quatre mille Français sans rien recevoir en échange. S'il voulait pour son frère une garde qui, étant française et commandée par des Français, resterait toujours à sa disposition, s'il trouvait dans cette création des garanties de sécurité qui n'étaient pas discutables, — car, avant six mois, ce seront quelques escadrons de cette garde toute neuve qui sauveront à Jérôme l'honneur et la liberté, — il entendait prendre dans sa main, incorporer et disperser dans la Grande Armée les régiments westphaliens, qui, ainsi encadrés, feraient meilleure figure et rendraient plus de services que s'ils restaient réunis. Ce n'était pas que, malgré les exemples de York et de Tettenborn, il redoutât encore les défections en masse, mais il craignait les désertions individuelles. Il savait que Jérôme opposerait à un tel système toute la résistance possible, mais il déployait pour le réaliser une habileté incomparable.

Jérôme ne désirait rien tant que le voir, l'attendrir, se faire pardonner, obtenir un commandement, solliciter son agrément pour les projets qu'on lui avait mis en tête. L'Empereur le traînerait jusqu'à ce qu'il eût employé toute l'armée westphalienne et Jérôme jusque là n'oserait rien dire.

Ainsi, Jérôme a demandé à venir le voir à Erfurt; il lui a répondu[1] : « Je vous verrai avec plaisir dès que votre présence ne sera plus nécessaire à Cassel. Je pense que, dans ce moment, il pourrait y avoir de l'inconvénient à ce que vous quittiez cette ville, mais, aussitôt que l'ennemi sera rejeté sur la rive droite de la Saale, et que la rive gauche sera entièrement libre de partis ennemis, je vous verrai avec grand plaisir[1]. »

[1] Il est impossible de ne pas remarquer avec quel acharnement le ministre de France à Cassel et Mme Reinhard poursuivent Jérôme

Il a attiré à lui, pour la disperser dans les places de l'Elbe et dans le corps du duc de Bellune, la division active du général de Hammerstein, mais, en même temps, il a envoyé à Cassel le général Teste que sa division devait suivre et qui pourvoirait à la défense du royaume. « C'est un bon officier, a-t-il écrit; seulement ses troupes ne devaient arriver qu'en mai. « Vous pourrez, a-t-il dit à Jérôme, lui compléter une division avec vos troupes. » Cela fait, il n'a eu garde d'enlever à Jérome tout espoir qu'il lui confierait un commandement : « Si vous n'êtes pas inquiété du côté de Weser, lui a-t-il écrit le 26, approchez-vous d'Artern, avec votre cavalerie, votre infanterie, votre artillerie et la division Teste... et commandez vous-même ce corps. » C'était un moyen sans doute de pousser Jérôme aux derniers efforts, mais il ne restait à Cassel que deux bataillons de la garde ; tout ce qui se trouvait de soldats dans le royaume (2e de ligne, 1er et 3e bataillons légers et 600 cuirassiers) eût formé à peine une brigade ; et avec quoi voulait-il

à toute occasion. Le mari, sans aller jusqu'à imaginer les faits, les tourne le plus qu'il peut à la confusion du roi; mais en cela peut-être exerce-t-il un droit de critique qu'il tient de ses fonctions. Mais la femme allègue des faits qu'elle sait faux et les écrit à tous ses correspondants d'Allemagne — à des correspondants résidant dans les parties de l'Allemagne occupées par l'ennemi. Ainsi écrit-elle à la date du 23 avril : « Napoléon et mon mari ne vont pas à Erfurt : Napoléon, qui n'a pas revu son frère depuis la campagne dernière, a désapprouvé ce projet et lui a interdit par lettre d'y donner suite... On disait tout haut qu'Erfurt était un prétexte et que Sa Majesté quittait sa capitale sans esprit de retour. » Ne pas oublier que Reinhard, ainsi que sa femme, Mlle Reimarus, étaient Allemands, avaient tous leurs intérêts en Allemagne et pensèrent, à chaque crise, à se retirer en Allemagne.

que Jérôme composât un corps d'armée? D'ailleurs, « vu les circonstances présentes et la fermentation des esprits, il y aurait du danger, a écrit Jérôme, à ce que je m'éloigne de ma capitale avec toutes mes troupes. Je pense que la sûreté de Cassel et de la plus grande partie du royaume serait très compromise si je n'étais à portée de donner à chaque instant mes ordres. »

Mais, comme il n'avait pas perdu de vue son but, il demandait à l'Empereur, s'il y avait bataille de ce côté-ci de l'Elbe, la permission d'y aller de sa personne, ce qui aurait beaucoup moins d'inconvénient, son absence ne devant être que de peu de jours. Refusé cela aussi, bien que Cassel ne fût guère loin de Lutzen.

Alors Jérôme, que la brutalité et la violence de Davout à Hanovre avaient exaspéré au point qu'il déclarât « que de pareils procédés pourraient le conduire à prendre un parti extrême »; que le refus de l'Empereur de lui rendre sa division active, « qui n'était nullement organisée pour aller bien loin », avait plongé dans une sorte de désespoir, s'était retiré à Napoléonshöhe « dans un de ces accès de dégoût où, se livrant à l'apathie, il cherchait des distractions, écrit Reinhard, dans des plaisirs dont le secret n'est pas assez gardé pour ne pas faire une fâcheuse impression dans le public. »

Au fait, était-ce sa faute? On le forçait à rester oisif; on brisait tous les ressorts qu'il avait lui-même préparés et qu'il pensait mettre en jeu. Dès lors il s'occupait comme il pouvait, il écrivait pour le *Moniteur Westphalien* des articles sur les actrices et sur l'opéra nouveau; il avait chaque semaine, à Napoléonshöhe, un *voyage*, six personnes d'ordinaire, invitées du dimanche au dimanche; les maris sans leurs femmes, les femmes sans leurs maris. Il avait ordonné un costume pour les hommes : uniforme bleu brodé en argent, pantalon bleu, bottes à l'écuyère. Pour les femmes, l'uniforme était moins compliqué, mais plus seyant. Lever royal à dix heures, déjeuner à onze, promenade devant le château, dîner à six heures et demie, rien de recherché dans les plats ni les vins; après dîner, whist; à neuf heures petit concert ou spectacle; à dix coucher. Les *voyageurs* s'amusaient entre eux, s'ils pouvaient. Ils voyaient à peine le roi qui déjeunait et dînait avec la princesse de Löwenstein, — laquelle étant dans le huitième mois de sa grossesse avait « cessé de paraître à la Cour. Cette dame, écrit Reinhard, par beaucoup d'esprit de conduite, s'est fait une existence à part qui ressemble un peu à celle d'une favorite en titre. » Pour s'égayer, Jérôme faisait appeler certains soirs Mme Escalon qui suppléait la princesse, mais il manquait d'entrain.

Et revoici les Cosaques: vers le 10 mai, on a signalé des partis rôdant autour de Celle et l'on a annoncé un débarquement de neuf cents Anglais à Cuxhaven; le 23, à Könnern, six lieues de Halle, le général Poinsot qui conduisait, de Hanovre à Leipzig, huit à neuf cents cavaliers, a été attaqué par un corps nombreux de hussards, de uhlans et de cosaques; il a été fait prisonnier et sa colonne a été presque entièrement détruite; le 29, à Halberstadt, un bataillon provisoire de six cents Français, escortant un parc de quatorze pièces et un grand convoi d'habillement destiné à la Grande Armée, a été enlevé par Czernitcheff, à la tête de trois mille Russes et Prussiens; Czernitcheff est entré dans la ville, l'a bouleversée, a pillé les caisses, pris le général westphalien d'Ochs avec sa compagnie de gendarmerie, et a paru s'établir en force.

Or, cette fameuse division Teste qui devait se réunir à Cassel pour la défense du royaume, qui devait se composer de seize bataillons, et qui n'en avait jamais eu que quatre (2500 hommes), avait reçu de l'Empereur l'ordre de quitter Cassel, et elle était en route. Des vagues troupes nationales qui se trouvaient encore dans le royaume (2e de ligne, 1er et 3e légers), le général Allix, récemment nommé gouverneur de Cassel, avait formé un petit corps qu'il avait envoyé garder les défilés du Harz, sous le commandement de Hammerstein, revenu de la Grande Armée après l'émiettement de sa division. Cassel n'avait pour défenseurs que les gardes du Corps (200 hommes) et les deux bataillons de grenadiers et chasseurs de la garde (600 hommes).

Pendant que Teste, à peine convalescent d'une grave maladie, courait, avec cinq cents cuirassiers que le roi lui avait fournis, sur les traces de ses quatre bataillons, Jérôme avait pris sur lui de demander au général Dombrowski, qui était à Hersfeld avec ses Polonais, de lui envoyer deux bataillons : seulement, ayant l'expérience que ses requêtes étaient plutôt mal accueillies, c'était un ordre qu'il avait donné : « *D'après les instructions que j'ai reçues de S. M. l'Empereur*, avait-il écrit, et il avait ajouté : « Je désire que de votre personne, vous passiez par Cassel pour que je puisse vous donner les instructions convenables aux circonstances... » Les Polonais ont obéi et sont venus à Cassel ; Teste, qui a rejoint ses quatre bataillons, est rentré au même moment dans Halberstadt, que Czernitcheff, point si sot que d'attendre les Français, a évacué pour se porter, par Halle, sur Leipzig où se trouvait le corps en formation du duc de Padoue.

L'alerte était donc passée ; elle pouvait même servir d'argument à Jérôme auquel, le 30 mai, l'Empereur avait demandé d'envoyer à Dresde le reste de son contingent, qu'il comptait (7 juin) incorporer lans le 11e Corps. Elle lui permettait de dire véridiquement « qu'il était désolant de voir son pays ravagé et parcouru en tous sens par des partis ennemis, pendant que cinq de ses bataillons et huit de ses escadrons étaient à garder la capitale du roi de Saxe » ; elle lui permettait d'écrire, comme il faisait le 4 juin : « Si l'Empereur ordonne que le peu de troupes que j'ai encore avec moi soit mis en marche, je remplirai ses intentions, mais alors, je vous le demande, qui gardera la Westphalie et même la capitale ? » Mais Jérôme avait trop pris ses avantages et il avait oublié l'imprudence qu'il avait commise en usurpant le nom de l'Empereur. Il n'avait eu garde d'en rendre compte, mais Dombrowski en avait fait son rapport.

L'Empereur y a vu un attentat contre lui-même, une entreprise sur son autorité et, le 10 juin, il a écrit à Jérôme une terrible lettre : « Je vois avec le plus grand étonnement, dans une lettre que vous écrivez au général Dombrowski, pour changer la marche de ce général, que vous disiez que c'est par mon ordre et d'après mes instructions et qu'ainsi vous manquiez à vous et à moi. Cette conduite, que je ne veux pas caractériser, a trop d'inconvénients pour que je la souffre. La première fois que vous vous permettrez une telle supposition, je mettrai à l'ordre du jour de l'Armée que l'on ne doit faire aucune attention à ce que vous écrivez. Ce n'est pas que je ne trouve naturel que, dans les circonstances, comme vous l'avez fait avec le général Teste, vous priiez les commandants de changer de route, mais, ce qui est contre le bien et l'honneur de mon service, c'est que vous disiez que c'est en mon nom et que, par là, vous annuliez mes ordres. Avec cette méthode vous pourriez déranger la marche de mes armées. C'est un véritable faux que tout autre ne se permettrait pas. »

Jérôme, avec son inconscience et sa légèreté habituelles, avait cru prendre le bon moyen d'être secouru et avait couru au plus pressé : « Je me déterminai, a-t-il écrit à l'Empereur, à prescrire au général Dombrowski au nom de Votre Majesté, *car sans cela il n'eût pas obéi*. » Et cette phrase suffisait à le condamner. Mais, ensuite, il développait les conséquences, il noyait *la forme* qui lui était seule reprochée dans *le fond* qui le justifiait ; il faisait son acte de contrition : « Je prie Votre Majesté d'être convaincue qu'à l'avenir je m'abstiendrai de tout ordre semblable », mais il laissait sentir à l'Empereur, non sans une certaine ironie, qu'il appartenait de le protéger à ceux qui l'avaient démuni de tous ses soldats.

Et l'Empereur qui ne s'était peut-être autant courroucé que pour dissimuler la mauvaise humeur qu'il avait prise en constatant que les Cosaques n'étaient pas des fantômes, est revenu sur la dureté de sa première lettre, au point de presque s'excuser : « Je ne trouve pas mauvais, il s'en faut, a-t-il écrit, que, dans les circonstances où vous vous trouviez, vous ayez écrit au général Dombrowski et l'ayez détourné de sa route. Vous l'avez fait pour le général Teste et je l'ai trouvé fort bien. et je le trouverai bien également dans toutes les circonstances, puisque vous agissez en connaissance de cause, mais, dans aucun cas, je ne saurais trouver bien que vous ayez donné un ordre en mon nom. » Et pour achever d'adoucir l'excessif du reproche, il a consenti à la fin que Jérôme vînt le trouver à Dresde.

« Cependant a-t-il dit, pour éviter tout cérémonial à la cour de Saxe, il faut y venir incognito. » Cela ne fait pas l'affaire de Jérôme qui, d'Halberstadt où il est venu en tournée d'inspection, répond le 19 qu'il envoie en avant son maréchal de la Cour qui s'entendra avec le duc de Vicence sur tout ce qu'il aura à faire en arrivant et qui, en informant le roi de Saxe de sa prochaine venue le priera « de vouloir bien permettre qu'il garde l'incognito jusqu'à Dresde ». Moins Jérôme est roi, plus il exige d'honneurs et moins il badine sur l'étiquette. Ayant tant fait que d'accorder l'entrevue, l'Empereur passe sur les formes.

Donc, le 21, à onze heures du soir, Jérôme arrive et il vient directement chez l'Empereur qui est déjà endormi et qu'on ne réveille pas ; le 22, à neuf heures du matin, il est enfin reçu et, dès lors, il se trouve, durant une semaine, associé à cette vie de cour qui, au lendemain de batailles heureuses, mais non décisives, à la veille de la défection de l'Autriche et durant que, de tous côtés, le cercle des ennemis se resserre, s'agite dans cette ville heureuse, si jolie, si joyeuse, presque italienne par ses palais et par la bonne humeur de son peuple, presque suisse par la splendeur des paysages et par l'agrément de son site, ville où nul n'a passé sans en garder un souvenir presque attendri et où il semblait jadis aux Français qu'ils retrouvaient un peu de la patrie. Princes et princesses à l'infini, tous Saxons, il est vrai : Auguste, Antoine, Frédéric, Maximilien, Clément, Amélie, Marie-Anne, Thérèse, Marie, Élisabeth, mais qui, agrémentés de quelque Weimar et de quelque Darmstadt venus sur le tard, donnent l'illusion, combien vaine! qu'on est retourné d'une année en arrière, que, comme l'an passé, les empereurs et les rois vont affluer, s'empressant à ramasser un regard, à mendier une parole, à s'enorgueillir d'une bourrade. De nouveau, en effet, voici M. de Metternich, mais c'est un autre Metternich que celui qui, aux Tuileries, se gorgeait de pierreries et que Napoléon, l'ayant si chèrement payé, croyait avoir acheté. Napoléon a-t-il hésité à employer les grands moyens, ou bien, comme l'a dit Fouché, a-t-il été mal servi par Bassano qui n'a pas osé offrir la grosse somme, répugnant à traiter un prince d'empire comme un valet? Metternich est-il encore achetable par Napoléon? Certes, jadis, il a pris l'argent, il le prendrait encore, mais sans rien livrer en échange. Ce n'est pas seulement l'archiduchesse prostituée au Corse, l'Autriche trois fois humiliée, l'empire germanique aboli qu'il venge d'un seul coup, c'est la France révolutionnaire qu'il écrase et c'est sa caste qu'il restaure. Alors, c'est cette scène avec l'Empereur, ces huit heures de colloque tête à tête, avec le roi de Saxe attendant dans le premier salon.

De la politique, de la défection autrichienne, l'Empereur parle peu à son frère, qui paraît se renseigner surtout près de Fouché. Comme un courtisan, Jérôme accueille et enregistre des bruits, fort petit garçon devant le maître, attendant au salon de service durant qu'il déjeune, transporté d'être invité, lorsqu'il dîne tête à tête avec le prince de Neuchâtel, de le suivre au spectacle où la Comédie-Française appelée de Paris joue *Les Héritiers* ou *La Jeunesse de Henri V*.

Bien plus que Jérôme, Metternich occupe l'Empereur. Néanmoins, Napoléon sauve son frère de la plus lourde faute qu'il puisse commettre en lui interdisant, sous peine d'une rupture entière, de répudier la reine et d'épouser la princesse de Löwenstein. Libre à lui d'imposer tel nom qu'il lui plaira, même le nom de ce château de Schönfeld où, l'année précédente, il célébrait par une fête prestigieuse l'anniversaire de son mariage, à l'enfant que va lui donner la favorite, à cette Pauline qui, soixante années plus tard, mourra en odeur de sainteté, au couvent des Oiseaux, sous le nom de mère Marie de la Croix, mais, au divorce, l'Empereur met son veto, et, tout enflammé qu'il est, Jérôme se soumet. De même subit-il la garde française. L'Empereur impose « cette mesure qui lui paraît indispensable », car, dit-il, le roi « n'a personne autour de lui et son pays peut être agité de manière qu'il ne s'y trouve pas en sûreté. »

Pour le reste, rien, point de commandement, point d'armée westphalienne, des promesses de secours, mais tout cela rapidement et à la volée. Il a autre chose à penser que la Westphalie quand, le 1er juillet, après le lever, il congédie son frère qui, dépité, retourne dans ses États — les États de Czernitcheff plutôt.

*
* *

La veille, le 30, de deux heures et demie à six heures et demie, l'Empereur a eu avec Metternich un dernier entretien qui ne lui a guère laissé de doutes sur les dispositions de l'Autriche. Pour essayer encore de la retenir, il a accepté sa médiation pour la paix générale ou continentale. Un congrès se réunira à Prague sous cette médiation et l'Empereur a consenti que les délégués des insurgés espagnols y parussent. A sept heures, il est monté à cheval, a fait le tour de la ville au galop, comme si, par la violence de l'exercice, il voulait s'empêcher de penser. A neuf heures, il est rentré pour dîner.

Le 1er, au matin, par des lettres du général Foy et du général Lhuillier en date du 22 juin, que Clarke a transmises de Paris, le 27 à deux heures du matin, il apprend que le 21, l'armée commandée par Joseph a été battue par les Anglais à Vitoria, presque à la frontière, qu'elle a perdu ses canons et ses bagages, qu'on ne sait trop ce qu'est devenu le roi, pourtant que certaines divisions tiennent bon, que les soldats se sont bien battus, qu'ils paraissent disposés à se battre encore, mais que le temps presse. Pas de détails : rien de Joseph, rien de Jourdan. Joseph s'est donné garde d'écrire, même au ministre de la Guerre avec lequel il est en froid. Il est vrai qu'il a trouvé le loisir d'écrire à sa femme pour lui demander de l'argent dont il a besoin et lui annoncer qu'il viendra à Mortefontaine en droiture. Quant à l'armée, qu'elle se débrouille ! lui n'en prend nul souci. A présent qu'il a perdu la partie, par la faute de tout le monde hors la sienne, il se lève du jeu et s'en va revoir ses terres de France : preuve surérogatoire de sa modestie et de son abnégation dont il ne manquera point de tirer gloire dans ses apologies.

Au surplus, depuis le début de cette fatale année 1813, Joseph a donné la mesure exacte de son caractère et de ses talents et si, à Paris, il eût pu nuire à la dynastie et offusquer la Régente, le mal qu'en Espagne il a fait à la France et à l'Empereur a été incalculable.

Il était rentré à Madrid le 3 décembre 1812, après cette piteuse campagne dont il continuait à jeter l'insuccès sur le duc de Dalmatie. Il était déterminé à rester à Madrid, quelles que fussent les raisons stratégiques qui dussent l'appeler ailleurs, d'abord, a dit un de ses courtisans, parce qu'il était persuadé que le siège de son gouvernement, maintenu dans la capitale, lui assurait toujours une influence politique qu'il devait ménager ; ensuite, parce que, dans cette ville attristée, dans ce palais désert, malgré l'abandon des courtisans, la misère des fonctionnaires, l'indiscipline des troupes, l'épuisement des finances, il trouvait quand même son plaisir à jouer au roi ; enfin, ajoutait-on à mi-voix, parce que la capitale, si vide fût-elle, lui offrait encore des agréments que la guerre la plus paresseusement menée ne lui permettrait pas de rencontrer tous les soirs. Comme roi catholique, il continuait en effet à porter ses hommages à la marquise de Monte-Hermoso, mais, comme prince français, il ne laissait pas de trouver des agréments à la conversation d'une jeune

Française, femme d'un administrateur des vivres.

Ces distractions avaient pour effet de le rendre indifférent au moins à la misère des armées, auxquelles le Trésor impérial devait, le 1er janvier 1813, cinquante-trois millions d'arriéré de solde et pour lesquelles Clarke essayait, à ce moment même, d'obtenir un acompte de 12 600 000 francs que Mollien disputait en désespéré. Sans s'inquiéter un instant des officiers et des soldats dont la détresse faisait peine, le roi avait pris un arrêté fixant les arrondissements que les armées françaises devraient occuper, et, dans chacun, il remettait à un préfet espagnol, aux ordres de son gouvernement, la levée des contributions et leur répartition, suivant les budgets qu'il devait arrêter lui-même et qui devaient comprendre exclusivement les dépenses relatives aux subsistances, aux hôpitaux, aux transports militaires, à l'artillerie et au génie, le surplus des fonds devant être versé à la caisse royale. Les généraux en chef avaient protesté et, de leur autorité, avaient rétabli l'administration militaire française, demandant qu'au moins un tel règlement, en contradiction formelle avec les ordres de l'Empereur, fût mis sous ses yeux et reçût son approbation.

Joseph en avait pris encore plus d'humeur contre les Français ; le 6 janvier, il avait reçu à Madrid le Vingt-neuvième Bulletin qui annonçait pour l'avenir d'insurmontables difficultés. Les Français avaient été atterrés du désastre de leurs frères d'armes, les Espagnols s'étaient convaincus de la chute prochaine du système; Joseph n'avait en rien modifié ses plans, n'avait pas même compris que, l'Empereur étant obligé de réserver toutes ses ressources pour la campagne prochaine, la nécessité s'imposait de concentrer l'armée et de prendre une position militaire; seulement son caractère s'était aigri au point de se rendre insoutenable à ceux qui l'entouraient.

Joseph n'avait jamais souffert de personne la contradiction, et ses colères étaient redoutables. Mais, dans la vie courante, il était jusque-là facile, et, pour s'éviter la fatigue de penser, il suivait volontiers les avis, surtout de ceux qui, ayant lié leur fortune à la sienne, s'étant compromis par des actes qui avaient déplu à l'Empereur, lui paraissaient ses créatures et ne pouvaient, à son compte, trouver à vivre sans lui : tels Miot qu'il avait fait surintendant de sa maison, Faipoult qu'il avait nommé directeur du Trésor, Jourdan surtout. Or, au début de 1813, Jourdan, sous prétexte de maladie, a remis de sa propre autorité ses fonctions de chef d'État-Major général au général Daultanne; Miot a quitté spontanément la place de surintendant général; le peu de gens qui restent aspirent à partir. Quiconque approche Joseph subit des scènes qui n'encouragent point à le servir, dans un moment où le dévouement est assurément désintéressé. Avec Soult, la guerre de plume continue, mais au ton qu'a pris Joseph, on doit penser qu'il ne souffrira plus aucune contradiction : « On dirait, à la marche que l'on suit à l'Armée du Midi, lui a-t-il écrit le 20 décembre, que vous ne connaissez pas mon autorité sur toutes les branches du service des armées françaises en Espagne et que je n'en suis pas réellement le général en chef. On ne rend pas les comptes que l'on me doit, ni aux officiers commandant en chef le génie, l'artillerie, ni à l'ordonnateur, faisant fonction d'intendant général, que j'ai cru devoir placer près de moi, non pour la forme, mais pour les besoins réels du service... Une telle conduite peut compromettre les armées françaises. Il est dans ma volonté que vous fassiez connaître mon autorité dans toute son étendue. C'est à vous de juger si, en cherchant à y mettre des limites, vous voulez vous charger de la responsabilité des événements... »

De cette soumission exigée à un règlement que l'Empereur n'a pas approuvé et qui bouleverse l'organisation particulière de chacune des armées telle qu'elle a été réglée par l'Empereur, Joseph est passé à la prétention d'empêcher les généraux en chef, et Soult en particulier, de correspondre avec le ministre de la Guerre et de lui adresser des rapports. Il s'en est pris en même temps à Clarke : « Si les agents que le maréchal envoie fréquemment à Paris n'étaient pas accueillis, lui a-t-il écrit, et si Votre Excellence signifiait au duc de Dalmatie que l'Empereur ne m'a pas conféré ce commandement pour la forme et que c'est à moi qu'il doit adresser ses rapports puisqu'il est sous mes ordres, sans doute il finirait par reconnaître mon autorité et par obéir, et je n'éprouverais pas les difficultés qu'il m'oppose à chaque instant. »

A l'Empereur « dont il n'avait pas eu de nouvelles

depuis son départ de Paris », il a écrit le 22 décembre : « Il m'est de toute impossibilité de servir avec M. le duc de Dalmatie ; il ne voit que l'Andalousie, il est habitué au commandement absolu ; je dis plus : il a aussi peu de *véritable décision* à la guerre que de bonne foi dans le reste de sa conduite. Si j'avais eu la persévérance de le renvoyer en France, lorsqu'il eut le front de se présenter devant moi dans le royaume de Valence, il est probable que Wellington aurait laissé aux Arapiles la moitié de son monde. Si le colonel Desprès est arrivé près de Votre Majesté, je ne dois rien ajouter sur cet article parce que Votre Majesté connaît déjà les raisons qui ne me permettent pas d'avoir aucun rapport avec cet officier. »

Le 8 janvier, ayant depuis l'avant-veille le Vingt-neuvième Bulletin et jugeant que l'Empereur s'était rapproché de la France, il lui a écrit pour « le prier de trouver bon qu'il se rendît auprès de lui, ne fût-ce que pour vingt-quatre heures » ; et, ce n'était pas pour lui parler des désastres de Russie ou de la défense nationale et des sacrifices qu'elle devait imposer à lui, roi d'Espagne, c'était pour lui parler de Soult. « Si Votre Majesté est encore loin de la France, ajoutait-il, je ne puis que lui répéter le contenu de mes dépêches dont ont été porteurs MM. le colonel Desprès et le général Barrois : 1° l'impossibilité absolue où je suis d'avoir des rapports avec M. le duc de Dalmatie ; je demande son remplacement ; 2° les secours que Votre Majesté Impériale peut nous faire passer en argent et en munitions; 3° ses ordres pour la campagne prochaine. »

Ainsi, l'objet principal, unique peut-on dire, de ses inquiétudes, c'était Soult. Il faisait passer le rappel de Soult même avant les secours d'argent, qui lui tenaient si fort au cœur. Quant à un plan pour la campagne prochaine, il y tenait peu. Il savait à merveille, par les rapports du général commandant en chef l'Armée du Nord, que les circonstances exigeaient impérieusement que, dans cette partie, toutes les troupes disponibles fussent immédiatement dirigées pour mener des opérations rapides et combinées et il était de plus en plus ferme sur la résolution de rester de sa personne à Madrid et d'y maintenir la plus grande partie des armées.

Avec Clarke, la polémique s'était élevée. Se conformant aux ordres de l'Empereur, Clarke avait traité légèrement l'intrigue de Soult et avait engagé Joseph à la patience. « A la distance où l'Empereur se trouve de la capitale, avait-il écrit, il est des choses sur lesquelles la politique force à fermer les yeux, au moins momentanément. Si la conduite du duc de Dalmatie est équivoque et cauteleuse, si ses démarches présentent le même aspect que celles qu'il paraît avoir faites et qui ont précédé l'abandon du Portugal après la prise d'Oporto, il viendra un moment où l'Empereur pourra l'en punir s'il le juge convenable. Et peut-être est-il moins dangereux où il est qu'il ne le serait ici où quelques factieux ont pu, du sein même des prisons qui les renfermaient, méditer en l'absence de l'Empereur, une révolution contre l'Empereur et sa dynastie et presque l'exécuter les 2 et 3 octobre dernier. Je pense donc, Sire, qu'il est prudent de ne pas pousser à bout le duc de Dalmatie, tout en contrariant sous main les démarches ambitieuses qu'il pourrait tenter et s'assurant de la fidélité des principaux officiers de l'Armée du Midi envers l'Empereur et même de ceux des Espagnols qu'il traîne à sa suite. L'arme du ridicule, qu'il est facile de manier en cette occasion, suffira, ce me semble, pour déjouer ses funestes projets, s'ils existent, et le ramener à son devoir, sauf à faire prendre par la suite des précautions pour qu'il ne s'en écarte jamais. » Telle était bien la façon dont Napoléon eût, après l'affaire Malet, envisagé la question et il l'avait traitée encore bien plus légèrement lorsqu'il avait comparé, devant le colonel Desprès, les torts réciproques de Joseph et de Soult : mais le roi n'agréait pas plus les arguments tirés des intérêts dynastiques et des dangers que Soult leur ferait courir qu'il n'admettait qu'on tardât à exécuter ses ordres.

De plus, Clarke s'était permis de trouver mauvais que le roi eût, de son chef, destitué et remplacé le général Souham pourvu de lettres de service du ministre de la Guerre. « Il faut, avait écrit Clarke, que de puissants motifs aient déterminé Votre Majesté à déplacer un officier général français, appelé, par l'ordre d'un ministre de l'Empereur, au commandement d'une de ses armées. Elle est priée de me faire connaître les plaintes qu'elle a reçues sur le général Souham, car, s'il était permis de penser qu'en désignant le comte d'Erlon, elle n'a écouté qu'un sentiment de préférence pour cet officier général, il serait de mon devoir de représenter à Votre Majesté que cet acte d'autorité aurait excédé les bornes de celle que lui a donnée sur l'armée française en Espagne le titre de général en chef. » Et, du même coup, il avait informé le roi que l'Empereur ayant, de son propre mouvement, « nommé le général Reille au commandement de l'Armée de Portugal, le comte d'Erlon devait remettre un commandement dont l'Empereur avait disposé en faveur d'un officier de son choix. »

Joseph ainsi se trouvait doublement mortifié, et sa colère en était redoublée. Négligeant l'article de Soult, sur lequel il sentait que, avec le ministre de la Guerre, il n'aurait pas raison, il s'étendait sur l'article de Souham, discutait les lettres de service comme le mérite de ce général et l'appréciation que Clarke en avait faite, et puis il ajoutait : « Je vous déclare qu'après avoir ordonné les mouvements de la Castille et de l'Andalousie, de Valence et du Tage, après avoir abandonné ma capitale, chassé les Anglais par l'effet de la réunion des armées sans l'ordre d'aucun ministre, il ne me serait pas venu dans la tête que je dusse hésiter dans un arrangement de détail dont pouvait cependant dépendre le sort de l'armée. Mes instructions, monsieur le duc, sont de *faire pour le mieux;* lorsque j'en aurai d'autres, je les suivrai. Je n'ai jamais eu besoin d'apprendre ce que je devais à un ministre de l'Empereur, mais j'avais lieu d'espérer que vous, monsieur le duc, vous n'auriez pas oublié ce que vous me devez ».

A tel point sa vanité était montée qu'il se tenait pour un grand général, que les déplorables retraites imposées par les événements lui paraissaient des mouvements stratégiques qu'il avait ordonnés, que sa ridicule campagne prenait à ses yeux des airs triomphaux, et que la contradiction du ministre lui devenait une insulte « dont il était justement offensé. »

Telle était donc la situation lorsqu'il avait appris, d'une façon certaine, l'arrivée de l'Empereur à Paris. Il s'était empressé, le 1er février, d'appeler de Clarke à Napoléon : surtout, il entendait être délivré de Soult ; il était résolu à le renvoyer en France ; il voulait aller à Paris de sa personne pour apprendre à l'Empereur « bien des choses qui le détermineraient à des réflexions qui tourneraient à sa gloire et au bonheur de son empire. » Il requérait contre Soult, « cet homme méprisable », « cet homme pervers », « qui devait être venu à bout de faire parvenir au duc de Feltre le duplicata de la lettre infâme dont le colonel Desprès avait été porteur. » Il plaidait pour lui-même, il expliquait, en intervertissant les dates et en travestissant les faits, pourquoi il avait nommé d'Erlon à l'Armée de Portugal ; pourquoi il avait donné le commandement général à Soult, « un homme d'aussi mauvaise foi », « sur l'honneur duquel on ne pouvait compter », qui n'avait pas de vrai courage lorsqu'il fallait attaquer l'ennemi », et il concluait par ces accusations dont sa haine contre Soult ne pouvait excuser la gravité, puisqu'en même temps, il n'apportait aucune preuve. « Le duc de Dalmatie, Sire, a beaucoup de talents pour fasciner les yeux des gens qui le voient agir loin de l'ennemi ; il a beaucoup de mouvement dans la tête, beaucoup de fertilité pour l'intrigue ; c'est un homme dangereux, c'est un homme qui, dans des événements donnés, monterait à l'échafaud croyant sincèrement monter au trône, parce qu'il n'a aucune détermination dans un moment décisif, mais il a tout ce qu'il faut pour agiter, pour tout brouiller. Sire, je vous écris ici pour l'intérêt de votre dynastie comme je vous parlerais. Le duc de Dalmatie est un homme dangereux ; je suis même tenté de soupçonner aujourd'hui que, dans la lettre qu'il a écrite au ministre de la Guerre le 12 août et que j'ai envoyée à Votre Majesté par le colonel Desprès, il y avait des motifs plus coupables et plus profonds encore que je ne pensais alors. Je crus alors que, se sentant coupable de désobéissance pour n'être pas venu au secours du Nord, il n'avait inventé son infâme lettre que pour se rendre excusable par ces motifs : il ne s'était pas pressé d'obéir parce qu'il doutait des intentions de celui qui lui avait donné l'ordre ! Aujourd'hui, Sire, que les événements survenus à Paris éveillent tous les soupçons, ne serait-il pas possible de penser qu'il travaillait dans le même sens ? Le bruit de votre mort a été souvent semé à Cadix et dans les camps de l'insurrection espagnole ; la tête du duc de Dalmatie s'exalte facilement et facilement son âme s'ouvre, même à la guerre, aux projets les plus chimériques ; n'aurait-il pas voulu d'avance détruire en moi l'homme qui, dans le plus funeste des événements, doit couvrir de son corps votre fils, mourir avant lui ou le porter sur son trône et perpétuer votre nom et votre ouvrage en combattant les factieux de toutes les classes ? Et, dans le fait, pourquoi le duc de Dalmatie n'aurait-il pas écrit directement à Votre Majesté dans un cas aussi extraordinaire ? Pourquoi n'a-t-il pas chargé un officier d'une lettre aussi importante ? Pourquoi en a-t-il envoyé plusieurs copies ? Pourquoi a-t-il mis dans la confidence six généraux ?... »

Ainsi, pour se défaire de Soult, mentor gênant, critique redoutable et, à l'occasion, successeur désigné, il n'hésitait pas à l'accuser de complicité avec Malet. Par là, il visait son frère au point qu'il savait le plus sensible, l'intérêt dynastique, et il mettait sa signature royale au bas d'un rapport que le plus bas policier n'eût point endossé. Seulement, s'il était en *vendetta* contre Soult, il n'avait point jugé à propos de le lui déclarer : car, l'Empereur ayant rappelé le duc de Dalmatie, pour de tout autres motifs que ceux allégués par Joseph, lorsque le maréchal passa le 2 mars à Madrid, « suivi d'un grand nombre de fourgons portant des objets précieux qu'il rapportait d'Andalousie », le roi lui fit bonne mine et presque accueil.

Cette querelle contre Soult et subsidiairement avec Clarke avait absorbé entièrement le roi : de plan de campagne, de projets d'opérations, il n'en avait pas d'autres que « de conserver son quartier général dans la Castille », c'est-à-dire de continuer à résider à Madrid. Depuis le 23 décembre, il s'était endormi sur la conception que voici : « Sans négliger les principaux points de la côte et les plus rapprochés des frontières de France, avait-il écrit alors, on doit réunir autant que possible les troupes au centre de l'Espagne et les tenir prêtes à se porter partout où leur présence sera nécessaire. » Conséquence : Il a « renoncé, quant à présent, au projet de secourir l'Armée de Valence et à celui de porter du secours dans le Nord, en même temps qu'il s'est tenu prêt à marcher à la rencontre de l'armée anglaise. » Les communications étaient presque interrompues avec la France ; il fallait un régiment pour escorter une lettre, encore, souvent, la lettre n'arrivait pas ; les rapports de Reille, que le roi avait en mains depuis le 22 décembre, ne pouvaient lui laisser aucun doute sur la situation « déplorable » des provinces du Nord, — sur la nécessité d'y envoyer des renforts et, tout le moins, de s'en rapprocher ; mais Joseph avait interdit qu'on bougeât un homme, « le général Caffarelli ne lui ayant adressé aucun rapport et ne lui ayant point fait demander du secours, il a dû supposer qu'il était en état de tout réparer. »

Quel but poursuivait-il ? Punir Caffarelli de ne point s'être rangé à ses ordres, quitte à sacrifier, pour cette misérable vengeance, des milliers de Français et à compromettre l'armée tout entière, ou bien s'isoler de plus en plus au milieu de la Péninsule, loin des ordres de Paris, pour faire à sa tête, éviter les instructions qui contredisaient ses plans et jouer au maître? D'autres hypothèses plus graves se lèvent dans l'esprit que Joseph n'eût point hésité à formuler, mais qu'on ne saurait jusqu'ici appuyer de preuves. « On ne peut se dissimuler, a écrit Jourdan avec son habituelle mansuétude pour Joseph, qu'il n'aurait pas dû attendre les ordres de Paris pour rétablir les communications et connaître l'état des affaires dans le Nord. S'il eût transféré son quartier général à Valladolid et fait refluer des troupes vers ces provinces dès le mois de janvier, on aurait pu disperser avant l'ouverture de la campagne les bandes qui les désolaient[1]. »

Joseph n'avait point prévenu les ordres de Paris, mais ces ordres, en date du 4 janvier, lorsqu'ils étaient arrivés à Madrid, après quarante jours de route, le 14 février, avaient-ils du moins été exécutés? Certes, Joseph s'était réjoui d'être confirmé dans son

[1] Je dois signaler ici que la partie texte des *Mémoires du roi Joseph*, publiés par M. Du Casse, n'est, en ce qui concerne l'Espagne, que la copie des mémoires du maréchal Jourdan. M. Thiers qui avait eu ces mémoires manuscrits entre les mains en avait déjà fait la remarque; mais il s'était contenté d'une collation superficielle; il n'avait pas vu que M. Du Casse avait coupé, avec une médiocre préoccupation de la suite des faits et de l'enchaînement des idées, tout ce qui portait critique ou accusation contre Joseph. C'est là un procédé qui mérite d'être signalé. Il est heureux que le vicomte de Grouchy, en publiant le texte intégral des *Mémoires militaires de Jourdan*, ait permis de rectifier M. Du Casse et ceux qui l'avaient employé.

commandement en chef, d'être débarrassé de Soult et de Caffarelli, mais il s'était bien donné garde de réfléchir à la situation générale de l'Empire, à sa propre situation qui en était la conséquence ; on dirait qu'à force d'avoir été comblé par une fortune dont il n'a mérité par nul effort les extraordinaires faveurs, cet homme vit dans l'irréel ; il est incapable d'imaginer que cela peut ne pas durer toujours, que son frère peut être malheureux, qu'il peut être matériellement empêché de le tirer de presse, de lui fournir des hommes, des chevaux, de l'argent ; Napoléon, qui a été doté d'une baguette de magicien, doit remettre toutes choses en état, n'a qu'à frapper pour trouver ce qu'il faut et pour accomplir ce qui convient. Cette conception est enfantine ; elle diffère tellement des imaginations normales des adultes, qu'elle semble incroyable ; seule pourtant, elle explique la conduite de Joseph.

Si, jusqu'ici, il pouvait alléguer un plan militaire, si inepte fût-il, différent de celui de Jourdan, il ne pouvait plus, à présent, prétendre qu'il ignorât les intentions de l'Empereur ; sans doute Clarke les avait édulcorées, mais c'est qu'il ne se souciait pas que le frère de Sa Majesté Impériale déclarât de nouveau qu'on lui avait manqué et qu'il craignait justement d'avoir à porter la peine de tels reproches ; mais enfin l'ordre était là. L'Empereur commandait que Joseph portât immédiatement son quartier général à Valladolid, évacuât la Castille, concentrât l'armée en « pourvoyant avant tout à la sûreté du Nord ».

Par chaque courrier, désormais, les ordres sont renouvelés et précisés. L'Empereur, impatient d'être obéi, accable Clarke de ses lettres. « Donnez ordre sur ordre au roi d'Espagne de revenir à Valladolid », écrit-il le 24 janvier. « Réitérez les ordres au roi d'Espagne de porter son quartier général à Valladolid, de n'occuper Madrid que par l'extrémité de la ligne et de faire refluer des forces considérables dans le Nord et en Aragon afin de soumettre le nord de l'Espagne », écrit-il le 18 janvier; pareilles injonctions le 3 et le 7 février; le 10, il écrit : « Il est convenable que vous fassiez connaître au roi d'Espagne, en chiffres et par quadruplicata, que je vois avec la plus grande peine qu'il ait perdu deux mois aussi importants que décembre et janvier où les Anglais étaient dans l'impossibilité de rien faire et qu'il n'ait pas profité de cette circonstance pour pacifier la Navarre, la Biscaye et l'Aragon... Comment n'a-t-il pas maintenu ses communications et comment, après avoir eu connaissance du Vingt-neuvième Bulletin, n'a-t-il pas senti la nécessité d'être promptement en communication avec la France ? Il n'y a pas un moment à perdre : Que le roi se rende à Valladolid en faisant occuper Madrid et Valence par son extrême gauche. Écrivez-lui que le temps perdu est irrémédiable, que les affaires tourneront mal si, promptement, il ne met pas plus d'activité et de mouvement dans la direction des affaires. » Et il revient sur son idée, il la reprend, il la commente, tant il sent la nécessité et l'urgence de ramener l'armée vers les frontières.

En deux mois et demi, les ordres ont été réitérés au moins dix fois à Joseph, autant de fois à Jourdan. A la fin l'Empereur, sachant que Joseph n'a rien fait pour secourir Clausel dont, le 14 janvier, il lui a annoncé la nomination à l'Armée du Nord, se détermine à expédier directement à Reille l'ordre de mettre une de ses divisions à la disposition de son collègue.

Joseph a reçu le 14 février (il faut admettre cette date, si tardive qu'elle paraisse) l'ordre de porter son quartier général à Valladolid. Il a annoncé le 23 qu'il allait obéir, et que, de sa personne, il quitterait Madrid le 1er mars. Le 2 mars, de Madrid qu'il n'a point quitté, se prévalant de l'autorité militaire de Soult qu'il venait de recevoir — ce Soult « dangereux », « infâme », « sur l'honneur duquel on ne pouvait compter », — il écrit à l'Empereur pour protester contre l'évacuation qu'on lui impose de sa capitale : « M. le duc de Dalmatie pense que si je quitte Madrid de ma personne, je porte un coup fatal à l'opinion; que l'ennemi n'est pas en état d'entrer en opération avant six semaines; que les Armées du Midi et du Portugal pourraient arrêter l'ennemi en se réunissant dans la province d'Avila et ayant derrière elles l'Armée du Centre en réserve. Il est certain que le jour où j'aurai quitté Madrid spontanément, j'aurai renoncé à l'Espagne et que l'opinion, encore flottante, se tournera tout entière contre nous; il est certain aussi que M. le général Reille se refuse à reconnaître mon autorité dans les provinces qui avaient été érigées en gouvernements militaires, s'appuyant sur une lettre du ministre de la Guerre de Votre Majesté en date du 20 juillet. J'avais pris toutes les mesures de gouvernement pour administrer le pays occupé par les trois armées... Mais je ne puis rien si une lettre de Paris, de six mois de date, peut m'être opposée et tout arrêter; si je n'ai pas même l'autorité d'un général en chef; si Votre Majesté Impériale ne fait pas écrire directement que je dois être obéi en tout et pour tout, par ses armées et par leurs chefs. Si Votre Majesté ordonne à ses armées de se retirer sur le Duero et de quitter Madrid, il est hors de doute que le commandement sera mieux entre les mains d'un général qu'aux miennes. »

Joseph, en flagrant délit de désobéissance depuis dix-sept jours, réclamant que les armées françaises et leurs chefs lui obéissent en tout et pour tout, c'était à coup sûr un spectacle peu banal. Que l'Empereur le prît au mot; qu'il mît à la tête des armées d'Espagne, Soult, Reille, Clausel, n'importe qui, le premier soldat venu, et le désastre était évité; mais Joseph rentrait en France, il redevenait prince français, il réclamait sa place au Conseil de Régence. L'Empereur ne voulait point l'admettre. Il ne céda point pourtant sur Valladolid et ce fut Joseph qui s'y résigna, car sa menace d'abdication ou de démission n'avait été, cette fois comme les autres, qu'un procédé d'intimidation, et, si fragile que fût son trône, si piètre que fût sa cour, si contestée que fût son autorité, il tenait trop à paraître roi pour se dépouiller volontairement de sa couronne et de son manteau.

S'il quitta Madrid, pressé qu'il était chaque jour par les lettres de Clarke et par les nouvelles du Nord, ce ne fut d'ailleurs que le 17 mars, un grand mois après en avoir reçu l'ordre. Comme il lui fallait un prétexte, ce fut l'obligation de faire rentrer les divisions de l'Armée du Midi qu'il avait dispersées jusqu'aux extrémités des provinces de la Manche et de Cuença. « J'aurais pu à la vérité arriver beaucoup plus tôt à Valladolid avec mon quartier général, écrivait-il le 2 mai, mais je n'ai pas cru que ma présence pût y être de quelque utilité tant que les troupes n'étaient pas en mesure de filer sur le nord de l'Espagne et j'ai pensé au contraire qu'il était plus convenable de me tenir rapproché du gros de l'armée, tant qu'il y aurait à craindre que l'ennemi ne saisît l'instant de notre mouvement pour tenter quelque chose. »

En fait, Joseph qui continuait à jouer au roi et qui n'avait nullement renoncé à régner sur l'Espagne, avait quitté Madrid en annonçant à ses sujets qu'il allait prendre le commandement de ses armées, pour en diriger les opérations actives ; mais il avait laissé dans sa capitale la plus grande partie des administrations publiques ; pour garder sa capitale, il y avait immobilisé la division Leval, et, à proximité, il avait cantonné presque toute l'Armée du Midi. Rien n'était plus contraire à l'esprit des instructions de l'Empereur, mais Joseph avait la lettre pour lui. L'Empereur avait prescrit que Madrid fût occupé « par l'extrémité de la ligne », « par un camp volant », avait-il dit plus tard. Mais, pour qui voulait s'y tromper, l'extrémité de la ligne signifiait aussi bien vingt mille hommes que cinq cents. A la vérité, dès le 29 janvier, Clarke avait précisé le peu d'importance qu'avait Madrid aux yeux de l'Empereur ; le 23 avril, à la réception des lettres en date du 23 mars, où le roi insistait sur la nécessité de couvrir Madrid et sur le danger d'avoir à l'évacuer si l'ennemi prononçait son mouvement, Clarke avait encore écrit à Jourdan : « Sa Majesté Catholique paraît se croire obligée, par les ordres de l'Empereur, à se maintenir à Madrid et à n'abandonner cette ville qu'à la dernière extrémité... Cependant... l'Empereur, en ordonnant que Madrid soit occupé par l'extrémité de la ligne et par un camp volant, a, par ces expressions mêmes, indiqué sa pensée et subordonné l'occupation de cette ville à toutes les chances inséparables de la situation d'un poste avancé. » Mais Joseph n'en voulait pas moins que Madrid fût le poste essentiel ; il y maintint donc la division Leval jusqu'au 26 mai, en sorte que, pour la soutenir « les armées impériales étaient disséminées sur toute la surface de l'Espagne », lorsque les Anglo-Espagnols étaient en pleine marche et avaient pris l'initiative des opérations.

A Valladolid, où « son arrivée, le 23 mars, avait attiré les ministres, les officiers civils de sa maison royale, quantité d'employés et une foule d'autres personnages avec leurs familles. » Joseph allait-il au moins faire preuve de quelque énergie et de quelque activité pour aider Clausel à écraser l'insurrection dans le Nord avant l'ouverture de la campagne contre les Anglais? Comme il était dominé par l'idée que l'Empereur, quelque jour, « traiterait avec l'Angleterre en restituant l'Espagne, moins les provinces de l'Èbre, à Ferdinand VII », il ne prenait point souci que ces provinces fussent en révolte : ce n'était point contre lui, mais contre l'Empereur et les Français. Qu'on le laissât faire, lui, et la pacification ne serait qu'une question de jours. Ainsi écrivait-il à Clarke le 23 mars : « La force ne pacifiera pas le Nord. Mina fuira devant la force et reviendra lorsque le pays sera abandonné par les divisions de l'Armée de Portugal. La population est exaspérée; l'opinion a commencé le mal; l'opinion seule peut le réparer. Tant que ces peuples ne seront pas convaincus qu'ils sont et doivent rester Espagnols, tant qu'ils ne seront pas gouvernés par l'autorité nationale que l'Empereur m'a transmise après les traités de Bayonne, ces pays seront des foyers toujours croissants de troubles et de guerres... Il me semble, concluait-il, que si l'on rassure les principaux habitants sur le sort de leur pays; si l'on met à ma disposition la moitié des troupes qu'on veut y employer; si je suis libre d'administrer ce pays comme je l'entends; si je suis libre de renvoyer en France tout officier dont j'aurai eu à me plaindre et de conduire cette guerre intérieure comme je l'entends, je pacifierai bientôt ce pays comme je pacifiai le royaume de Naples ; avec les mêmes moyens, j'obtiendrai les mêmes résultats. »

C'est pourquoi il n'envoyait pas de renforts à l'Armée du Nord, attendant qu'il lui fût permis d'expérimenter ses méthodes napolitaines ; c'est pourquoi il s'efforçait de détourner du Nord les troupes que l'Empereur y envoyait, décidé qu'il était à préférer dans ces provinces l'insurrection espagnole à la pacification française. « Mina, écrivait-il le 2 mai, domine en Navarre et en Biscaye plus par l'opinion que par la force, et, tant qu'on n'agira pas sur l'esprit des habitants de ces provinces par des moyens propres à faire cesser les inquiétudes qu'ils ont conçues sur le sort de leur pays, on ne pourra les soumettre par la force des armes. »

Telle était la conviction de Joseph que les Espagnols n'étaient empêchés de se rallier à lui que par la présence des Français, telle était sa forme de penser vis-à-vis des généraux ou des soldats français qu'ils n'étaient bons qu'à servir d'auxiliaires à *ses* Espagnols et qu'ils devaient leur être subordonnés. Exalté par la victoire qu'il avait remportée sur Soult et sur Caffarelli, par l'obéissance passive qu'il avait obtenue de Drouet d'Erlon, devenu par lui commandant de son armée du Centre, et de Gazan, général de l'Armée du Midi, si timoré que, pour les mouvements de troupes le plus impérieusement exigés par les circonstances, il se tenait obligé de venir en personne solliciter les ordres du roi, Joseph s'était convaincu qu'il n'aurait eu qu'à parler pour plier Clausel et Reille au règlement qu'il avait édicté le 22 novembre et par lequel il les mettait aux ordres des autorités espagnoles. Or, Clausel l'ignorait purement et simplement et Reille ne se soumettait pas davantage, puisque, adoptant un arrêté de son prédécesseur Drouet qui rétablissait l'administration française dans les gouvernements de Salamanque et de Valladolid, il avait, pour simplifier et centraliser le service, réuni les deux gouvernements en un seul, sous ses ordres directs.

Le roi avait protesté; les généraux avaient réclamé. La cause avait été portée devant l'Empereur auquel Clarke avait exposé, le 15 mars, que l'arrêté du roi, mettant, à la tête des services, des généraux ou des administrateurs espagnols ou censés tels, il en résulterait que les agents français rendraient compte à des Espagnols et que l'ordre administratif établi par l'Empereur se trouverait détruit. L'Empereur, sans s'arrêter aux détails, avait répondu le 29 en enjoignant à Clarke de « faire connaître au roi d'Espagne que toute l'Armée d'Espagne devait vivre dans le pays; que ce principe n'avait d'autre exception que les vingt-quatre millions qu'il lui accordait pour acompte sur la solde, que l'Armée de Catalogne était comprise dans ces vingt-quatre millions »; Clarke, en transmettant ces dispositions au roi et aux généraux en chef des Armées de Portugal et du Midi, avait fait observer à l'Empereur que ceux-ci n'y verraient pas l'obligation de se conformer à l'arrêté royal du 22 novembre.

« Ce point de difficulté, avait-il écrit, est essentiel à résoudre, car chaque général en chef est dans l'opinion que son devoir est de continuer à administrer les provinces occupées par l'armée qu'il commande et d'en réserver tous les produits pour elle exclusivement, puisque la totalité de ces produits est au-dessous de ses besoins. Le roi, de son côté, se plaint de la résistance des généraux en ce qui a rapport à son arrêté et, en demandant que Votre Majesté veuille bien en approuver les dispositions, le roi désire d'être autorisé à renvoyer hors d'Espagne tout individu qui se montrera récalcitrant. »

Sans attendre une solution que l'Empereur n'avait pu matériellement donner, Joseph était revenu le 1er avril à la charge; il avait demandé d'un ton comminatoire pourquoi l'Empereur n'avait pas approuvé son règlement. « Il n'y a pas de commandement, avait-il écrit, sans l'unité dans l'administration... Je ne suis point obéi et je ne puis point l'être puisque le duc de Dalmatie a donné l'exemple... Je n'ai aucune lettre qui m'annonce qu'il a été écrit de Paris par vous aux généraux commandant en chef les Armées du Midi, du Portugal et du Nord qu'ils devaient m'obéir en tout et pour tout »; et, après avoir énuméré les refus qu'opposaient à ses agents les commissaires ordonnateurs de chaque armée et les généraux en chef, il ajoutait : « Comment puis-je me faire obéir par les généraux commandant des armées qui ont élevé des prétentions contre un règlement qui a quatre mois de date ; qui sont armés de vos lettres, monsieur le duc; qui m'opposent toujours celle du 20 juillet; à qui je ne sache pas que vous ayez donné des ordres contraires; à qui vous dites littéralement dans vos dernières instructions : *Vous vous conformerez aux ordres que le roi jugera à propos de vous transmettre en tout ce qui ne serait pas contraire à ceux que je vous aurais transmis directement au nom de l'Empereur;* lorsque ces généraux ont seuls la force en main et qu'eux seuls peuvent se faire obéir? J'avais déterminé qu'une division de l'Armée de Portugal et le duc de Santa-Fé se rendraient à Burgos, afin d'y réunir tous les vivres possibles, d'y former d'immenses magasins, d'y fabriquer beaucoup de biscuit, d'y recueillir tous les malheureux Espagnols qui, forcés de se retirer avec les armées de leurs provinces, encombrent les quartiers généraux, y meurent de faim, détruisent par l'exemple de leur misère toute la force morale en notre faveur. J'ai dû céder aux représentations du général Clausel, lorsque je l'ai vu appuyé par votre dernière lettre; je me suis contenté de lui demander positivement de donner des ordres pour qu'on forme des magasins de grands approvisionnements à Burgos. »

Cette lettre avait été immédiatement transmise par Clarke à l'Empereur, déjà à Mayence, et elle avait motivé de la part de Napoléon cette décision, formelle dans les termes, inapplicable dans les faits : « Répondez au roi d'Espagne que je lui ai donné le commandement en chef de mon armée; que je suis surpris, après cela, des plaintes perpétuelles qu'il fait de ne pas être obéi ; que cela vient de ce qu'il confond le roi d'Espagne et le commandant en chef de mon armée ; que je n'entends pas que mes armées dépendent jamais des ministres espagnols à qui j'ai droit de ne pas me fier et qui sont fort indifférents sur le sort de mes soldats ; que les ordres qu'il donnera aux généraux et aux officiers de mes armées seront exécutés ponctuellement, s'ils sont transmis par le maréchal Jourdan, pour les opérations militaires, et par l'ordonnateur Mathieu-Faviers, pour les affaires administratives, mais que le ministre O'Farril, ni tout autre, ne doit être employé dans ces relations et que mon intention n'est pas que mes troupes puissent dépendre en quelque façon de l'administration espagnole. »

Cette dernière phrase corrigeait, dans une mesure, les affirmations du début, mais l'Empereur, excédé des réclamations de Joseph et saisissant seulement ce qui était relatif au duc de Santa-Fé, avait outré sa pensée, en ce qui touchait au moins les Armées du Portugal et du Midi. Quant à l'Armée du Nord, Clarke n'avait pas hésité à la distinguer. Il avait écrit à Jourdan que le général Clausel avait dû craindre un moment « de voir ses ressources administratives rétrécies et circonscrites par les dispositions nouvelles de Sa Majesté Catholique qui semblaient avoir pour objet d'assigner aux armées qui se rapprochent du Duero un emplacement et une délimitation territoriale aux dépens de l'Armée du Nord. Ces dispositions, déclarait-il, eussent été peu conformes aux intentions de l'Empereur... l'Empereur n'étant pas disposé à faire des changements de quelque importance dans la situation territoriale des armées d'Espagne. »

Joseph qui, le 2 mai, venait encore de réclamer l'approbation « des dispositions qu'il avait prises pour concentrer le plus possible entre ses mains le commandement et l'administration », avait, le 9 mai, profité de la réponse de l'Empereur, pour avertir les généraux en chef « que l'administration espagnole allait être chargée, dans tout le territoire des trois Armées du Midi, du Centre et du Portugal, de l'assiette, de la répartition et du recouvrement des contributions; que tous les produits seraient mis à la disposition de l'ordonnateur en chef Mathieu-Faviers pour les besoins des troupes impériales, à la seule exception d'un million de francs par mois que le roi se réservait pour les besoins de son gouvernement et de sa maison militaire et civile ». Ainsi se trouvait tourné l'ordre de l'Empereur. L'ordonnateur français devait bien distribuer des fonds, mais ceux-là seulement qu'il plairait aux Espagnols de lui remettre et, sur ces Espagnols, il n'avait ni autorité ni contrôle. C'était réduire les armées françaises à un rôle de mercenaires — qu'on ne paierait pas. Aux représentations de Reille, Joseph avait répondu « que l'Empereur avait approuvé qu'il réglât les choses de la manière qu'il jugerait le plus convenable », et, pour en finir une bonne fois avec l'administration française, il avait expressément ordonné aux auditeurs du Conseil d'État faisant fonctions d'intendants, aux receveurs et aux payeurs de se rendre tous à Bayonne pour y recevoir les ordres du ministre de la Guerre.

Déjà, au début de mai, il s'était débarrassé de l'ambassadeur de France, qui pourtant n'était pas un surveillant bien gênant. Sur un article de la *Gazette d'Alicante* rapportant une prétendue lettre que La Forest aurait adressée de Valence, le 21 octobre 1812, au ministre des Relations extérieures, au sujet d'une conversation qu'il aurait eue avec Azanza pour l'engager à entrer dans les vues de l'Empereur, et à ménager l'annexion de l'Espagne jusqu'au Duero, Joseph avait chargé son ministre des Affaires étrangères d'une démarche officielle près de l'ambassadeur et d'une demande d'explications. La Forest, si inattendue et si contraire aux usages diplomatiques que fût une telle prétention, avait consenti à prouver que cette lettre était supposée : il avait accumulé les éléments de démonstration pour souligner l'absurdité de cette accusation. La lettre, avait-il dit, est adressée à M. le duc de Cadore qui avait remis le portefeuille le 16 avril 1811 ; elle n'a point de numéro ; elle n'est point chiffrée ; aucun courrier n'a été intercepté durant le séjour à Valence de l'ambassadeur qui, à la date de la lettre, était dangereusement malade et attendait un congé qu'il avait demandé ; la supposition, qui résultait des faits matériels, ressortait aussi bien de la forme et de l'esprit de la dépêche. « Enfin, dans cette rapsodie, disait La Forest, on n'a pas su imiter aussi adroitement mon style qu'on avait imité celui de Votre Excellence dans les lettres qu'on lui a attribuées il y a deux ans et qu'elle a été aussi dans le cas de démentir. » L'allusion était sanglante, puisque ces lettres d'Azanza, écrites de Fontainebleau et où l'Empereur était si maltraité, étaient, malgré les démentis de leur auteur, parfaitement authentiques. Joseph eût trouvé indigne de sa majesté de présenter des excuses; La Forest ne pouvait rester à Valladolid et continuer des rapports avec le ministre du roi après une telle insulte. Il avait pris congé, et, le 2 mai, il était parti pour la France.

Ainsi Joseph réalisait, à la dernière heure il est vrai de son règne éphémère, l'objet qu'il s'était proposé de tout temps : se délivrer des surveillants français, s'établir en roi dans son royaume, et subordonner les soldats impériaux à son administration espagnole. Comme il lui fallait un prétexte, il avait allégué les besoins des Espagnols réfugiés « qu'il eût été prudent, avoue Jourdan, de faire filer sur Bayonne », mais dont « le départ eût indiqué trop clairement qu'on avait perdu l'espoir de se soutenir en Espagne ». Joseph avait donc écrit le 30 mai : « Le Trésor de France n'envoyant que deux millions par mois, il est évident qu'il faut bien que le pays occupé par l'armée fournisse aux besoins de tous les services; mais, comme ceux des armées, quoique incommensurablement plus grands, ne sont pas les seuls, il faut bien aussi trouver les moyens de faire vivre chacun ou renoncer aux services qu'on ne peut pas payer. »

Il importait, en effet, à Joseph de conserver son administration tout entière, prête à reprendre possession de l'Espagne, car l'Espagne allait se donner à lui. Il écrivait à Clarke au début d'avril : « Le maréchal Jourdan vous envoie exactement les nouvelles du Midi. Elles sont on ne peut pas plus favorables. Le parti anglais a eu le dessous ; les troupes de l'Insurrection se désorganisent et, pour peu que les affaires générales de l'Europe le permettent, je ne doute pas que, dans l'année courante, nos affaires ne prennent, dans la Péninsule, un aspect plus favorable que dans celle qui vient de s'écouler. » Il avait appris l'arrivée de Wellington à Cadix, les décrets par lesquels les Cortès et la Régence lui avaient déféré, avec le titre de généralissime, le commandement de toutes les armées espagnoles, le mécontentement qu'en avaient éprouvé les généraux, la résistance de certains, de Ballesteros surtout, sa destitution et sa déportation à Ceuta, enfin les indices d'un prochain soulèvement contre les Anglais. Il avait annoncé à Jourdan que plusieurs généraux lui avaient fait proposer de passer à son service, avec huit à dix mille hommes de l'armée de Ballesteros, sous la seule condition qu'ils ne fussent pas commandés par des généraux français ; il avait reçu d'un colonel commandant un corps dans l'armée de Galice, les mêmes propositions sous les mêmes restrictions. Nul doute qu'ils n'y vinssent tous — ou presque tous — pourvu que l'Empereur fît connaître que les Espagnols conserveraient leur indépendance et l'intégrité de leur territoire.

On peut juger à quel point les espérances de Joseph étaient montées par la lettre que Clarke écrivait à l'Empereur le 4 juin : « Si les chefs des insurgés ou au moins les principaux les amenaient sous les drapeaux du roi Joseph, cette démarche, ne fût-elle que partielle, jetterait une telle défiance parmi ce qui resterait de rebelles qu'elle entraînerait, ce me semble, la soumission totale de l'Espagne. » Telles étaient les illusions dont Clarke, après Jourdan, se rendait l'interprète. Joseph s'était empressé d'envoyer aux insurgés de la Manche un de ses aides de camp espagnols, le général Virnès; celui-ci put à peine arriver jusqu'à Madrid : les Anglais en pleine opération lui avaient barré la route.

Après cinq mois d'inaction, Joseph était donc surpris par les Anglais en plein éparpillement, sans lignes de communication et sans ligne de retraite. On a vu que, pour des illusions politiques, il s'était refusé à faire, en Navarre et en Biscaye, l'opération de police si nécessaire et si urgente qui seule pouvait les lui assurer. Mais, comme il a cherché des excuses dans des ordres de l'Empereur contradictoires aux siens, comme il s'est efforcé de rejeter sur l'Empereur la responsabilité d'une défaite qu'il avait rendue inévitable, il faut reprendre par le menu, et préciser par des dates, les instructions de l'Empereur et la manière dont Joseph les a exécutées.

Dès le 3 janvier, l'Empereur avait écrit à Clarke : « Le roi doit s'appliquer à profiter de l'inaction des

Anglais pour pacifier la Navarre, la Biscaye et la province de Santander » ; le 4, Clarke avait transmis ces ordres en insistant sur la nécessité de pourvoir avant tout à la sûreté du Nord et d'employer tous les moyens pour aider Caffarelli. Le 14, cédant aux récriminations de Joseph, l'Empereur, pour lui rendre l'exécution de ses ordres plus agréables, lui avait fait annoncer par Clarke le rappel de Caffarelli et son remplacement par Clausel. « Ce général, qui a commandé l'Armée de Portugal dans des circonstances très critiques, écrivait le Ministre, a déployé à cette époque beaucoup de fermeté, de sagesse et d'expérience de la guerre ; en obtenant la confiance de l'armée, il a obtenu celle de l'Empereur qui lui en donne aujourd'hui un témoignage dont j'espère que Votre Majesté aura lieu d'être satisfaite. » En même temps il avait réitéré à Joseph l'ordre d'aider Clausel avec tous les moyens de l'Armée de Portugal.

Les communications étant toujours interrompues, l'Empereur, le 24 janvier, avait enjoint à Clarke de transmettre directement à Reille l'ordre de secourir Clausel. « Réitérez l'ordre au général Reille, avait-il écrit, de faire passer la plus grande partie de ses troupes sur la Navarre et la Biscaye pour pacifier le Nord. » Pour ménager Joseph, Clarke, averti d'être prudent, n'avait pas transmis l'ordre directement à Reille, et il avait écrit au roi le 29 : « La nécessité de pacifier les provinces du Nord a tellement attiré l'attention de l'Empereur que Sa Majesté Impériale m'a réitéré quatre fois successivement l'ordre exprès de renouveler encore l'expression de ses intentions que j'ai déjà adressée à Votre Majesté par ma lettre du 4 janvier pour l'engager... à concentrer ses forces de manière à pouvoir envoyer des troupes de l'Armée de Portugal vers le Nord, en Navarre et en Biscaye, afin de délivrer ces provinces et d'y rétablir la tranquillité. » Mêmes ordres le 31. Le 3 février, aucun résultat n'étant acquis, Clarke s'était déterminé à adresser à Joseph l'ordre formel d'envoyer une division en Navarre. Le 7, l'Empereur avait insisté ; le 10, il avait enjoint au ministre de la Guerre « de faire connaître au roi, en chiffres et par quadruplicata, qu'il voyait avec la plus grande peine qu'il eût perdu deux mois aussi importants que décembre et janvier où les Anglais étaient dans l'impossibilité de rien faire et qu'il n'eût pas profité de cette circonstance pour pacifier la Navarre, la Biscaye et l'Aragon ». « La nonchalance de la direction des affaires en Espagne est inconcevable », ajoutait-il, et, par trois fois, il insistait sur la nécessité d'envoyer des renforts à Clausel. Le 19, Clarke avait écrit « fort vivement » à Reille au sujet de son insouciance pour le rétablissement des communications. « Vingt-sept courriers se trouvaient arrêtés sur divers points de la route entre la frontière et Madrid. » Le 23, nouveaux ordres de l'Empereur ; le 26, Clarke a écrit à Jourdan : « Les obstacles que mes dépêches pour Madrid ont éprouvées pour arriver à leur destination ont produit les résultats les plus fâcheux. Il était de toute importance, au commencement de janvier, que l'Armée du

Nord fût secourue dans les opérations contre les bandes et que l'Armée de Portugal détachât une ou deux divisions pour l'appuyer. Ces renforts ont en vain été demandés au général Reille par le général Caffarelli. »

Les ordres, qui venaient encore d'être renouvelés le 1er mars, n'ayant reçu à cette date aucun commencement d'exécution, Clarke avait, le 12, écrit à Joseph, par ordre de l'Empereur, pour lui notifier qu'il expédiait à Reille des ordres directs ; mais il l'avait fait avec des ménagements qui prouvaient à quel point il craignait l'hostilité du roi : « L'Empereur, extrêmement mécontent de cet état de choses, écrivait-il, renouvelle sans cesse l'injonction la plus précise de le faire cesser et j'ignore encore en ce moment si les mouvements prescrits se préparent et s'exécutent, mais je vois toujours davantage que si des ordres relatifs à cette mesure doivent partir de Madrid, cela entraînerait une grande perte de temps. Il devient donc tout à fait indispensable de s'écarter un moment de la voie ordinaire et des dispositions par lesquelles tout devrait émaner de Votre Majesté, au moins en ce qui concerne le Nord et l'Armée de Portugal. Je prends pour cet effet le parti d'adresser directement aux généraux commandants de ces armées, les ordres d'exécution qui, dans d'autres circonstances, devraient émaner de Votre Majesté et j'ai l'honneur d'adresser à Votre Majesté copie des lettres que j'ai écrites au général Reille et au général Clausel pour déterminer enfin l'arrivée des renforts absolument nécessaires pour soumettre l'Aragon, la Navarre et la Biscaye. » De ce fait, la 2e division de l'Armée de Portugal avait été envoyée en Navarre, où d'ailleurs elle avait éprouvé, durant sa marche, un échec qui prouvait à la fois l'aguerrissement des bandes et l'urgence des renforts.

Mais, du fait de Joseph, à la date du 18 mars, rien n'était commencé pour l'exécution des ordres de l'Empereur; on en a l'aveu dans le passage d'une lettre de Joseph qui montre tout l'homme : « Le général Caffarelli m'écrit quelquefois et ses lettres sont celles d'un homme qui conserve pour moi de l'attachement et de l'affection, mais nullement les rapports officiels et obligés d'un subordonné. Aujourd'hui que l'Empereur veut que je me mêle des affaires du Nord, je suis prêt. *Les mouvements militaires sont près d'être achevés.* »

Ainsi, parce qu'il considérait Caffarelli comme indépendant de son commandement, il le laissait écraser; il interdisait à Reille de le secourir; il l'ignorait.

Quant aux « mouvements militaires près d'être achevés », ils avaient consisté, comme il l'écrivait le 25 mars, à disposer ses troupes ainsi qu'il suit : « L'Armée du Midi à Madrid, Avila, Salamanque, Toro et Zamora; l'Armée du Centre à Ségovie et la partie de la province de Valladolid sur la rive gauche du Duero; l'Armée du Portugal à Rio-Secco et Palencia. » Il était si loin encore d'envoyer alors le moindre secours à l'Armée du Nord qu'il ajoutait : « Si les lettres de Paris ou du général Clausel me portent à envoyer l'Armée de Portugal dans le nord, de toute nécessité je serai obligé d'abandonner Madrid et de me concentrer sur le Duero. »

Aussi, reculait-il le plus qu'il le pouvait et n'ayant plus à alléguer que Caffarelli était hors de son commandement, en usait-il tout de même à l'égard de Clausel. Le but unique était de conserver Madrid et tout y était subordonné, même alors que, contraint et forcé par les ordres de l'Empereur, Joseph avait bien dû se démunir de quelques régiments en faveur de l'Armée du Nord.

Ç'avait été seulement le 10 avril que, une partie de l'Armée du Midi étant arrivée à Salamanque, « la 4e division de l'Armée du Portugal avait reçu l'ordre de se mettre en route pour l'Armée du Nord ». « Si, après l'arrivée de cette division, écrivait Joseph à Clarke, vous jugez, monsieur le duc, qu'il soit instant que l'exécution des premières dispositions de l'Empereur ait lieu promptement, il sera bon que vous vouliez bien en renouveler l'ordre direct au général Clausel. » Cette ironie était de bon goût, surtout si l'on pense qu'il s'agissait de l'armée de Clausel compromise, de Français assassinés par milliers, de tout ce qu'il y avait de Français dans la Péninsule acculés à un inévitable désastre. Et c'était quatre-vingt-seize jours après l'émission des ordres de l'Empereur, cinquante-six jours après leur réception, que le roi catholique se déterminait à en commencer l'exécution.

Par contre, s'agissait-il « de bandes réunies dans la province de Madrid et paraissant menacer cette capitale », ordre « au comte d'Erlon de s'y porter rapidement avec trois divisions de son armée et les corps de la garde espagnole cantonnés à portée de son quartier général ». Ainsi, l'Armée du Centre tout entière quittait ses positions, et revenait en arrière pour appuyer la division Leval « dont la position ne laissait pas d'être inquiétante », mais qui n'avait rien à faire que d'évacuer Madrid. A la date du 26 avril, Joseph écrivait : « Les divisions qui sont à Madrid ont rejeté les bandes au delà du Tage et dans la province de Guadalajara. » Il laissait ainsi échapper la vérité; il avouait que plusieurs divisions étaient retournées sur Madrid contre les ordres exprès de l'Empereur, alors que, en dépit de ces mêmes ordres, Clausel attendait toujours des renforts pour attaquer les bandes de Mina « devenues des corps d'armée et qui exigeaient des corps d'armée pour les combattre ».

C'avait été le 6 mai que Joseph avait annoncé à Clarke les dispositions qu'il disait avoir prises pour rapprocher du général Clausel le reste de l'Armée de Portugal. « Il était impossible sans doute, écrivait-il, de faire plus pour l'Armée du Nord. » En admettant, ce qui n'était pas, que, à ce moment, les divisions de l'Armée de Portugal fussent rendues sur le terrain où elles devaient opérer, Clausel eût eu sept jours devant lui pour exterminer Mina, — car le 13 mai Wellington était entré en action.

Jourdan, l'homme de Joseph, son avocat et son

complice, a avoué lui-même qu'il eût fallu envoyer de suite dans le Nord la totalité de l'Armée de Portugal, « mais alors, a-t-il écrit, on aurait dû faire passer de la province de Ségovie dans celles de Valladolid et de Palencia toute l'Armée du Centre, ce qui eût rendu indispensable l'évacuation de Madrid. Le roi ne crut pas devoir prendre ce parti, *dans la crainte de déplaire à l'Empereur qui avait ordonné de continuer à occuper la capitale ;* d'ailleurs il se serait privé des droits d'entrée qu'on y percevait, seule ressource qui lui restât pour acquitter les dépenses de son quartier général, et il eût attiré à Valladolid une foule de magistrats, d'employés et de familles espagnoles qu'il n'avait aucun moyen de faire subsister ».

Malgré les contre-vérités qu'il énonce, et qui se trouvent infirmées par les lettres de l'Empereur et par celles de Clarke, Jourdan porte contre Joseph l'arrêt le plus terrible lorsque, après avoir énoncé que ce fut au commencement de mai que le roi mit l'Armée de Portugal à même de porter secours à l'Armée du Nord, il conclut : « Peut-être que, avec du temps et beaucoup de persévérance, on serait parvenu, sinon à pacifier entièrement ces provinces, du moins à désorganiser les bandes principales qui les infestaient, mais bientôt les opérations furent suspendues par les événements. »

Donc si, depuis le début de février où Joseph avait reçu les ordres de l'Empereur, les renforts avaient été fournis à l'Armée du Nord, celle-ci eût accompli sa mission en temps utile ; par suite des retards prémédités que Joseph avait apportés, l'Armée du Nord renforcée des divisions de l'Armée du Portugal n'avait pu entrer en action qu'au moment où toutes les forces françaises auraient dû être concentrées pour répondre à l'attaque des Anglais, et elle ne pouvait interrompre brusquement ses opérations sans s'exposer à de véritables désastres et sans livrer toutes les communications avec la France.

Joseph était si plein d'illusions et si bien nourri de chimères au sujet de sa popularité et de la prochaine soumission de l'Espagne, qu'il ne s'était même pas étonné d'être si mal informé des desseins et des préparatifs de Wellington. Sans doute avait-il pensé que le général anglais prenait le temps comme il le prenait lui-même et ne se souciait pas plus que lui de faire campagne. Quant à l'État-Major général, s'il était exact « qu'il donnât tout ses soins à la partie secrète et qu'il prodiguât l'argent pour ce service, » c'était en pure perte. On fut toujours, a écrit Jourdan, dans l'impossibilité de se procurer des renseignements un peu exacts sur l'armée anglo-portugaise ; les rapports qu'on recevait étaient si contradictoires qu'au lieu de donner des éclaircissements, ils augmentaient les inquiétudes, tandis que Wellington connaissait très exactement la force et l'emplacement des corps qui lui étaient opposés et recevait à point nommé avis de tous leurs mouvements. Il avait donc saisi, pour entrer en campagne, le moment où Joseph, ayant remis enfin à Clausel les six divisions de l'Armée du Portugal, continuant d'aventurer à Madrid la division Leval et ayant dispersé l'Armée du Midi pour relier, mal que bien, Madrid à Valladolid, avait réduit ses forces de près de 30 000 hommes et avait éparpillé sur un immense territoire les 46 000 hommes qui lui restaient. Wellington avait réparé les routes; il avait assemblé d'immenses magasins à Ciudad Rodrigo et le 13 mai, il avait commencé son mouvement. Joseph, semble-t-il, n'en avait point été informé avant le 20 mai. Au moins avait-il attendu jusque là pour présenter à Clarke le plan qu'il avait jugé à propos d'adopter. Écartant d'abord l'idée d'arrêter l'ennemi sur la Tormès et le Duero, ce qui eût été s'exposer à une affaire générale ; écartant ensuite l'idée de rappeler immédiatement à lui les six divisions de l'Armée du Portugal, il s'était arrêté à « se retirer sur la rive droite du Duero, à céder à l'ennemi assez de terrain pour retrouver les six divisions de l'Armée du Portugal vers Burgos, où une bataille perdue par l'ennemi pourrait avoir pour lui les plus funestes conséquences, puisqu'il se trouvait très éloigné du Portugal. »

« N'ayant point d'instruction, disait-il, qui détermine d'une manière précise quel est celui des trois partis que je dois prendre, je me détermine pour le troisième. » Joseph commençait ainsi à jeter la responsabilité sur l'Empereur dont, depuis six mois, il méconnaissait les ordres. De même, prenait-il la voie de Paris pour demander au ministre qu'il prescrivit au général Clausel « de lui renvoyer sur le Duero les troupes de l'Armée de Portugal dont il n'aurait pas un extrême besoin ». C'était pour donner une leçon à Clarke, quitte à ce que la leçon coûtât cher à l'armée française.

Lui-même, quoiqu'il eût appris le 23, à n'en pas douter, que l'armée anglaise était en pleine marche sur Salamanque et que l'armée espagnole de Galice s'avançait sur Astorga et Léon, il avait attendu trois jours, jusqu'au 26, pour ordonner à Gazan de rappeler de Madrid la division Leval. Celle-ci devait se trouver un moment très compromise par l'immense convoi d'évacuation qu'elle traînait à sa suite et qui comprenait tous les Espagnols au service de Joseph que celui-ci avait maintenus à Madrid jusqu'à la dernière heure.

Joseph ne manqua pas de tenter ensuite de rendre Gazan responsable de ce retard, de dire que Gazan ne devait pas prendre ses ordres, comme si Gazan eût été autorisé à évacuer de son chef une ville à la possession de laquelle les opérations des quatre armées avaient été subordonnées depuis huit mois. Mais c'était là le procédé habituel : toutes les fautes que commettait Joseph devaient trouver un auteur responsable.

Tout mouvement avait été arrêté pour attendre la division Leval et surtout les Espagnols de tout âge et de tout sexe dont elle escortait les milliers de voitures. Il avait fallu que le général Reille, à la tête de toute la cavalerie de l'Armée de Portugal, protégeât l'évacuation. La division Villate, de l'Armée du Midi, occupait Salamanque et elle avait reçu de Joseph l'ordre d'y rester jusqu'au dernier moment pour soutenir la division Leval. Par un coup de fortune, Villate fut avisé à temps que Wellington marchait avec 25 000 hommes pour l'envelopper. N'ayant pas à compter sur la division de dragons du général Tilly, il se mit en retraite, suivi par 4 000 cavaliers anglais que ses fantassins reçurent sur leurs baïonnettes et qu'ils forcèrent à abandonner la poursuite. Villate, qui avait perdu quatre cents hommes « en grande partie asphyxiés par une chaleur épouvantable », était impardonnable ; « il aurait dû se retirer lorsqu'il avait été instruit de l'approche de forces bien supérieures, et il avait soutenu mal à propos un combat dont le résultat avait été à son désavantage »; tel avait été le remerciement de Joseph. Au reste, tout le monde à ses yeux était coupable, Gazan de n'avoir pas fait marcher sa cavalerie au secours de Villate, Villate de s'être battu, et Leval même de n'être pas encore arrivé avec ses fourgons d'Espagnols.

Le 27, Joseph s'était déterminé à demander directement à Clausel de lui rendre les troupes de l'Armée de Portugal : encore l'avait-il fait sous une forme qui n'était nullement impérative : « Si, lorsque cette lettre vous parviendra, vos opérations sont assez avancées pour que vous puissiez, sans en compromettre l'issue, renvoyer les troupes de l'Armée du Portugal, vous devez sentir de quelle importance est leur retour ici. » Ce n'était là rien moins qu'un ordre;

l'exécution de la disposition, indiquée, non prescrite, était subordonnée à des conditions précises et Clausel était d'autant plus obligé d'en tenir compte qu'elles se rapportaient plus strictement à la mission qu'il avait reçue de l'Empereur lui-même.

Tel avait été pourtant le premier symptôme d'inquiétude qu'eût montré Joseph. Comme il espérait toujours l'arrivée du convoi de Madrid, il avait encore attendu quatre jours pour faire partir de Valladolid le premier convoi des employés et des réfugiés espagnols, ceux qui l'avaient suivi lorsqu'il avait quitté sa capitale; encore, lorsque, le 31, il s'était déterminé à en donner l'ordre, n'avait-il dirigé ce convoi ni sur la France, ni même sur la frontière de France, mais sur Burgos, point essentiel, où l'Empereur, par toutes ses lettres, avait ordonné qu'on réunît des approvisionnements, qu'on exécutât des travaux, afin de mettre la place en état de résister mieux encore que l'année précédente où, devant cette bicoque, l'héroïque Dubreton avait arrêté durant trente-quatre jours l'armée anglaise et Wellington. Placer ce formidable convoi civil en subsistance à Burgos, c'était épuiser tous les magasins qu'on aurait pu y former; mais Joseph ne s'arrêtait pas à cette idée : Burgos était de son royaume; en y envoyant ses employés, il ne renonçait pas à l'Espagne.

Ce convoi n'avait pu partir de Valladolid que le 2 juin à trois heures du matin. Le roi l'avait suivi le même jour à trois heures de l'après-midi. A son avis, la position du Duero était intenable. La cavalerie de l'Armée du Midi étant toute employée pour protéger la retraite de la division Leval et du convoi de Madrid, partout, dans les rencontres préliminaires, les postes français s'étaient trouvés, vis-à-vis des agresseurs, dans un état d'infériorité numérique qui les avait fait écraser : Au gué d'Almandra, cent dragons du 16e, chargés par six escadrons, avaient perdu le tiers de leur effectif ; en arrière de Toro, le général Digeon, assailli par une masse de cavalerie, avait perdu cent cinquante hommes ; Reille, lui-même, ayant poussé jusqu'à Benavante avec la cavalerie de l'Armée du Portugal, avait subi des pertes et avait dû se replier sur Rio-Seco. Et le convoi de Madrid n'arrivait pas. On l'attendit à Cigalès le 2, le 3 et le 4. Il arriva enfin dans la soirée du 4 et Joseph ordonna qu'il continuât sans débrider sur Burgos, avec le grand parc qui se composait de canons et de voitures par milliers. C'était de quoi vider d'un seul coup les magasins de Burgos. Quatre mille hommes de l'Armée du Portugal avaient encore été détachés pour l'escorte.

Comme on se trouvait trop affaibli, on renonça à tenir sur le Carion où l'État-Major avait d'abord décidé de livrer bataille ; on continua la retraite ; le 7, on prit position en arrière de Puiserga, sur les hauteurs ; « la position était excellente ; on pouvait espérer s'y maintenir plusieurs jours » ; mais les généraux représentèrent que les vivres étaient consommés et que le pain manquait. Sans tirer un coup de fusil, l'armée se replia sur Burgos où elle devait trouver des vivres et faire tête aux Anglais. Le 9, on arriva à Burgos. Pas de vivres: les magasins avaient été ouverts aux réfugiés des deux convois : ordre du roi.

De Burgos, on fit partir les convois espagnols, on leur donna pour escorte la division Lamartinière — plus de 7 000 hommes. Mais on ne les dirigea pas sur la France : « on leur donna l'ordre de s'arrêter à Vitoria où l'on espérait que la prochaine arrivée de Clausel permettrait de reprendre l'offensive. » Pour porter avec sûreté à Clausel cet ordre de rejoindre l'armée, on détacha, le 9, 1 500 hommes. Puis on tourna trois jours autour de Burgos pour reconnaître et choisir une position. Cela fait, on se décida à évacuer la place. Le 12, le roi fit appeler par un de ses pages le général Rey, commandant le 5e gouvernement, et lui donna directement l'ordre de partir pour Vitoria. Rey protesta, demanda à rester au moins jusqu'à l'entière évacuation de la place. Joseph répondit que c'était inutile, que Jourdan donnerait tous les ordres. Vainement, Rey se rendit chez Jourdan, avec le commandant Pinot, du génie, pour lui communiquer les observations de celui-ci « relatives aux bombes qui se trouvaient au fort et que l'artillerie se proposait de faire éclater ». Jourdan ne voulut rien entendre et ordonna au général de partir. Et le lendemain, 13, lorsqu'on fit sauter la citadelle, les éclats des obus qu'on avait oublié de noyer, tuèrent trois officiers et vingt hussards du 3e, anéantirent un bataillon du 3e léger, tuèrent ou blessèrent nombre d'officiers qui se trouvaient encore dans la ville et quantité d'habitants.

La retraite continua, attristée par ce désastre, embarrassée par une artillerie hors de toute proportion avec le nombre des troupes, par « les nombreux équipages obstruant les routes et entravant les manœuvres ». A Pancorvo, où l'on arriva le 15, Gazan et d'Erlon insistèrent pour qu'on attendît l'ennemi, qu'on défendît les défilés, disant que la position compensait et au delà l'infériorité des forces. C'était celle que Clausel avait prise l'année précédente, après les Arapiles, mais il n'y avait plus de Burgos. Jourdan, par contre, soutint que Wellington n'attaquerait pas de front la position, qu'il la tournerait, s'emparerait de la route de Vitoria, et couperait les communications avec la France. Joseph décida : on quitta Pancorvo comme on avait fait Burgos. Une attaque de trois divisions anglaises contre l'Armée de Portugal, qui, trop faible pour résister, avait dû se retirer avec perte, accéléra encore la retraite. Vainement, Reille proposa de se rapprocher de la Navarre en marchant par la rive droite de l'Èbre. Joseph refusa : c'était « abandonner la grande communication avec la France, livrer à l'ennemi l'immense convoi des Espagnols qui suivaient sa fortune et tout le matériel provenant des évacuations de Madrid, Burgos et autres villes, enfin exposer le général Clausel à qui il avait ordonné de venir le joindre à trouver les Anglais à Vitoria au lieu des Français ». De toutes ces raisons, une seule était valable aux yeux de Joseph : celle du convoi. Il abandonna donc les deux rives de l'Èbre et ordonna la retraite sur Vitoria.

Le 19 juin, après avoir passé la Zadora, l'armée prit position sur les hauteurs en avant de Vitoria, à cheval sur la grand'route. Le roi, qui savait retrouver la marquise de Monte-Hermoso, alla coucher en ville et y reçut des lettres de Clausel, datées de Pampelune le 15, où il accusait réception de l'ordre du roi en date du 9, et annonçait « qu'il allait interrompre la chasse qu'on donnait de toutes parts aux insurgés et porter les troupes de l'Armée de Portugal vers Burgos ». Il s'excusait, vu les circonstances, de ne pouvoir y joindre que 4 000 hommes de l'Armée du Nord.

Joseph décida donc qu'on séjournerait à Vitoria, où les deux immenses convois d'Espagnols étaient arrivés le 18. « La journée du 20 se passa dans l'incertitude et l'inaction. Le maréchal Jourdan, mécontent et malade, resta enfermé ; le roi ne se montra pas davantage. » Le roi se proposait, a dit Jourdan, de reconnaître et de parcourir les positions prises par l'armée, la veille, à la nuit, mais le maréchal, ayant été retenu au lit par un accès de fièvre, « la reconnaissance fut remise au lendemain ».

Un des convois d'Espagnols partit dans la journée, et la division Maucune fut détachée pour l'escorter. L'autre resta : La marquise en faisait partie et, au témoignage de Miot lui-même, le roi ne voulait se séparer d'elle que le plus tard possible. La ville était donc encombrée de voitures et d'équipages. Le train de grosse artillerie provenant des places évacuées, était répandu autour de la place et obstruait la route de France, unique retraite en cas de revers, car nul n'avait songé à occuper, ni même à reconnaître la route par Salvatiera et Pampelune. Aucune disposition ne fut prise, aucun ordre ne fut donné.

Ce n'était point faute qu'on se disputât : dans l'armée, la plupart des généraux et des jeunes officiers s'indignaient que 70 000 Français eussent, sans coup férir, livré l'Espagne aux Anglais et se révoltaient à la pensée d'abandonner, sans même combattre pour l'honneur des armes, une conquête qui avait coûté si cher. L'Armée du Midi, qu'avait consternée le départ de Soult, et qui n'avait pris aucune confiance dans Gazan, s'attendait à un désastre, mais n'en était pas moins excédée de la pusillanimité du général en chef. Jourdan n'était point pour livrer bataille, mais il ne pouvait nier que, si l'armée rentrait en France, on mettrait dans le plus grand danger Clausel, auquel le roi avait fixé Vitoria pour point de rendez-vous et auquel il venait d'envoyer des émissaires pour presser sa marche. Joseph, parce que cela l'arrangeait, se disait convaincu que Wellington n'attaquerait pas avant le 22 et qu'alors Clausel serait arrivé. Au reste, « il n'y avait aucun plan arrêté soit pour la défense, soit pour la retraite », comme devait l'écrire à Clarke son aide de camp, le major Baltazard, chargé plus tard d'une enquête. Joseph comptait seulement faire filer ses bagages le 21 et attendre Clausel jusqu'au 22. Il l'avait dit : la révélation des délibérations du conseil de guerre par un des officiers espagnols joséphistes détermina Wellington à précipiter son attaque.

Un mouvement prononcé par les Anglais le 20, à cinq heures du soir, sur les troupes postées en avant de la route de Bilbao à Vitoria eût dû éclairer les plus optimistes sur la journée du lendemain. Elle ne détermina pas même le départ immédiat du second convoi et de la grosse artillerie. Par crainte d'une marche de nuit, on attendit jusqu'à deux heures du matin. Sur l'ordre du roi, on employa aux voitures du convoi la plupart des attelages et, faute de chevaux, le train d'artillerie resta sur place.

Le 21, à quatre heures du matin, le roi monta à cheval et, accompagné du maréchal Jourdan, il sortit de Vitoria. C'était, tout à la fois, pour reconnaître le terrain, déterminer les positions de combat, placer les troupes, donner les instructions aux généraux d'armées, prendre des mesures défensives pour attendre Foy amenant les 12 000 hommes détachés de l'Armée du Portugal et Clausel amenant l'Armée du Nord. Mais, au moment où, sur les conseils de Jourdan, le roi s'avisait de changer son ordre de bataille que le hasard seul avait formé, « l'officier envoyé près du général Gazan pour lui dire de se rendre près du roi, rapporta qu'il ne pouvait s'éloigner de ses troupes qui étaient au moment d'être attaquées ». On s'en tint donc à ce qui avait été fait, c'est-à-dire rien. Bien qu'on fût prévenu, on ne rompit même pas les ponts sur la Zadora, par lesquels les Anglais purent déboucher sans difficulté pour accabler l'aile droite.

A huit heures du matin, la bataille était engagée, et Joseph, errant avec son état-major somptueux du centre à la gauche et de la gauche au centre, se trouva le témoin, d'ailleurs inerte, des attaques successives, auxquelles, malgré la bravoure déployée par les Français, la gauche d'abord, puis le centre, durent céder. Alors, sans donner aucun ordre, il quitta le champ de bataille, toujours escorté de Jourdan, tourna Vitoria et arriva sur la route de France. Elle était, ainsi que toute la plaine, à perte de vue, remplie par le grand parc d'artillerie, les caissons, les fourgons de la Trésorerie, les équipages du roi, des généraux, des chefs d'administration, les voitures de bagages. Dans la crainte d'être coupé par l'ennemi de la route directe sur le Guipuzcoa, le roi délibéra et se détermina à prendre la route par Salvatiera et Pampelune. « Mais où était cette route? Où commençait-elle? Comment la rejoindre? » Nul n'en savait rien. A la fin, un employé de la Maison du roi, originaire de Vitoria, s'offrit pour servir de guide, et l'on se mit en marche à travers champs. A ce moment, deux escadrons de hussards hanovriens qui avaient passé dans l'intérieur des lignes par la route de Saragosse, descendaient au galop dans la plaine au nord de Vittoria ; les soldats d'escorte aux voitures quittaient leurs rangs, les conducteurs d'artillerie coupaient les traits, tout fuyait dans une panique folle : les Anglais s'arrêtèrent devant cet immense butin : le roi était sauvé. Il en coûta 150 canons, 400 caissons avec 14000 gargousses et environ 2 000 000 de cartouches, le Trésor de l'armée : vingt-cinq millions, le Trésor particulier du roi : chiffre inconnu, quinze cents voitures de bagages contenant les richesses des généraux, des officiers, des employés civils, des Espagnols joséphistes, le pillage de l'Espagne durant cinq années ; tout cela changeait de mains, passait aux Anglais, — même les femmes de tout ce monde ; mais ils se vantèrent de leurs égards vis-à-vis des « ladies de Joseph » et ils en tirèrent des estampes.

Au galop, à travers champs, pour se mettre à l'abri des hussards, le roi a fui. Un Espagnol de son parti a été frappé d'une balle et est tombé à ses pieds, criant : *Muero por mi Rey !* « Par bonheur, les chevau-légers de la garde royale, que commande le général Jamin, surviennent, se mettent en bataille, chargent les Anglais. Dégagé, peut-être averti par Jamin, Joseph se souvient alors que l'Armée du Portugal continue à tenir devant l'ennemi. A sept heures du soir, trois heures après qu'il a quitté le champ de bataille, « il fait dire au général Reille de faire sa retraite et de se tirer d'affaire comme il pourra ».

Puis, il continue sur Salvatiera, obligé à tout instant de mettre pied à terre dans ce terrain coupé de marais et de fossés, si pressé qu'il ne prend pas le temps de retourner pour faire relever son confident, Miot, à demi écrasé sous son cheval. A onze heures du soir, il arrive aux portes de Salvatiera où Miot, sauvé par un hasard, se trouve en même temps. Il y a en ville une garnison française. Le roi demande à souper et se met à table avec Miot, O'Farril et le comte d'Erlon. Survient Jourdan : « Eh bien ! dit-il, on a voulu donner une bataille et la voilà perdue. »

Il se met à table et « il n'est plus question de rien ».

Le lendemain 22, par un temps affreux et des chemins défoncés, le roi va coucher à Echarri Aranas; le 23 vers midi, il rejoint à Irurzun la grand'route de Tolosa à Pampelune; il s'arrête le temps de donner à Reille l'ordre, aussitôt révoqué, de se rendre à Tolosa pour se réunir au général Foy et à l'Armée du Nord et défendre ce débouché sur le territoire français. Il n'a pas le loisir d'écrire à l'Empereur, mais il écrit longuement à Julie qui prend les eaux à Vichy : « L'armée, lui dit-il, a été attaquée avant d'avoir pu être rejointe par les troupes de l'Armée de Portugal qui sont sous les ordres du général Clausel, après avoir été affaiblie par le départ de deux immenses convois auxquels il a fallu donner des escortes. » Il parle de l'acharnement de la bataille, annonce que la perte est égale en morts et en blessés; il rejette sur les chemins la prise des équipages et de l'artillerie, comme il rejette sur l'Armée de Portugal le désastre même. « Si l'Empereur est de retour, ajoute-t-il, dis-lui qu'après avoir établi sur la frontière les armées et rallié celles du Nord et d'Aragon, je me rendrai à Mortefontaine où je pense que j'aurais dû me retirer depuis l'affaire de Salamanque, comme je te l'écrivis alors. Écris-moi la réponse de l'Empereur; quelle qu'elle soit, je suis décidé à me rendre chez moi, ne pouvant faire aucun bien ici. » Nicolas Clary lui enverra 100 000 francs à Bayonne, car son trésor est perdu et son trésorier Thibaut tué. Et il termine : « Je ne veux pas descendre à Paris, mais à Mortefontaine, que tu y sois ou que tu sois encore aux eaux. »

N'écrivant pas à l'Empereur, il daigne annoncer à Clarke la défaite — et de quel ton! « Le maréchal Jourdan vous rend compte de la malheureuse journée du 21 où l'armée française, attaquée dans sa position par des forces doubles des siennes, après avoir fait éprouver à l'ennemi autant de mal qu'elle en a reçu, a dû opérer sa retraite sur Salvatiera. Dans cette journée, je pense que la perte des deux armées, en tués et en blessés, se compense, mais nous avons dû laisser presque toute l'artillerie et les équipages de tous genres; les attelages seulement ont été sauvés. » Et, après avoir annoncé qu'il vient de donner l'ordre à Reille de se diriger sur Tolosa, et qu'il se rend de sa personne à Pampelune pour se mettre en communication avec Clausel et Suchet, il ajoute : « L'armée n'a ni pain, ni artillerie. La perte en hommes n'est pas immense, mais il faut beaucoup d'efforts pour remonter son artillerie : elle a sauvé ses attelages. Il est instant que l'Empereur s'occupe de ses armées d'Espagne : elles manquent de tout... »

Ainsi Joseph passe la main. La sécheresse de cœur, l'égoïsme, la vanité, la sottise, l'inconscience paraissent là sans se farder. Il ne mentionne même pas qu'il révoque l'ordre donné à Reille, en sorte que le général Foy, avec les divisions de l'Armée du Portugal qu'il amenait à Vitoria, se trouve jeté au milieu des ennemis triomphants, sans ordres du major général, sans nouvelles du roi, sans secours de qui que ce soit ; mais Foy, qui n'a appris la défaite que par des fuyards rencontrés, soutient le 22, à Mondragone, un combat victorieux contre des Espagnols en nombre double de ses soldats ; renforcé de petites garnisons et de troupes égarées qui, faute d'ordre, ne savaient où se retirer, il forme une masse de 16 000 baïonnettes et de 400 sabres, protège le second convoi, sauve la division Maucune qui l'escorte et, le 25, à Tolosa, tient tête à deux divisions anglo-portugaises que Wellington a détachées contre lui ; il les bat et achève sa retraite, ayant tué à l'ennemi 1400 hommes et n'en ayant perdu que sept cents.

Clausel, à qui Joseph impute sa défaite, en était resté aux ordres du 9 juin qu'il avait reçus le 15. Ces ordres n'avaient rien d'impératif et fixaient un point de réunion vers Burgos. Il y avait répondu comme on a vu et avait marché sur Logroño ; mais aucun des émissaires que le roi lui avait envoyés pour le presser et l'amener à Vitoria, n'était arrivé jusqu'à lui. Il avait donc erré sur de faux avis et des indices contradictoires durant la journée du 20 et n'était arrivé à portée de Vitoria que le 21 au soir. Il y avait appris par hasard que l'armée se retirait sur Salvatiera, avait rétrogradé d'abord sur Logroño où il espérait trouver des ordres et, enfin, par une suite de marches hardies et heureuses, il avait gagné, sans être entamé, Saragosse d'abord, puis Jaën.

Joseph, durant ce temps, sans s'inquiéter davantage de ce qu'il avait laissé derrière lui, est parti d'Irurzun pour coucher à Pampelune où il a passé la journée du 24 ; l'ennemi, s'étant montré près de la place, a tiré quelques coups de canon sur un détachement laissé dehors, mais, n'ayant pas les moyens d'entamer un siège, s'est arrêté devant les murs. Le 24 à minuit, Joseph est reparti, il a couché le 25 à Lanz, a passé le 26 dans la vallée de Bastan et a couché à Elizondo ; le 27 il est arrivé à Vera, dernier village d'Espagne sur cette frontière des Pyrénées ; de là, il a écrit à Clarke. Ç'a été pour accuser Clausel, pour déclarer que « les trois armées sont en ligne sur la frontière », « que leurs pertes en hommes ne dépassent pas celles de l'ennemi, que « la retraite s'est exécutée heureusement. »

Ce n'est que le lendemain, 28 juin, de Saint-Jean de Luz où il est heureusement arrivé, qu'il se décide enfin à écrire à l'Empereur : « Votre Majesté ayant sous les yeux les lettres et rapports qui ont été remis par le maréchal Jourdan et par moi à son ministre de la Guerre, je ne fatiguerai pas l'attention de Votre Majesté par des détails qu'elle connaît ; mais il est de mon devoir de l'entretenir de l'avenir et de ne pas lui dissimuler le mal », tel est son exorde, d'où il passe à un réquisitoire en règle contre Clausel, avant d'étaler une apologie verbeuse de lui-même. Il sent fort bien que l'un des points où il est le moins excusable — en admettant qu'il ait à s'excuser de quoi que ce soit — c'est l'emploi qu'il a fait de la journée du 20 : aussi, multiplie-t-il les détails sur les ordres qu'il a donnés et les gens qu'il a vus : il a vu l'ordonnateur en chef, il a vu le général d'Aboville; il a écrit au général Gazan, il a envoyé un aide de camp au général Tirlet, tout cela pour faire partir la grosse artillerie. Là, comme dans son récit de la bataille ou de la retraite, il accumule les contre-vérités, ou plutôt, lorsque les choses ont réussi, il s'en attribue le mérite et, lorsqu'elles ont mal tourné, il en charge les autres : mais lui a tout prévu, tout préparé, tout ordonné. Ainsi est-ce lui qui a sauvé le convoi et, si l'artillerie n'a point été toute sauvée, c'est que le général Gazan a méconnu ses ordres; ainsi avait-il, en ordonnant la retraite, indiqué la grande communication de France; il est vrai qu'y ayant trouvé l'ennemi « évidemment supérieur de plus du double », il n'a eu d'autre ressource que la route de Salvatiera, mais il n'a pas manqué de le faire savoir; Reille a tenu sur la route de France et, avec la division Lamartinière, a sauvé l'armée; mais c'est Joseph qui le lui a prescrit et « ses ordres ont été ponctuellement exécutés ». D'ailleurs, avec la modestie qui sied, il rend justice à sa propre bravoure : « Là, dit-il, s'engagea un combat assez opiniâtre. Je m'y portai de ma personne. » En vérité!

Mais ce sont ses conclusions qu'il faut retenir : « Je fais approvisionner et armer Saint-Sébastien qui n'était pas en état. Bayonne aussi est en mauvais état : on s'occupe de son armement et de son approvisionnement. Il importe que Votre Majesté ordonne des envois de fonds pour faire face à tant de besoins; qu'elle envoie des cadres et des conscrits et quelques généraux étrangers à la guerre d'Espagne, qui portent ici l'esprit et la confiance de Votre Majesté et qui aient été témoins des événements du Nord. Quant à moi, Sire, dans de telles circonstances et quand il s'agit de défendre la France, je n'ai qu'un regret, celui de ne pouvoir davantage et de n'avoir pas une plus grande masse de lumières et d'expérience militaire à offrir à Votre Majesté. »

Entre la lettre écrite d'Irurzun à Julie et celle-ci à l'Empereur, la contradiction est flagrante. Tout à l'heure, semble-t-il, il était décidé à s'en aller à Mortefontaine et rien ne pouvait le retenir. A présent, il paraît avoir repris confiance en ses talents, et, les armées ayant été tirées de presse par leurs chefs respectifs, il continue à les commander. Et la lettre qu'il écrit le 20 à Clarke prouve bien que telle est son intention. Cette lettre n'est qu'une diatribe contre tout le monde, mais surtout contre Clausel, contre Clarke, contre l'Empereur : c'est Clausel, dont la retraite en 1812 n'a rien qui la recommande, qui a négligé de réparer, d'armer et d'approvisionner Burgos; d'ailleurs, il n'a eu aucun succès contre Mina. « La guerre ne pouvait se terminer qu'en chassant les Anglais et en s'emparant de l'esprit de la population par des concessions faites à l'opinion nationale »; mais, pour battre les Anglais, il fallait que les armées restassent réunies, qu'elles fussent reposées et complétées; au lieu de cela, on les a épuisées à poursuivre Mina et ses bandes. Déjà, cela est pour Clarke, mais le voici en cause directement ainsi que l'Empereur : On n'a pas approuvé l'État-major général qu'il avait formé; on n'a pas approuvé ses règlements; « la correspondance directe de Paris avec les généraux en chef des trois armées a continué à empêcher l'ensemble et l'unité indispensables pour un succès », et puis, tant la colère le gagne : « Vous me forcez, monsieur le duc, écrit-il, à revenir sur ces faits parce que vos dépêches m'y ramènent sans cesse, dans un moment où, entouré de soucis de tous les genres, j'aurais besoin de ramasser toutes les forces de mon âme pour ne penser qu'aux moyens d'arrêter la marche de l'ennemi et de défendre les frontières de la France menacées sur tous les points. » Et c'est comme général en chef qu'il se plaint de l'indiscipline des troupes, du manque d'unité dans le commandement, du départ de la cavalerie presque entière, du rappel d'un grand nombre de généraux. En prendrait-il tant de souci s'il allait rentrer « chez lui » ?

Le lendemain, il est vrai, on pourrait croire que le vent a tourné. Il se détermine à expédier Miot au quartier général de l'Empereur, en prenant route par Vichy, où est la reine. Il charge Miot, en même temps, d'une mission verbale — car Miot « connaît le fond de son cœur et les moindres détails politiques, militaires et domestiques », — et de lettres qui ont un aspect de testament royal dont Napoléon doit être naturellement l'exécuteur : Pour Miot, confirmation du titre napolitain de comte de Mélito ; pour les réfugiés espagnols, de l'argent ; pour la garde royale « composée aujourd'hui de plus d'officiers et de sous-officiers que de soldats », pour la division espagnole et pour les officiers espagnols sans troupe, une solde « qui ne peut être payée à présent que par le Trésor impérial, » pour les Français à son service la confirmation des grades qu'il leur a conférés et des emplois ; ce n'est rien moins que cinq généraux de division : Merlin, Blaniac, Strolz, Dedon, Bigarré, et six généraux de brigade : Jamin, Tascher, Guye, Lecapitaine, Expert et Hugo. A en croire Miot, l'expédition pour l'Empereur était composée uniquement de ces lettres et d'une dépêche « dont le texte se retrouvait presque entièrement dans la lettre adressée le 29 au duc de Feltre. »

Ce n'était donc ni une abdication comme roi, ni une démission comme général en chef : d'un côté comme de l'autre, Joseph maintenait ses prétentions, vis-à-vis de l'Empereur comme vis-à-vis de Clarke. Était-il sincère en leur écrivant comme il faisait ; l'était-il lorsqu'il écrivait tout le contraire à Julie ? Se donnait-il le beau rôle vis-à-vis de l'Empereur en offrant ses services ? Jouait-il le désintéressement et la modestie en parlant de retraite à sa femme ? Cet homme est assez compliqué pour avoir le goût de tromper tout le monde. « Je ne pense pas, écrivait-il à Julie, que les affaires d'Espagne puissent se rétablir autrement que par la paix générale. Je suis resté ici parce que la frontière est menacée, mais, dès que cette première frayeur sera dissipée et que la défensive sera bien assurée, ma présence étant inutile, je désire me retirer soit à Mortefontaine, soit dans le Midi; je suppose que l'on formera ici deux armées, qui devront avoir deux chefs différents; je ne crois pas que j'aie rien à faire, dès que la première impression sera passée et que l'Empereur aura pris ses mesures. » N'est-ce pas qu'on est tenté de penser, que, s'il n'y avait qu'une armée, Joseph accepterait de la commander? « L'Empereur, dit-il, me trouvera toujours s'il a besoin de moi et s'il est vrai qu'il ne lui reste plus rien de fraternel dans l'âme pour moi, je le forcerai à ne pas rougir d'un frère qui s'est montré impassible dans la bonne comme dans la mauvaise fortune. »

Ce qui seulement le ferait réfléchir avant d'accepter, c'est que ses anciennes douleurs l'empêchent de monter à cheval, c'est qu'il « est ici avec une maison qui lui coûte encore 300 000 francs par mois et qu'il n'a pas le sol pour la payer ». Pas le sol est beaucoup dire : s'il a perdu des diamants, « il en a conservé assez pour couvrir Nicolas Clary des avances qu'il serait dans le cas de lui faire »; s'il a perdu son argent comptant avec Thibaut massacré sur sa caisse par les Anglais, il a son argenterie et elle est fastueuse. D'ailleurs, il compte bien n'avoir pas à toucher à ces ressources personnelles : s'il reste à l'armée, ses talents valent bien qu'on l'entretienne, et s'il se retire à Mortefontaine, il y vivra avec son traitement de

France, et, « si l'Empereur veut mettre à sa disposition quelques centaines de mille francs, il pourra renvoyer tout son monde avec une légère gratification »; ici, comme de juste, couplet sentimental, pastoral et philosophique : « Il préfère et il a toujours préféré la vie privée aux grandeurs et aux agitations politiques... Après tant d'orages, l'idée du calme lui donne quelque soulagement et il ne pense pas sans plaisir qu'il pourra s'occuper de ses enfants pendant le peu de temps qui lui reste à les voir avant leur établissement. »

Ainsi, de quelque façon que les choses tournent, s'est-il préparé une attitude. C'est lui qui, à un frère ingrat, « qui n'a plus rien de fraternel », offre une collaboration dont la valeur est méconnue. Tel est, paraît-il, le thème en faveur.

Lorsque, le 7 juillet, à trois heures après midi, Miot arrive à Vichy, ayant, depuis le 1er au soir, couru jour et nuit, Julie croit d'abord qu'il vient lui annoncer la mort de son mari, et elle est fort effrayée. Rassurée sur une vie si chère, elle se remet, écoute tous les détails de la bataille et de la fuite, paraît fort opposée à la mission que Miot doit remplir au quartier général, lui disant que « l'Empereur trouverait très mauvais qu'elle n'eût pas été remise à un militaire, à un homme du métier, que Miot serait mal reçu, si on le recevait, et qu'on ne l'écouterait pas. L'Empereur, ajoute-t-elle, n'est plus tel que vous l'avez connu autrefois; il ne conserve plus de souvenir de ses premières affections; il veut que tout plie devant sa volonté ». La princesse de Suède, qui a accompagné sa sœur à Vichy, comme partout, appuie les déclamations de la reine et Miot ne s'étonne même pas de cette accusation de tyrannie, portée à Vichy, par la femme et la belle-sœur de Bernadotte, au lendemain de Vitoria, à la veille de Leipzig.

Le 8, au moment où, après des entretiens avec Jaucourt, son ancien collègue au Tribunat qui, comme premier chambellan de Joseph, est de service près de la reine, Miot est décidé à partir à tout risque pour remplir sa mission, arrive un major d'infanterie, M. de Querolles, apportant une lettre du ministre de la Guerre. L'Empereur, par un excès d'égards, dont, comme on voit, Julie lui tenait compte, a voulu qu'elle fût informée la première des mesures qu'il a dû prendre pour réparer, dans la mesure du possible, le désastre dont Joseph est l'auteur principal. Miot n'avait plus qu'à retourner près du roi, ce qu'il fit.

L'Empereur, dès le 1er juillet, aussitôt qu'il avait reçu par la lettre de Clarke la nouvelle de la défaite, a en effet pris ses résolutions : Ordre à Soult, qui était sans commandement au quartier général, de partir le jour même, avant dix heures du soir, de voyager incognito, de descendre à Paris où il serait le 4, chez le ministre de la Guerre, de conférer avec l'archi-chancelier et, douze heures après, de repartir pour aller prendre le commandement des armées en Espagne avec le titre de lieutenant-général de l'Empereur, commandant ses armées en Espagne et en Portugal. Le duc de Dalmatie sera porteur d'une lettre pour le roi qu'il ne remettra « qu'autant qu'il serait impossible de faire autrement », l'ampliation du décret et une lettre du ministre devant suffire. Dans cette lettre, le ministre écrira au roi « de remettre le commandement au duc de Dalmatie et de placer sous ses ordres ses gardes et toutes ses troupes espagnoles. »

L'Empereur, au reste, n'ayant aucun rapport de Joseph, a dû, dans l'ignorance où il était des mouvements de l'armée, envisager plusieurs hypothèses. « Si le roi avait repris l'avantage et qu'on eût réoccupé Vitoria », on mettra vis-à-vis de lui d'autant plus de ménagement. Le sénateur Rœderer, ou tout autre ayant sa confiance, pourra lui être envoyé pour lui faire sentir que, d'après l'opinion qu'il a de ses talents militaires, l'Empereur a été obligé par les circonstances de donner le commandement de l'armée à un général ayant sa confiance; en ce cas, Joseph restera de sa personne, à Vitoria, Burgos ou Pampelune. Si l'échec n'a pas été réparé, qu'il demeure à Pampelune, Saint-Sébastien ou Bayonne, et qu'il y attende « les ordres de l'Empereur ». Il ne devra point passer la Loire sans cet ordre, « mais enfin, s'il l'avait passée, il devra se rendre dans le plus grand incognito à Mortefontaine, d'où il sera convenable que ni lui, ni aucun officier de sa maison ne vienne à Paris inquiéter l'administration de la Régence ». Interdiction de venir à Paris, interdiction à tout grand dignitaire, ministre, sénateur ou conseiller d'État de le voir « jusqu'à ce que l'Empereur lui ait fait connaître ses intentions ». « Vous devez, écrit l'Empereur à Cambacérès, employer la force, s'il est nécessaire, pour l'exécution de mes ordres. » Mais ce ne sera qu'à la dernière extrémité. D'abord, on enverra à Joseph quelqu'un dont il a l'habitude pour lui faire connaître les intentions de l'Empereur. Puis, toute communication qui lui sera faite le sera par le ministre de la Guerre, non par le ministre de la Police : « Veillez, écrit l'Empereur, à ce que le ministre de la Police ne se mêle de rien que de surveiller, et à ce que le ministre de la Guerre n'écrive au roi d'Espagne que ce que les circonstances exigent qu'il sache, enfin à ce que tout se passe avec le plus de modération possible. »

En juillet comme en janvier, la préoccupation majeure de Napoléon est, après l'armée, au sort de laquelle il croit avoir pourvu en y envoyant Soult, — peut-être au même degré que l'armée — la Régence. Il ne veut pas que Marie-Louise soit troublée par l'arrivée de Joseph, ni dans l'exercice de son autorité, ni même dans sa tranquillité. Toutes les mesures que prend Napoléon au sujet de la personne de Joseph ont ce but essentiel. « Mon intention, écrit-il à Clarke, est que vous ne parliez pas de tout cela à l'Impératrice. Rien ne sera mis dans les journaux et on doit ignorer où il se trouve. En un mot, je désire que vous preniez tous les moyens pour l'empêcher de venir à Paris, mais que, s'il venait à Mortefontaine, il ne vit ni l'Impératrice ni personne. » Mêmes ordres à Savary, en lui recommandant les ménagements « quoique en y mettant la rigueur convenable ». Et telle est son inquiétude que, deux heures après avoir écrit à Cambacérès, il écrit de nouveau, et c'est pour lui ordonner d'envoyer à Joseph « quelqu'un à qui l'archi-chancelier ne devra pas dissimuler que, vu le mauvais esprit que le roi a montré en Espagne, l'Empereur craindrait que sa présence ne jetât le trouble relativement à la Régence. »

Dans cette conduite de l'Empereur vis-à-vis de son frère, on a vu de la rigueur : il est permis de trouver que la mansuétude est au contraire excessive. Mieux instruit, sachant que le commandant en chef de ses armées a fui sans regarder derrière lui, abandonnant ses troupes, perdant tout son matériel, — et pour quel motif? — Napoléon eût dû traduire Joseph devant un conseil de guerre ou devant la Haute cour impériale, et faire un exemple. Il ordonne l'internement de Joseph, dans le Midi de préférence, à Mortefontaine si on ne peut faire autrement, mais ce n'est point pour punir le général, c'est pour paralyser le factieux. Ce n'est ni un châtiment, ni une vengence, c'est une précaution.

Quant à la défaite, « Napoléon, a-t-on dit, s'en prit à tout le monde au lieu de s'en prendre à lui-même[1]. »

[1] M. Thiers, qui avait eu communication des papiers du roi Joseph et d'apologies dont M. Du Casse même n'a point osé faire état, a entièrement faussé toute cette partie d'histoire. Au sujet de Joseph, il a des louanges qui surprennent. Il affirme à toute page « la raison », le « bon sens » de Joseph; il supprime les prétentions, il justifie les inepties. Ici surtout, les contre-vérités mériteraient d'être relevées, parce qu'elles lui ont été fournies ou suggérées par les descendants du roi Joseph. — Ainsi, dit-il que Clarke adressait à Joseph « les lettres

C'est bien à lui-même qu'il s'en prenait. « Toutes les sottises qui ont eu lieu en Espagne, écrivait-il à Clarke le 1er juillet, sont venues de la complaisance mal entendue que j'ai eue pour le roi qui, non seulement ne sait pas commander une armée, mais encore ne sait pas assez se rendre justice pour en laisser le commandement à un militaire. »

Telle sera constamment sa forme de penser dès qu'il comprendra quelque chose aux affaires d'Espagne, car comme il écrit le 3 juillet : « Je ne sais si c'est une bataille que nous avons perdue, quelles sont les troupes qui s'y trouvaient, ni où se trouvent aujourd'hui le roi et l'armée. » Réfléchissant, il ajoute : « Il faut avouer qu'il est difficile de comprendre de tels événements avec une armée comme celle d'Espagne. On ne peut les attribuer qu'à l'excessive ineptie du roi et de Jourdan ». Mais, cela dit, il se réserve, il ne veut se prononcer qu'après avoir lu les rapports. C'est là qu'il écrit à tous ses ministres : « J'attends avec impatience des renseignements sur l'Armée d'Espagne. »

A Paris, Cambacérès et Clarke qui savent par expérience qu'entre les deux frères les brouilles ne

les plus affectueuses », alors qu'on a vu à quel ton, dès le mois de février, était montée la correspondance. — Il dit que Clarke « avait eu le courage, après le désastre de Vitoria, d'écrire à Joseph qu'il aurait dû avoir 90 000 hommes »; Clarke était pourtant en droit de l'écrire, puisque l'ordonnateur en chef accusait 90 000 rationnaires; le ministre de la Guerre devait-il penser que Joseph faisait distribuer sur les magasins français 15 000 rations à des Espagnols? Il faudrait un volume entier pour établir à quel degré l'on a pu fausser l'histoire, au profit de Joseph et contre l'Empereur.

sont jamais de longue durée et qu'il est préférable de ne point y être mêlé, ont combiné leurs efforts pour adoucir, dans la mesure du possible, au moins par des formes bien choisies, les ordres qu'il ne leur est pas permis d'éluder. Cambacérès a convoqué aussitôt Rœderer et l'a invité à partir sur-le-champ : Rœderer préparera le roi à remettre sans éclat le commandement des armées au duc de Dalmatie, à demeurer, si les circonstances le permettent, à Pampelune ou à Saint-Sébastien, et, en tout cas, à ne pas dépasser Bayonne. Rœderer devancera d'une heure ou deux le chef de bataillon Verdun qui remettra au roi une lettre du ministre de la Guerre. Cette lettre, la plus modérée, la plus adulatrice même, contraste étrangement avec celles que Clarke adressait récemment à Joseph, et l'on peut bien penser qu'elle a été dictée par l'archichancelier. Clarke écrit donc : « En apprenant ces nouvelles, l'Empereur a pensé qu'il serait impolitique et fâcheux, pour un prince de son sang, de continuer à être en quelque sorte responsable aux yeux de la France des événements que la bataille du 21 juin peut amener à sa suite ; Sa Majesté a cru qu'il convenait, à la gloire de Votre Majesté, à l'intérêt de la Famille impériale et à la circonstance actuelle, de confier le commandement de ses armées en Espagne et sur les Pyrénées, à un maréchal d'Empire qu'elle a revêtu de la qualité de son lieutenant général. En approfondissant les motifs de l'Empereur, Votre Majesté ne manquera pas sans doute d'apercevoir que le premier de tous prend sa source dans l'attachement réfléchi de l'Empereur pour son auguste frère. » Alors seulement, Clarke lâche le nom de Soult : il sait trop quel effet il produira sur Joseph; mais ce n'est pas tout : il doit signifier l'internement. Il écrit donc : « Les grands intérêts qui se balancent dans le Nord et l'extrême influence que le retour de Votre Majesté au centre de l'Empire ne manquerait pas d'avoir sur l'opinion de l'Europe et sur celle de la France en particulier, ont porté l'Empereur à m'ordonner de mander à Votre Majesté que son désir et son intention formels sont que Votre Majesté reste, soit à Pampelune, soit à Saint-Sébastien, ou se rende à Bayonne. » Voilà l'arrêt terrible rendu : Clarke a beau dire ensuite que nul en France n'aura connaissance ni des événements du 21, ni de la décision de l'Empereur; il a beau écrire : « Cette détermination dont je ne fais part qu'à Votre Majesté seule peut d'autant plus facilement paraître le résultat de sa propre volonté, que je présume d'ailleurs d'accord avec celle de l'Empereur, que tout le monde et M. le duc de Dalmatie lui-même ignorent ce que j'ai l'honneur de mander à Votre Majesté à ce sujet de la part de l'Empereur »; cet internement spontané n'a rien qui doive agréer à Joseph, d'autant qu'ensuite les circonstances et les aggravations en sont précisées : Interdiction de venir dans l'intérieur ou à Paris sous quelque prétexte que ce soit; ordre de s'arrêter à Bayonne au cas qu'il y soit arrivé; injonction de placer sous les ordres du duc de Dalmatie la garde et toutes les troupes espagnoles; défense à tout officier civil ou militaire de la Maison royale et à tout réfugié espagnol de passer la Garonne; réunion des réfugiés à Auch et dans quelques villes que le ministre désignera, et, comme terminaison, Clarke dont on sent l'embarras, met cette phrase sotte. « En finissant, Sire, je regarde comme un devoir de l'emploi qui m'est confié de dire à Votre Majesté que c'est avec plaisir que j'aperçois, dans la teneur des ordres que l'Empereur m'a transmis, que, les vicissitudes de la fortune imposant à votre auguste frère la nécessité d'adopter des mesures que Sa Majesté n'a pu concerter avec vous, Sire, ces vicissitudes n'altèrent ni les égards, ni les sentiments d'affection de l'Empereur pour Votre Majesté. »

Vis-à-vis de Julie que l'Empereur l'avait chargé de prévenir, Clarke a employé presque les mêmes termes. « Vous irez vous-même chez la reine », avait écrit Napoléon. Il la croyait à Paris et comptait sur son intervention pour calmer Joseph; mais Julie étant à Vichy, Clarke lui a dépêché un officier qui n'a pu arriver que le 8. Même si Julie écrivait immédiatement, sa lettre ne parviendrait à Joseph qu'après la venue de Rœderer, du colonel Verdun et même de Soult. La bonne intention de l'Empereur en est perdue.

Si l'on en juge par le ton des dépêches expédiées par Joseph depuis le 1er juillet, le choc sera rude. Il parle d'un ton de maître, il prend des arrêtés qu'il rend exécutoires dans la 11e division militaire, étendant ainsi, de son chef, son commandement sur Blaye et sur Bordeaux; il démunit Bayonne au profit de Pampelune, il réclame des fonds, il dispute avec Clarke sur sa défaite, dont il charge Clausel; il se refuse à entreprendre des opérations offensives; il fait solder par les payeurs français sa garde, sa division espagnole, les officiers français ou espagnols à son service, de préférence aux officiers et aux soldats français; et puis, le ton monte et s'exaspère. « Je pense, monsieur le duc, écrit-il à Clarke le 6 juillet, avoir fait assez preuve d'énergie et d'activité depuis que je suis en Espagne pour n'avoir laissé à personne le droit de me recommander d'en avoir. Si tous les fonctionnaires publics, obligés par leur état d'avoir une opinion sur les affaires de la Péninsule, eussent dit et agi avec la même énergie que je l'ai fait depuis cinq ans, la France aurait aujourd'hui dans l'Espagne une alliée fidèle et je serais sur la frontière, non pour défendre la France contre l'Espagne et l'Angleterre, mais pour combattre l'Angleterre avec les ressources de l'Espagne et servir la France contre sa vieille ennemie, et, en lui donnant mes soldats et mon sang, lui rendre tout ce que je lui dois. Il n'en a pas été ainsi. Je puis supporter le malheur, monsieur le duc, mais non les reproches indirects. » Et il annonce que l'ennemi étant en pleine marche sur Saint-Jean-Pied-de-Port, il va s'y rendre, résolu à le combattre et à tout mettre en œuvre pour sauver Pampelune.

Par malheur, Joseph a encore une fois été dupe de

son ignorance militaire, et, tandis qu'il dirigeait le gros de ses troupes sur Saint-Jean-Pied-de-Port, et qu'il se rendait de sa personne à Espelete, Gazan, à Maya, a été attaqué par trois ou quatre divisions anglaises. Joseph a rappelé alors toutes ses troupes en marche et est venu s'établir à Saint-Pé. De là, le 7, il a expédié à l'Empereur le marquis d'Almenara pour présenter « les réclamations des nombreux et intéressants Espagnols qui ont suivi le mouvement des armées et qui, maintenant en France, ne peuvent retourner en Espagne qu'au moment où nos affaires seront rétablies » ; — preuve qu'il ne renonce nullement à sa couronne — le 10, il a adressé à son frère un réquisitoire en règle contre Clausel qui « continue à s'isoler des armées dont il fait partie », contre Suchet, « qui tient plus à la conservation de Valence qu'à celle des armées de l'Empereur et à la défense des frontières de la France » ; contre Clarke surtout, qui « ne donne aucune direction », qui a séparé le général Clausel du reste de l'armée et n'a rien fait pour le forcer à s'y réunir ; qui ne veut pas croire que, à Vitoria, lui, le roi, n'avait que 35 000 combattants contre 70 à 80 000 ; qui nie que les ennemis soient les plus forts, qui, enfin, par les ordres qu'il a donnés aux divisions de l'Armée du Portugal, est la cause directe de la retraite jusqu'à Vitoria où, « pour les attendre, l'armée a éprouvé une perte immense en matériel d'artillerie et où elle eût pu être détruite par cette perte ». Mais grâce à lui, Joseph, l'armée s'est rétablie, elle s'est reprise, elle a son artillerie, et, rejointe par Clausel, elle sera plus forte de 25000 hommes qu'à Vitoria.

Joseph est monté au Capitole : à ce moment arrive Rœderer. Sa mission est à peu près sans objet, tout le monde, au quartier général, sachant la nomination du duc de Dalmatie, annoncée à l'ordonnateur en chef par une lettre de Lacuée qu'a apportée l'estafette. Et tout le monde l'approuve, même le roi « qui n'en paraît point affligé, ni même étonné[1] ». Joseph commence pourtant une sorte d'apologie, où il entremêle l'aveu qu'il ne croyait pas l'art de la guerre si difficile et « qu'il manquait de plusieurs connaissances nécessaires ».

Survient Verdun, avec la lettre de Clarke, qu'il remet au roi. Joseph prend la lettre, fait signe à l'officier de se retirer, puis, seul avec Rœderer, il décachète le pli, lit la dépêche deux fois, y tient longtemps ses yeux attachés sans rien lire, comme s'il préparait le parti qu'il allait prendre; puis la passe à Rœderer, qui, après l'avoir lue, dit qu'elle ne contient en substance que ce qu'il avait mission d'annoncer, mais qu'elle s'adresse plutôt au roi, lieutenant de l'Empereur, tandis que lui était chargé de parler au frère de l'Empereur. Là-dessus, Joseph éclate. « Il dit que le maréchal Soult, qui avait osé l'accuser d'être d'intel-

[1] On n'a cette entrevue que par le rapport adressé par Rœderer à l'Empereur; et ce rapport, loin d'être vif, pictural, sincère, comme tant de conversations rapportées par Rœderer, est plat, sans couleur, falsifié, comme on en a la preuve par les lettres même que Rœderer écrit à Cambacérès.

ligence avec l'Angleterre, avait évidemment réussi à accréditer ses calomnies et qu'il venait pour l'arrêter; que l'ordre de rester à Pampelune ou Saint-Sébastien ou Bayonne, et surtout l'ordre de remettre le commandement de sa garde espagnole le constituaient déjà prisonnier du maréchal Soult; que si l'Empereur n'avait voulu que son abdication de la couronne d'Espagne, il n'avait pas de raisons pour l'empêcher de revenir paisiblement à Mortefontaine; que son seul désir était de vivre en particulier avec la reine et ses enfants, étant désabusé de toutes les grandeurs, n'aspirant qu'à la retraite et à l'obscurité, étant prêt à se démettre même de ses droits et places attachés à son titre de prince français, si l'Empereur le désirait. » Il ajoutait « qu'assurément il ne craignait pas de soumettre sa conduite à l'examen des juges les plus sévères, qu'il demandait même qu'on lui fît son procès, mais qu'il ne pouvait soutenir l'idée d'être le prisonnier de Soult ». Quand il y revenait, il était hors de lui.

Rœderer, si maltraité par le roi qui « parut voir dans sa mission tout ce qu'on peut imaginer de plus odieux », laissa passer l'accès et reprit son raisonnement; il avait fort bien démêlé que, d'abord, Joseph se tenait pour roi et prétendait rester roi. Ce fut donc sur ce point qu'il insista, au risque de provoquer dans l'avenir des scènes bien autrement graves. « Rien ne paraissait annoncer, lui dit-il, que l'intention de l'Empereur fût de le dépouiller de la couronne d'Espagne; l'ordre de ne pas s'éloigner de l'Espagne lui semblait au contraire annoncer que l'Empereur ne voulait pas qu'on crût qu'il y renonçait et qu'il avait disposé de la couronne en faveur d'un autre que le roi ; si l'Empereur lui avait ordonné de se rendre à Mortefontaine au lieu de rester à Bayonne, ses soupçons seraient moins dénués de fondement, mais, en le fixant à la portée de l'Espagne, l'Empereur le traitait en roi d'Espagne; cette proximité pouvait être bonne pour entretenir, dans l'intérieur du pays, les bonnes dispositions des partisans que le roi croyait y avoir, etc. » Quant à la garde espagnole, Rœderer se portait fort que le maréchal Soult donnerait au roi tous les détachements qu'il souhaiterait pour fournir des vedettes, des postes et des escortes, et, si l'Empereur l'avait mise sous les ordres du maréchal, c'est qu'elle était une force utile à l'armée.

Peu à peu, Joseph s'était calmé. Il dit à la fin qu'il était prêt à faire tout ce que l'Empereur désirerait, à lui remettre quand il le voudrait, et le commandement de l'armée, et la couronne d'Espagne, et toutes ses prérogatives de prince français, à lui remettre le soin de sa destinée tout entière. « J'avais appris sans humeur, continua-t-il, la nomination du maréchal; vous m'avez vu en parler fort tranquillement jusqu'à cette lettre du ministre de la Guerre qui m'a fait supposer l'intention de me détrôner. » Il admet donc qu'il cède le commandement et il s'en explique ; puis, il revient à Soult pour s'emporter de nouveau, mais c'est le dernier éclat. Il s'apaise, parle d'aller à

Barèges ou à Bagnères, d'acheter ou de louer une terre aux environs de Bayonne pour y passer l'été avec sa famille. On lui a indiqué la terre de Poyanne qui est à Mme de Montmorency et l'idée lui en sourit. Sur ces rêves champêtres il congédie Rœderer.

Le lendemain 12, à onze heures du matin, Rœderer revient à Saint-Pé. Le roi paraît calmé ; il a mis à l'ordre de l'armée la nomination du duc de Dalmatie ; il a écrit à l'Empereur « qu'il lui est pénible de ne pas aller embrasser ses enfants après tant de traverses, qu'il se fait un devoir d'attendre les nouveaux ordres de l'Empereur, quels qu'ils soient ; que les vifs et pénibles embarras de sa position sont augmentés par la prolongation de son séjour dans un pays où tant de malheureux l'entourent. » Il cause longuement avec Rœderer qu'il veut accréditer comme son chargé d'affaires près de l'Empereur, et auquel il développe ses projets. Ensuite, déjeuner de Sa Majesté auquel Rœderer assiste avec quelques ministres espagnols. Reprise, après, du monologue : sur la nullité de Jourdan, l'indiscipline des généraux, les retards de Clausel. A présent, Joseph a hâte d'en finir, de recevoir Soult, de s'en aller à Bayonne « où il lui aurait été agréable que l'Empereur lui eût fait offrir le château de Marrac ». A trois heures et demie, on annonce le duc de Dalmatie. Le roi l'accueille au mieux et met la garde royale à sa disposition.

Cette garde — trois bataillons d'infanterie (1 200 hommes) un régiment de chevau-légers (500 hommes, 300 chevaux), une compagnie de gendarmerie d'élite (50 hommes montés), deux compagnies d'artillerie à pied et à cheval et deux du train — est toute française. Son organisation date de Naples où des compagnies d'élite de divers régiments ont, par ordre de l'Empereur, concouru à la former; depuis son passage en Espagne, elle a reçu un bataillon de la 4e légion de Réserve et des cavaliers pris dans les dépôts de l'armée ; elle s'est partout bien conduite, a un esprit excellent, mais n'aspire qu'à rentrer au service de France et mettrait son ambition suprême à être agrégée à la Garde impériale.

Après que le maréchal, d'autant plus satisfait de la réception qui lui a été faite qu'il s'y attendait moins, a regagné Bayonne, le roi vient avec sa cour s'établir hors ville, au Saint-Esprit. Bayonne ne sera donc pas une prison. A la maison désignée pour son habitation, vedettes des chevau-légers, poste des grenadiers de la garde royale. Cela est bien, Sa Majesté daigne témoigner sa satisfaction. Les autorités viennent lui présenter leurs hommages ; les municipaux du Saint-Esprit font valoir leurs sacrifices et demandent que le roi les mette aux pieds de l'Empereur : « Il n'y a rien dans cet hommage pour le roi d'Espagne, dit Joseph à Rœderer, mais il montre que c'est une grande chose d'être le frère de l'Empereur. » Il fallait le maire du Saint-Esprit pour le lui apprendre.

Au commissaire général de police, Joseph demande de prendre des informations sur les moyens de se loger avec quelque commodité et agrément dans le département des Landes ou celui du Gers, car, en attendant les ordres de l'Empereur, il désire rester le moins possible à Bayonne « qui est en état de siège et le centre des opérations », où « il est entouré de malheureux Espagnols qu'il ne peut secourir et de gens qu'il est forcé de congédier. »

Après, dans de longs entretiens avec Rœderer, il met en état toutes les demandes qu'il veut faire porter à l'Empereur : Il protestait, il proteste encore qu'il est prêt à abdiquer aussi bien la couronne d'Espagne que les droits de prince français, mais il est aussi véridique dans un cas que dans l'autre. Il se donne tous les airs du désintéressement et il se rend facile, parce que, dans ce moment, redoutant davantage les résolutions extrêmes de l'Empereur et n'attendant rien que de lui, il joue son jeu, et, connaissant son frère comme il fait, il sait le meilleur moyen de le prendre, qui est de paraître se plier aveuglément à ses convenances et de courir au-devant de ses désirs. Saisissant l'idée que lui a présentée Rœderer et dont il s'empare d'autant plus vite qu'elle est la sienne, « il part de la supposition qu'il convient à l'Empereur de faire à son égard des arrangements propres à écarter l'idée qu'il ait renoncé à la conquête de l'Espagne et qu'il lui ait donné une autre destination que celle de roi d'Espagne. » Rœderer demandera donc : que l'Empereur lui continue le prêt mensuel de 500 000 francs, moyennant quoi il paiera le détachement de trente à quarante hommes de sa garde qui l'accompagnera, ses officiers militaires et civils, ses ministres, et les réfugiés civils. De la sorte, « si la royauté se trouvait quelque temps sans territoire, au moins elle ne paraîtrait pas être absolument sans sujets »; ensuite, que la solde de la garde, de la division espagnole et des officiers espagnols sans troupe, soit faite, en son nom, par un payeur espagnol; que la division espagnole soit recrutée dans les dépôts de prisonniers espagnols; qu'il soit formé, avec les autres prisonniers, des corps nouveaux qu'on emploiera en Italie et qui seront soldés, en son nom, par le Trésor français, « Sa Majesté Catholique s'engageant à en rendre le montant à Sa Majesté Impériale lorsque l'Espagne sera remise sous son autorité ».

Cette soumission absolue couvre donc exactement les mêmes prétentions que Joseph a constamment mises en avant depuis 1808; mais, alors, au moins était-il en Espagne; à présent, c'est en France que, comme un Stuart ou un Bourbon, il joue au roi légitime, à la tête des quelques malheureux qu'il a entraînés dans son désastre.

Rœderer étant reparti pour Paris dans la nuit du 13 au 14 juillet, Joseph, le 14, profite des cinq à six cent mille francs, qui viennent d'arriver de Valence et dont il s'est emparé, pour reformer sa maison militaire et distribuer un mois de solde à sa garde; dans la journée, il expédie son écuyer Miot en reconnaissance au château de Poyanne. C'est, dans la Chalosse, à égale distance de Dax, Saint-Sever et Tartas, une terre qui est venue à la marquise de Montmorency-Laval, de sa mère, qui était née Baylens-Poyanne, et où elle a fait récemment toutes les réparations convenables ; mais, le 15, tandis que le colonel Miot dresse de la terre une sorte d'inventaire par faits et articles, le commissaire général de police Devilliers voit, à neuf heures du matin, arriver le médecin du roi, Paroisse, qui demande un passeport pour le roi sous le nom de général Palacios, pour huit valets de chambre, « pour deux personnes non dénommées que le roi paraissait être dans l'intention de s'attacher et sur lesquelles il n'était pas encore fixé » et pour lui-même, Paroisse... Devilliers remet Paroisse à une heure de là et se rend chez le maréchal Soult qui s'étonne que Joseph quitte Bayonne dont il s'est engagé à ne pas s'éloigner et qui demande aussitôt ses chevaux pour se rendre chez lui : mais Devilliers, rentré à son bureau, y apprend de Paroisse que « Sa Majesté est déjà en route et qu'elle est partie pour Barèges [1] » Devilliers répond par les dangers que présente Barèges qui « ferait le but d'une excursion heureuse pour les insurgés », et il envoie, après le roi, Paroisse, qui espère le rejoindre à Orthez où il devait lui apporter les passeports. Des estafettes sont expédiées par le maréchal pour reconnaître la route qu'a prise le roi, et comme il s'est répandu à Bayonne qu'il est parti pour Mortefontaine ou pour le quartier

[1] Le roi dit Bagnères. Devilliers dit Barèges : peu importe, c'est la même route, et, qu'il aille à Barèges ou à Bag. ères, Joseph n'en fausse pas moins sa parole.

général, la police fait dire qu'il s'agit « d'une partie de campagne pour visiter les bords de l'Adour et les gaves de Pau et d'Oloron. »

A Biaudos, Joseph a rencontré Miot de Mélito revenant de Vichy. Il lui a montré comme était profond son mécontentement; il a fait éclater sans contrainte devant lui la fureur qu'il avait dissimulée devant Rœderer et surtout devant le maréchal. Comme l'avait prévu Paroisse, il s'est arrêté pour attendre ses passeports à Puyoo, entre Peyrehorade et Orthez. Rejoint là par son médecin, il se décide, après une conférence agitée, à expédier à Soult son premier aide de camp, le général Desprès, qui arrive à Bayonne le 16, à une heure du matin.

Le maréchal répond à Desprès que, « comme lieutenant général de l'Empereur, chargé de veiller à la sûreté des frontières et de la personne du roi, il ne peut déférer à sa volonté de se rendre à Barèges ». Sans se prévaloir formellement des pouvoirs qu'il a reçus de l'Empereur, il fait pourtant sentir qu'il les possède et il « exige de Desprès la promesse de l'instruire de la résidence où le roi entendra se fixer, d'après ce dernier entretien. »

Desprès retourne auprès du roi qui est interloqué et consterné. Depuis le 13, il avait arrêté de se soustraire à la surveillance de Soult et à la résidence de Bayonne, puisque, à cette date, il écrivait à la reine : « Je compte aller prendre les eaux de Bagnères où j'attendrai de tes nouvelles; je viendrai te rejoindre à Mortefontaine. » Il était convaincu que nul ne serait assez osé pour l'empêcher de faire à sa guise, et il constatait à présent qu'il devait compter avec l'Empereur. De Puyoo, le 16, il écrit à Napoléon une lettre qu'il date du 15 et du Saint-Esprit : « Je comptais aller aux eaux de Bagnères, mais il paraît que l'on craint le mouvement de quelques bandes sur cette frontière et j'y renonce. Je cherche une maison de campagne où je puisse attendre le résultat du voyage de M. Rœderer. Si je n'avais pas craint de contrarier Votre Majesté Impériale, je me serais rendu aux eaux du Mont-Dore qui me sont conseillées pour une maladie grave dont il m'importe de dissiper les premiers symptômes. J'attends impatiemment la décision de Votre Majesté. »

Soult et Devilliers sont convaincus qu'il va rentrer au Saint-Esprit. Il n'a garde : il reste à l'auberge de Puyoo, d'où, le 17, il prend la route de Dax ; à Dax, il arrête pour voir le général Darricau, qui, blessé à Vitoria, a été transporté chez lui, et, de là, il gagne Poyanne, où il arrive à quatre heures. Au mépris du décret du 22 juin et de la décision impériale du 12 septembre 1811, Sa Majesté Catholique, vêtue de l'uniforme espagnol, la cocarde espagnole au chapeau, roule en voiture à huit chevaux. Elle a une suite de plus de cent personnes, cinq fois autant de chevaux et de mulets : Paroisse, son médecin, Presle, son secrétaire, les généraux Desprès, Expert, Bigarré, Lucotte, Santiago, Strolz, Rastignac, Virnès, le duc de Cotadilla, capitaine général de la garde espagnole, puis les aides de camp des aides de camp, les adjudants du Palais, les chambellans, les aumôniers, les employés de la secrétairerie d'État et des ministères ; tout un monde, de quoi administrer un royaume et diriger deux armées.

A Poyanne, le roi, fou de jardins et de bâtisses, comme il fut toujours, ne parle que d'acquisitions, d'embellissements, de chasse et de pêche; il veut acheter toutes les maisons de campagne aux environs, bâtir un rendez-vous de pêche sur l'Adour, déterminer les cantons pour la chasse au tiré et ceux pour la chasse à courre; il médite de détourner les chemins qui traversent la propriété et s'inquiète de tout ce qui peut lui rendre la vie agréable et facile.

Il n'a pas le temps de prendre le goût de cette terre qu'heureusement il n'a point encore achetée. Clarke vient de lui expédier l'autorisation de se retirer sans bruit et incognito à Mortefontaine. Dès le 11 juillet, l'Empereur a écrit en effet : « Je comprends que le duc de Dalmatie verrait avec peine le roi rester à Bayonne. Je suis d'avis que le meilleur parti est que ce prince se retire sans délai à Mortefontaine dans le plus grand incognito et sans que personne s'en aperçoive. » Rien là pour être agréable à Joseph, mais à Soult; au contraire : « Je suis aussi surpris qu'indigné, écrit-il, de n'avoir aucun renseignement sur la situation de mes armées en Espagne. J'ignore encore pourquoi on ne s'est pas lié avec le général Clausel; j'ignore la perte qu'on a faite en hommes; je n'ai pas reçu le récit de la bataille. » Il a ordonné que Jourdan fût suspendu de sa dignité et exilé dans ses terres, sans traitement, jusqu'à ce qu'il eût rendu ses comptes de la campagne ; ce ne sera que sur une intervention assez courageuse de Clarke, qu'il se déterminera à lui accorder sa retraite et « qu'il n'en soit plus question ». Mais, à Joseph, dont Jourdan n'a été le plus souvent que le prête-nom inquiet et mécontent, point de grâce. L'Empereur a été exaspéré par la lettre que Clarke a écrite au roi, les compliments, les flatteries, l'espèce de justification des sévérités commandées. « Je puis, écrit-il à Cambacérès, garder le ménagement de ne pas mettre le public dans la confidence de mon extrême mécontentement ; mais il est ridicule et déplacé que ce prince n'apprenne pas clairement que c'est à lui que j'attribue la faute de ce qui s'est passé depuis cinq ans en Espagne. Il n'a montré ni talents militaires, ni soins administratifs. Je désire donc que vous fassiez connaître au ministre qu'il faut que ce prince ne s'aveugle pas sur ma façon de penser à son égard ; il ne savait pas commander et il eu le grand tort à mes yeux de ne pas laisser commander ceux qui pouvaient. »

Lorsque, le 20 juillet, à Dresde, il a reçu la lettre où Joseph « accuse le ministre de la Guerre et tout le monde », la faute de tout est à lui, écrit l'Empereur. La relation des Anglais montre assez avec quelle ineptie cette armée a été conduite, il n'y en a pas d'exemple dans le monde. Sans doute, le roi n'est pas militaire, mais il est responsable de son immoralité, et la plus grande immoralité, c'est de faire un métier qu'on ne sait pas. S'il manquait à l'armée un homme, c'était un général, et s'il y avait un homme de trop, c'était le roi. »

Si fort pourtant que l'Empereur soit irrité, si profonde que soit la blessure, car « les malheurs d'Espagne sont d'autant plus grands qu'ils sont ridicules, » il ne songe point, comme on a dit, à décliner la responsabilité qui lui incombe, et, si cruel que l'aveu doive être à son orgueil, il le fait. « En dernière analyse, écrit-il à Savary, je ne me dissimule pas que c'est ma faute. Si, comme j'en ai eu l'idée à mon départ de Paris, j'avais envoyé le duc de Dalmatie à Valladolid pour prendre le commandement, cela ne serait pas arrivé », et il écrit à Cambacérès : « Je ne veux plus exposer mes affaires par ménagement pour des imbéciles qui ne sont ni militaires, ni politiques, ni administrateurs. » S'il disait vrai, que de regrets il s'épargnerait encore !

L'Empereur a consenti que Joseph se rendît à Mortefontaine, mais sous des conditions expresses : il gardera le plus complet incognito ; nul ne devra le voir, ni l'archichancelier, ni aucun ministre, ni le président du Sénat, ni les ministres d'État, ni les présidents de section. Il pourra recevoir sa femme, Madame, sa famille, quelques Espagnols de son intimité, Rœderer, sans que cela puisse être remarqué. Interdiction de venir à Paris ou même d'en approcher. « S'il venait à Paris ou à Saint-Cloud, écrit l'Empereur à Savary, vous feriez en sorte de le faire arrêter et il faut qu'il ne l'ignore pas » ; c'est que, ajoute-t-il, « si vous mettiez ici de la faiblesse ou que vous ne fassiez pas connaître mes intentions, le roi recevrait, deviendrait un centre d'intrigues... Il n'y a absolument que cela qui puisse le contraindre. »

C'est en édulcorant fortement les ordres de l'Empereur, en leur prêtant des airs de niaiserie sentimentale que Clarke a transmis à Joseph l'autorisation de rentrer à Mortefontaine; le commissaire général de police a délivré les passeports sous le nom de comte de Survilliers; la plupart des officiers français de la maison royale ont déclaré qu'ils se retiraient à Pau, à Orthez ou à Toulouse pour y attendre les dispositions du ministre de la Guerre : ce sera, d'après les ordres de l'Empereur, la proposition de rentrer au service dans le grade qu'ils avaient en le quittant, mais avec la certitude d'un avancement immédiat. Des Espagnols attachés à la personne du roi, quelques-uns, dans les premiers jours, et au milieu de la confusion, ont obtenu des passeports pour Paris. Le roi n'en retient que trois, dont le marquis de Casa-Calvo, premier chambellan et le duc de Cotadilla, capitaine des gardes.

Le 24, en même temps que la marquise de Monte-Hermoso part de Bordeaux où elle est arrivée le 2, le roi, « ayant réformé les trois quarts de sa maison et fait les plus belles libéralités de ses chevaux, de ses mules, etc., » quitte Poyanne à cinq heures du matin, car il ne veut ni recevoir, ni faire d'adieux. A cheval, avec Miot de Melito et Paroisse, il gagne Campagne sur la route de Mont-de-Marsan, où il prend la poste; il traverse Bordeaux, où il est reconnu au passage par des Espagnols, et, arrivé aux bords de la rivière, il « se dérobe aux vivats de la multitude » en se jetant dans un bateau qui le mène à la Bastide, durant qu'on embarque sa voiture sur le bac. De là, par Périgueux, Limoges et Orléans, il fait route, précédé d'un seul courrier, jusqu'à la Croix de Berny. Malgré la défense qui lui a été faite d'entrer à Paris, il veut éviter le détour et traite avec le maître de poste qui le conduit directement à Saint-Denis, sans relayer; le 30 juillet, à cinq heures du matin, il est à Mortefontaine.

*
* *

Vitoria n'a point déterminé l'échec des négociations avec l'Europe; elles n'ont été qu'un leurre tendu à Napoléon; mais l'anéantissement des armées d'Espagne, dont on se plaît à répandre le bruit, encourage les alliés à pousser leur pointe. L'Empereur ne sait pas tout le profit qu'ils ont tiré de l'armistice, mais ce qu'il voit suffit. Bernadotte et Moreau, des rangs de l'ennemi, provoquent la défection et la guerre civile; d'autres, leurs complices, ont, dès la première rencontre avec les plénipotentiaires russes, indiqué les points vulnérables de l'armée et livré contre elle un plan d'attaque; travaillant l'opinion, sous prétexte que seuls ils veulent résolument la paix et que seuls ils sont capables de l'imposer à l'Empereur, ils préparent des intrigues dont la marche est encore obscure, mais dont on sait au moins la terminaison et dont on connaît le salaire; dans l'armée, des prétentions s'accusent, des indisciplines se font jour, des révoltes se préparent, — même, dit-on, un complot dont le secret n'est pas encore trouvé, mais que tous les contemporains signalent; à l'intérieur, les royalistes s'agitent et organisent les réfractaires; les associations prétendues religieuses s'étendent, échangent des correspondances et font circuler des nouvelles; dans le Midi déjà, des agents s'offrent à Wellington et entourent l'armée d'un réseau d'espions; en Allemagne, si les princes de la Confédération du Rhin n'ont pas encore prononcé leur défection, leurs généraux ont fait marché de leur trahison et n'attendent qu'un mot d'ordre pour l'exécuter. L'Allemagne entière va tourner contre la France.

Napoléon voit l'abîme où, l'épée en main, il va se jeter pour périr ou vaincre. Il veut, avant de s'y précipiter, donner à Marie-Louise ses instructions suprêmes. Il l'appelle à Mayence où il se rend. Rien n'est changé à l'air de son visage, à l'autorité de sa parole, à la tenue de sa cour; il projette, décide, ordonne, comme si les jours devaient suivre les jours et que, dans le palais de l'Ordre Teutonique, il fût assuré de jouir, l'an prochain, des embellissements qu'il a commandés, du Grand Appartement qu'il fait décorer et des cuisines nouvelles qui n'empuantiront plus sa chambre à coucher. Rien ne paraît des émotions qu'il éprouve, car il n'a pas d'illusion et il sait compter : l'Autriche contre lui, c'est tôt ou tard la défaite, à moins d'un retour de chance auquel il ne croit plus guère. Et il veut préparer à ce qu'elle doit regarder comme un attentat contre elle, cette fille d'Autriche qui partage son trône.

Et puis, Marie-Louise partie pour inaugurer à Cherbourg ce port d'où il comptait précipiter ses flottes sur l'Angleterre, il entre dans la fournaise. Les hostilités ont, de fait, repris le 14 août, où, au mépris de la foi jurée, les Coalisés ont occupé Breslau. Que leur importe? Armistices, capitulations, rien ne compte : contre l'ennemi de l'Europe, toute arme est loyale, tout parjure justifié. Ne sont-ils pas les envoyés du Dieu vengeur, les représentants du droit divin? Breslau annonce Dresde et Dantzig.

Le 23 août, Oudinot est défait à Gross-Beeren et à Ahrensdorf; le 27, à Dresde, l'Empereur lui-même l'emporte, mais son corps qu'il malmène n'a plus la même résistance et refuse le service. Est-ce cette indisposition, une confusion d'ordres, un excès de zèle? Macdonald est battu à la Katzback, Vandamme, battu et pris à Kulm, Ney battu à Dennewitz. Partout où l'Empereur commande, victoire, partout où ses lieutenants commandent, défaite. Le cercle pourtant se rétrécit, les chasseurs s'enhardissent, la curée approche. Le 16 octobre, à Wachau, il triomphe encore; le 18, c'est Leipzig.

⁂

A Leipzig, la suprématie française s'est écroulée, non vaincue, mais livrée. A ceux qui, sur le champ de bataille, au fort du feu, ont tourné leurs armes contre leurs compagnons et les ont assassinés, les oligarques ont pu décerner des couronnes; mais quiconque porte, dans une âme de soldat, le sentiment de l'honneur, les flétrit et les méprise. Ainsi fait, pour les régiments de son armée, Frédéric, roi de Wurtemberg. Mais le fait est acquis, le mouvement est si fort qu'il entraîne tout, et d'abord ce branlant royaume de Westphalie qui, depuis mars, ne se soutient que par des hasards.

Jérôme, en quittant Dresde le 1er juillet, n'avait guère lieu d'être satisfait. Refusé pour son divorce, repoussé pour son projet de mariage, n'ayant obtenu aucune modération aux réquisitions qu'exerce Le Marrois, le nouveau gouverneur de Magdeburg et qui vont à 1 500 000 francs par mois, obligé de subir une garde française qui ne sera point à lui, car ni officiers ni soldats ne lui prêteront serment, il prévoyait que Napoléon en tirerait argument pour lui prendre le peu de soldats westphaliens qui lui restaient. Encore, s'il lui était permis de réunir les régiments qu'il avait dû livrer à l'Empereur et qui étaient à présent dispersés dans toute l'armée française, cela formerait, avec quelques régiments français, un assez joli corps d'armée à la tête duquel un roi pourrait paraître sans déchoir. Avec le 2e de ligne qu'il avait à Cassel, le 3e qui sortirait de Magdeburg, le 8e qui reviendrait de l'armée, les quatre bataillons d'infanterie légère, la brigade des hussards, la brigade de cuirassiers, et sa garde, grenadiers, chasseurs, fusiliers et chevau-légers, il ferait figure de souverain, surtout si l'Empereur lui donnait une vingtaine de bataillons.

Mais cette demande, présentée par Berthier, n'a été accueillie par l'Empereur que sous des conditions qui devaient être intolérables à l'orgueil de Jérôme. « Répondez au roi de Westphalie, a écrit l'Empereur, que jamais il n'aura aucun commandement dans l'armée française si : 1° il ne fait pas connaître qu'il désapprouve la conduite qu'il a tenue l'année passée en quittant l'armée sans ma permission et qu'il en est fâché; 2° si, en prenant du service dans mon armée, il ne se soumet pas à tous les maréchaux commandants de corps d'armée que je n'aurais pas spécialement mis sous ses ordres, ne devant avoir d'autre grade dans mon armée que celui de général de division et ne devant commander de droit, en cas de circonstances imprévues, qu'à des généraux de division; que ce qui vient de se passer en Espagne fait connaître de plus en plus l'importance de se tenir à ces principes; que la guerre est un métier, qu'il faut l'apprendre, que le roi ne peut pas commander, parce qu'il n'a jamais vu de bataille; que le roi d'Espagne, à qui j'ai fait dans le temps de semblables observations, en est aux regrets et aux larmes de ne les avoir pas comprises... »

Jamais Jérôme ne se pliera à ces exigences; jamais, à ce prix, il n'acceptera un commandement; mais, de plus en plus, l'Empereur insiste pour lui donner une garde française et cela double l'injure. Les ministres westphaliens, que le roi pousse et soutient en sous-main, élèvent chaque jour des difficultés nouvelles. Selon les projets de l'Empereur, cette garde devrait comporter un régiment de hussards, à quatre escadrons, au complet de 1 000 hommes, un régiment d'infanterie légère à deux bataillons, chacun à six compagnies de 140 hommes, avec une compagnie d'artillerie à pied et deux pièces de canon et le cadre d'une compagnie à cheval; enfin, elle devrait être complétée par un escadron de deux cent cinquante gardes du corps devant faire le service concurremment avec les Westphaliens. L'Empereur presse Clarke pour trouver les hommes; il fait écrire lettre sur lettre par Maret pour que Fursteustein signe la convention. A la fin, après un mois perdu, le 31 juillet, « vu toutes les difficultés qui ont lieu », il s'arrête à donner un ordre du jour, « un ordre étant un acte de général en chef, et la Westphalie et le roi même faisant partie de son armée »; mais il s'est restreint au régiment de hussards que, le 3 août, Jérôme crée, par décret royal, au complet de 51 officiers et de 1 159 hommes. L'uniforme sera pantalon bleu westphalien, dolman écarlate, pelisse bleue à fourrure blanche, ceinture, schabraque, sabretache et schako écarlates, plumet blanc, buffleteries et parements jaunes. Dès le 1er août, l'Empereur a nommé le colonel, Joseph-Antoine Brincard, chevalier de l'Empire, sous-lieutenant du 10 mai 1792, homme d'énergie qui a fait toutes les campagnes et qui, depuis 1809, est major du 9e dragons. La troupe est recrutée, vaille que vaille, de détachements fournis par vingt-quatre régiments de cavalerie légère. Pour le régiment d'infanterie légère qui devra être créé ensuite, l'Empereur fait envoyer, des dépôts de Hanau et de Francfort, cinq cents hommes, venus là de tous les coins du monde, puisque, parmi deux cents isolés, on trouve jusqu'à des marins italiens. Mais le temps presse. Le 11 ou le 12, l'armistice va être dénoncé et l'Autriche, sans doute, déclarera la guerre. « J'ai fait ce qui était possible pour tout concilier, écrit l'Empereur à Jérôme, mais les prétentions de l'Autriche étaient telles qu'elle se croyait en mesure de tout reprendre, même la Confédération du Rhin et Venise. »

La formation du régiment de hussards devient donc de plus en plus urgente. « Il est important pour Cassel que le roi ait le régiment dans sa main, » écrit l'Empereur à Clarke le 12 août, et il expédie ordre sur ordre pour qu'on se dépêche, comme s'il avait deviné ce qui allait arriver.

Les hostilités reprennent le 17, et, dans la nuit du 22 au 23, à Zittau, au débouché des montagnes de Bohême, le 1er et le 2e Hussards westphaliens, commandés par le colonel baron de Hammerstein et par le major de Pentz, passent à l'ennemi, officiers en tête, avec chevaux, armes et bagages. Jérôme ne veut voir là qu'une conspiration isolée contre sa personne; il fait arrêter à Cassel son premier aide de camp, le général de Hammerstein, frère du colonel, qu'il soupçonne d'être le chef du complot et l'envoie à Mayence; il met aux arrêts dans leurs maisons les frères et beaux-frères du général; il s'ingénie, avec son directeur de police, à suivre des trames mystérieuses qui se rattachent à des intrigues de cour.

Napoléon voit bien plus juste : c'est la Westphalie qui s'effondre. Il n'y a plus à compter sur aucun soldat westphalien. Donc, ordre de faire mettre pied à terre aux autres régiments westphaliens qui sont à l'armée et de prendre leurs chevaux; ordre de cesser toute levée de troupes : « c'est en donner à l'ennemi »; ordre d'envoyer tout ce qu'il y a de cavaliers dans le royaume à Magdeburg, où Le Marrois les désarmera et donnera leurs chevaux à des hommes du dépôt. « Il ne faut pas vous dissimuler, écrit l'Empereur à Jérôme, que, dans la situation actuelle des choses, vous ne pouvez vous fier à aucun Westphalien. »

Cassel se trouve donc entièrement démuni, car les hussards, qui rejoignent par petits paquets, ne sont ni organisés ni habillés, et l'Empereur pourtant n'admet pas qu'aucune troupe française y soit appelée. La petite division formée à Minden sous les ordres du général Lemoine doit y rester, pour couvrir Wesel et Magdeburg; lorsque, sur la demande du roi, Reinhard invite Lemoine à se porter du côté de Cassel, l'Empereur lui fait écrire par Maret qu'il désapprouve cette démarche. « Les circonstances, dit-il, n'exigent pas un pareil mouvement. Le général a ses instructions ; il faut, dans votre correspondance avec lui, vous borner à l'instruire de l'état des choses et des nouvelles qui vous parviennent. » Reinhard, ainsi semoncé, ne se hasarde plus à écrire aux généraux, lorsque, vers la mi-septembre, les nouvelles deviennent tout à fait inquiétantes : seulement, comme il pense que, si Cassel est menacé, les conditions de défense seront pires encore qu'au mois d'avril, il représente au roi qu'il faudra se retirer quand le péril sera imminent et certain. « Mais, dit le roi, d'un ton assez délibéré, si je faisais comme les petits princes, si je restais ? Mon intention est de rester. — Mais, répond Reinhard, Votre Majesté s'exposerait... — Sans doute, dit le roi, il faudrait que l'ennemi le voulût. »

Qu'y avait-il là? Par quelque canal ignoré, par quelque Westphalien passé à l'ennemi, par quelque femme allemande, des ouvertures avaient-elles été faites à Jérôme? Avait-il été pressenti? Il est impossible de ne pas rapprocher cette parole, qui lui est échappée, de la lettre « très respectueuse et très digne » que devait, quinze jours plus tard, lui adresser Czernitcheff : « Dans cette lettre écrite, non par le chef des Cosaques, mais par l'ancien diplomate, il exposait au roi qu'il n'y avait pas de raison pour que le cousin de l'empereur de Russie, le gendre du roi de Wurtemberg, quittât ses États; que les Alliés faisaient avant tout la guerre à l'empereur Napoléon et aux Français; que si la Westphalie se retirait de la querelle les troupes alliées respecteraient un pays allemand et, dans son roi, un allié et un parent de son souverain. » On ajoute que Jérôme n'attacha à cette lettre qu'une très médiocre attention, qu'il fit répondre par un aide de camp que, « roi par les victoires de la France et pour la France, le frère de l'Empereur ne saurait se maintenir sous le coup de ses revers », mais n'est-ce pas trop que la lettre ait pu être écrite, que Czernitcheff ait pu croire que ses propositions pouvaient être accueillies ?

Sans aller jusqu'à penser que Jérôme ait entamé une négociation, ne peut-on admettre, étant donnés son caractère et son goût d'opposition et de paroles, qu'il s'est laissé aller, avec des Allemands ou des Allemandes de son entourage, même avec des Français mariés à des Allemandes — et il n'en manque pas, à commencer par Furstenstein, marié à une Hardenberg, nièce du principal ministre du roi de Prusse — à des discours où il a exhalé ses plaintes de l'abandon où le laissait son frère, où il a envisagé l'accueil qu'il pouvait recevoir des coalisés, où il s'est prévalu de ses alliances de famille? n'aura-t-il pas toléré qu'on discutât la question devant lui, bien qu'il n'eût jamais réalisé le projet d'une défection, et, pour embarrasser et taquiner Reinhard dont il connaissait la mauvaise volonté, n'aura-t-il pas lâché devant lui un tel propos pour qu'il fût rapporté et que l'Empereur averti se déterminât enfin à lui porter secours ?

Aussi bien, cela, pas plus qu'autre chose, ne devait servir de rien. Si positifs que fussent les renseignements qu'il faisait passer par Reinhard, si pressantes que fussent les lettres qu'il écrivait lui-même au major général, Jérôme se heurtait à l'obstination de l'Empereur à n'y pas croire. « Tous les rapports qu'il a sont controuvés, répondait Napoléon. Il doit se méfier de ces rapports... Tous les renseignements qu'il a reçus sont exagérés » et ordre était donné de ne point s'inquiéter de ce qu'il pourrait écrire.

Une première fois, Cassel a été sauvé par le hasard : Thielman et Platow, qui poussaient sur la communication de Cassel à Leipzig, sont entrés le 18 septembre à Mersebourg dont ils ont pris la garnison, mais, le 24, Thielman a été battu par Lefebvre-Desnöettes et a dû se retirer ; cela est un coup de chance qui, cette fois, ne se renouvellera pas : Cassel va être attaqué de deux côtés à la fois par des colonnes mobiles qu'a expressément dirigées sur la Westphalie S. A. R. le prince de Suède, en gratitude du bon accueil qu'il reçut à Napoléonhöhe et des chevaux qu'il s'y fit donner.

L'une de ces colonnes, avant-garde du général Walmöden — trois régiments d'infanterie russe, huit cents chevaux et douze canons — passe l'Elbe à Dömitz le 9 septembre, soulève les districts du Bas-Elbe, oblige à la retraite les troupes que, sous le général Lepècheux, Davout a, de Hambourg, envoyées contre elle, bat à Wilhemstadt une division du général Le Marrois détachée de Magdeburg, et, le 24, est à Brunswick où Jérôme a, en tout, deux compagnies de chasseurs de sa garde et deux compagnies du contingent de Waldeck. Le général de Klosterlein, commandant la division, essaie vainement de se retirer sur Wolfenbuttel; ses quatre compagnies sont faites prisonnières.

Au Nord, Jérôme est donc entièrement découvert; vers l'Est, à la colonne de Czernitcheff — 4000 cosaques et dragons avec dix canons, selon les uns, 4000 cavaliers et 2000 chasseurs avec douze canons, selon Jérôme — il oppose, à Munden (à quatre lieues de Cassel, au confluent de la Fulde et de la Werra) quatre compagnies de chasseurs-garde et 200 hussards-Jérôme Napoléon, au total 552 hommes, sous le général de Zandt; vers Heiligenstadt, au débouché des défilés, le 3e bataillon d'infanterie légère et les deux régiments de cuirassiers, au total 1100 hommes, sous le général Bastineller. Il lui reste à Cassel ses gardes du corps (150 hommes), son bataillon de grenadiers (500 hommes) et la portion principale des hussards équipés et montés (400 hommes). — Au total un millier d'hommes, dont la moitié rien moins que sûre et l'autre sans expérience et sans uniforme.

Comme le général Lemoine a été appelé avec sa division pour couvrir Magdeburg, que le général Laubardière, qui a remplacé Lemoine nominalement, n'a que des forces insignifiantes, qu'Augereau, avec le corps qui a été formé à Wurtzbourg, a été chargé de couvrir les derrières de la Grande Armée, Jérôme n'aurait à espérer aucun secours, n'était une colonne de marche de 3000 fantassins et de cinq à six cents chevaux, qui, sous les ordres du général Rigaud, s'apprête à escorter jusqu'à Erfurt un convoi de munitions et attend pour partir les ordres du duc de Valmy. Le 25, le roi écrit à Kellermann pour lui demander de mettre cette colonne en route et de la diriger sur Cassel au lieu d'Erfurt.

Czernitcheff a marché le 24 à Eisleben, le 25 à Rosla; le 26, pour éviter Bastineller, il s'est jeté de côté et, par Sondershausen, il est arrivé le même soir à Mulhausen, trouvant partout des guides complaisants. Sur la nouvelle de l'arrivée des Russes à Mulhausen, le roi donne à Bastineller l'ordre de se replier pour couvrir la grand'route de Francfort ; mais l'ennemi déborde Bastineller et fait filer sur Cassel huit cents cavaliers et quatre canons : ordre à Bastineller de rentrer immédiatement à Cassel; courrier sur courrier au duc de Valmy; panique à la cour et dans la ville.

Le 28, à quatre heures du matin, un gendarme arrive, annonçant que les Cosaques sont à Helsa, première poste sur la route de Cassel à Eisenach et qu'ils viennent d'enlever un courrier. Aussitôt, un exprès est expédié par Reinhard à Hédouville, ministre à Francfort; un à Augereau que Jérôme croit toujours à Wurtzbourg; un à Kellermann. On n'a de nouvelles ni de Zandt, ni de Bastineller. Il va donc falloir partir. Le roi fait charger les équipages, nomme Allix commandant en chef et lui confie la défense. Une reconnaissance de vingt-cinq hussards et de deux compagnies de chasseurs, hasardée dans le brouillard, est ramenée assez rudement sur la porte de Leipzig qui ferme le faubourg au delà de la Fulde. Deux canons qui y sont placés arrêtent l'ennemi assez de temps pour qu'on barricade le pont, mais c'est une demi-heure. Les Russes avancent, s'emparent du fauboug, ouvrent la prison d'État, mettent en liberté les prisonniers. Pour défendre le pont, on n'a que des hussards non équipés, ne sachant pas monter à cheval auxquels on a distribué des fusils, mais qui tiennent.

Le roi, cependant, a déjeuné de bon appétit. Il monte à cheval et, à huit heures, sur la place du Vieux Château, il annonce le départ. Un convoi, avec *les Favorites*, les bagages du roi qu'escortent des hussards, puis la file immense des voitures des Français employés, a pris la route de Hollande qui est libre, par Werbourg, Kleinenberg, Paderborn et Munster. Un autre convoi suivra le roi : une voiture du corps, trois ou quatre autres, le reste canons et caissons sous une escorte de hussards. On vient annoncer que quatre cents Cosaques ont passé la Fulde à gué et viennent sur la porte et la route de Francfort. Jérôme à cheval sort de la ville par cette porte, avec ses généraux et ses ministres, laissant à Allix, pour défendre Cassel, deux compagnies d'infanterie de sa garde et les hussards non montés. Lui-même emmène ses gardes du corps, les deux escadrons de hussards et le bataillon de grenadiers. Les grenadiers longent la rivière pour occuper le gué, tandis que le second escadron de hussards charge les Cosaques en tête et que les gardes du corps les tournent sur leur droite. Au gué, qu'ils regagnent en hâte, les Cosaques sont reçus par le feu des grenadiers ; et, là-dessus, le gros de l'ennemi qui occupait le faubourg, craignant d'être pris à dos, si les Westphaliens passaient le gué à leur tour, cesse le feu contre le pont et va s'établir à une demi-lieue de la ville.

Il n'y avait qu'à pousser. Jérôme « est bien loin de vouloir le faire, étant convaincu que cette avant-garde allait être fortement soutenue » ; il ne veut pas davantage rentrer à Cassel, quoique Allix, considérant la partie comme gagnée, lui ait envoyé une estafette pour l'engager à rebrousser chemin ; il s'arrête seulement, de dix heures à trois heures, à peu de distance de la ville, espérant constamment voir paraître les colonnes de Zandt et de Bastineller ; à trois heures, sur un bruit que les Cosaques, longeant la Fulde, peuvent arriver avant lui à Wabern, et lui couper la route par laquelle il espère la colonne de secours du général Rigaud, il part et va d'un trait jusqu'à Jesberg où, à dix heures du soir, il reçoit une lettre de Kellermann, lui répondant qu'il ne saurait, sans un ordre de l'Empereur, détourner la colonne du général Rigaud.

Jérôme alors ne s'arrête même pas à Marbourg « où, dit-il, l'esprit est trop mauvais et où la défection se mettrait parmi le peu de troupes qui lui restent ». Par une étrange contradiction, il y laisse pourtant ses troupes, avec le général Danloup-Verdun, chargé d'arrêter la colonne, de rallier Bastineller, de recevoir les renforts français et, s'il est possible, de rétrograder sur Cassel ; quant à lui, il sort du royaume, et va coucher à Wetzlar, d'où il gagnera Coblentz, « mais il ne passera pas le Rhin avant de connaître les intentions de l'Empereur ».

Bastineller ne sera pas d'un grand secours ; arrivé le 28 au soir, avec sa troupe, à quatre lieues de Cassel, il lui reste au matin huit cuirassiers et la moitié des officiers du 3e léger, avec quoi il arrive à Hersfeld : tout son monde a déserté. Quant à Zandt, il rentre dans Cassel, le 29 au matin, avec ses deux cents hussards et une centaine de chasseurs à pied de la garde royale, lesquels se débandent à l'arrivée en ville.

C'est donc avec les hussards seuls, les deux cents de Zandt et les non montés qu'on lui a laissés, qu'Allix doit défendre Cassel. Il ramène le pont de bateaux, barricade solidement le pont de pierre, place les Westphaliens qui lui restent aux points les moins menacés, réserve les hussards pour l'attaque principale et attend, espérant que Kellermann va enfin le délivrer.

Czernitcheff, qui a perdu la journée du 29 à chercher Bastineller dont les troupes se sont débandées, revient le 30 à midi devant Cassel, avec sa troupe, grossie de trois cents déserteurs westphaliens et armée d'une dizaine de canons qu'il a glanés. Il canonne la ville, fait enlever la porte de Leipzig par le colonel Benckendorff, et, étant pressé, car lui aussi craint l'arrivée de Kellermann, à deux heures, il envoie à Allix un parlementaire avec des conditions singulièrement favorables, rien moins que la libre sortie avec armes et bagages.

Malgré les soldats débandés, emplissant la ville, entourant son hôtel et réclamant la reddition, Allix refuse de capituler. Le combat continue jusqu'à sept heures, point très vif de la part des Russes, assez pour que les hussards aient perdu six officiers tués ou blessés et près de la moitié de leur effectif. Allix a fait tout ce qu'exigeait l'honneur, même un peu plus. Pourtant, lorsque, à sept heures, Czernitcheff envoie un nouveau parlementaire, Allix ne signerait pas encore la capitulation, si une émeute n'éclatait et si la populace mêlée à la soldatesque n'envahissait son hôtel. Il signe, mais, par l'article premier, il sortira avec armes et bagages, sauf les canons; il emmène les militaires français et westphaliens, le corps diplomatique et les individus de la classe civile. Le 2, il arrive à Marbourg avec son convoi.

Czernitcheff, qui, dès le 30, a fait son entrée à Cassel, prend possession de la Westphalie, déclare que, de l'autorité du prince royal de Suède, le royaume a cessé d'exister, forme, de courtisans et d'employés de Jérôme, une Commission de gouvernement, s'empare des caisses publiques, requiert quantité de chevaux ; dans le palais, il se fait la main avec les objets à sa convenance, mais en laissant à la place de chacun une pancarte : *Pris par le général Czernitcheff*. Dans les écuries royales, il lève deux ou trois vieilles calèches, des selles, des harnais, une vingtaine de chevaux malades, ce que Jérôme a dû laisser. D'ailleurs, de la part de ses troupes, nul désordre : aucun soldat russe ne peut entrer en ville sans une permission spéciale.

La populace n'est point aussi retenue ; elle pille un nombre de maisons publiques et particulières ; les ouvriers employés à la fabrique d'étoffes de laine mérinos que Jérôme a fondée, qu'il entretient, et qu'il a mise sous la direction du sieur Armélier, saccagent les machines et détruisent les bâtiments. Un bourgeois casse le nez et le bras de la statue en marbre de l'Empereur. Pourtant, pas d'excès sur les personnes. Des Françaises restées, comme Mme et Mlle Ulliac, ne sont pas molestées. Au fond, plus de peur que de mal.

Le 3, Czernitcheff, qui a atteint son but et n'entend pas se compromettre, file prudemment et évacue la ville. A Marbourg, en effet, le duc de Valmy a fait arriver le même jour un bataillon du 127e et un du 128e qui y rallient environ mille Westphaliens, dont les 500 hussards Jérôme-Napoléon. Il y joint un bataillon du 51e, un du 55e, le bataillon de marche de la Garde impériale et 1 200 cavaliers tirés du grand dépôt d'Hanau. C'est dix fois ce qu'il faut. Le général Rigaud commande cette division et Allix, en qualité de lieutenant du roi, s'apprête à reprendre possession de Cassel.

Jérôme a atteint le Rhin le 30 : sans valet de chambre, ni cuisinier, sans chemise, ni bottes, il est allé se loger au château de Montabauer, à quelques lieues de Coblentz, sur la rive droite, et, de là, il a adressé un de ses pages au duc de Valmy, « le sommant, sous sa responsabilité, de lui envoyer quatre mille hommes environ pour qu'il puisse se porter sur Cassel. »

Kellermann n'a pas attendu cet étrange message et les forces qu'il a envoyées « mettent le roi de Westphalie, comme écrit le commissaire général de police Berckheim, à même d'occuper une partie de son royaume et de se reporter sur Marbourg ; ce qui est urgent pour prévenir une insurrection dans l'ancienne Hesse » ; mais Jérôme, sorti du guêpier, n'a nulle envie d'y rentrer[1]. Le 3, quittant le château de Montabauer, où il est depuis le 30, mais où, se fiant à son incognito, il imagine probablement qu'on a ignoré son séjour, il vient tout franchement s'établir

[1] Jérôme, dans une lettre à Clarke du 4 octobre, par une confusion fort habile des dates et des faits, veut faire entendre qu'il a quitté son royaume au dernier moment, qu'il est resté sur la frontière, jusqu'au 3, que ce jour-là seulement il est arrivé à Coblentz. De là, dans cette lettre, quantité d'assertions nécessairement controuvées; Ainsi dira-t-il : « J'ordonnai au général Verdun de prendre le commandement de ses forces et de se porter sur Marbourg, où il attendrait mes ordres; je résolus de me porter de ma personne sur Wetzlar, mais, le 2, tous les rapports que je reçus me confirmèrent dans la pensée que les forces que voulait m'envoyer le duc de Valmy m'arriveraient trop tard et ne seraient plus suffisantes pour arrêter le progrès du mal... Le 3, la confirmation de ces fâcheuses nouvelles, le manque absolu de troupes et la fâcheuse situation dans laquelle je me trouvais depuis mon départ de Cassel, m'ont fait prendre la résolution de me rendre à Coblentz avec le peu de monde qui m'était resté fidèle. »

à Coblentz. « J'ai pensé, écrira-t-il à Clarke le 4, que cette ville étant tout à fait dégarnie de troupes, ma présence pourrait y être utile. » En effet, délogeant de la préfecture le baron Doazan préfet de Rhin-et-Moselle, il s'y installe et, pour lui tenir compagnie, arrivent de Münster la princesse de Löwenstein, la comtesse de la Ville-sur-Illon, la comtesse de Furstenstein et Mme Chabert qui dînent avec lui et égaient ses soirées. Il y restera jusqu'à ce que le duc de Valmy « ait mis à sa disposition des troupes suffisantes pour arrêter les progrès de l'ennemi et ceux de l'insurrection dans son royaume. »

Ayant pris le parti de taire sa fuite et sa villégiature de Montabauer qu'il croit qu'on ignore, il est pleinement en droit de récriminer. « Votre Majesté, écrit-il à l'Empereur, sait mieux que personne que j'ai prévu ce qui arrive et que, à plusieurs reprises, je lui ai proposé, pour éviter ces malheurs, de me laisser dix à douze bataillons à Cassel. C'était moins pour mes intérêts que je faisais cette demande que pour ceux de Votre Majesté. »

Toutefois, étant seul à parler, car l'Empereur ne répond pas, il s'arrête. Napoléon a bien son opinion faite ; « on s'est laissé effrayer », écrit-il à Murat, mais il ne peut se dissimuler que cette fois, tous les torts ne sont pas du côté de Jérôme et qu'une bonne part lui incombe. Il cédera donc sur la question des troupes et, en ce moment où il a tant besoin de tout ce qu'il a de soldats, il laissera en Westphalie les deux divisions Préval et Rigaud. Seulement il n'a point dit encore qu'il en donne le commandement au roi qui entend l'avoir, car, écrit Jérôme : « Si je n'ai pas de troupes, il vaut mieux que je reste à Coblentz ou à Marbourg, sans retourner à Cassel pour m'exposer à en partir encore. »

Outre ces motifs, outre le dégoût qu'il a pris de son royaume, et l'agrément qu'il trouve à la société qu'il a réunie à la préfecture, Jérôme se propose un autre but en restant à Coblentz. Allix marche sur Cassel ; il y rentrera le 7 sans coup férir et Jérôme, comme il l'écrit le 9 à la reine, « retarde son départ pour donner à Allix le temps de faire les exemples de sévérité nécessaires. »

On a affirmé, il est vrai, par la suite, au nom de Jérôme, que le général Allix « avait déployé un luxe de rigueurs tout à fait intempestives et qui, heureusement, se réduisirent à des démonstrations purement comminatoires » ; et que Jérôme n'avait donné aucun ordre pour la répression ; « le système du général Allix était, a-t-on écrit, que, dans la journée du 30 septembre, il n'avait cédé, en rendant Cassel, qu'à un soulèvement de la population. Dès lors, il y avait des traîtres, des coupables qu'il fallait rechercher et punir... Le roi le laissa faire d'abord, *croyant*, selon l'expression de Reinhard, *couvrir tout par son droit de grâce*. A la fin pourtant, il disgracia Allix. »

Rien n'est moins exact que ces assertions qui ont eu pour objet de présenter un Jérôme débonnaire et clément, démocrate et désabusé.

Voici la lettre que, de Coblentz, le 8 octobre, le roi de Westphalie écrivait à son lieutenant, le général Allix : « Au reçu de la présente, vous enverrez un détachement au village de Dörnberg, derrière Napoléonshöhe, et vous ferez connaître aux habitants que si, quarante-huit heures après, ils n'ont point livré tous les gens qui ont pris les armes et tiré sur les personnes de ma maison et de mon armée, leur village sera brûlé de fond en comble ; vous exécuterez cet ordre dans toute sa rigueur.

« Vous ferez arrêter et pendre, sur la place Royale, ceux qui ont insulté la statue de l'Empereur, ainsi que le nommé Steitz, ancien concierge du château de Napoléonshöhe, qui, étant concierge du château de Corvey, a quitté son poste et a, sous prétexte de reprendre ses fonctions au château de Napoléonshöhe, conduit les paysans qui ont pillé les dépendances du château.

« Vous ferez mettre en prison les deux frères Gilsa dont l'un était maréchal des logis du Palais et l'autre officier dans les hussards.

« Je veux que tous les effets pillés ou volés dans les casernes ou les magasins soient retrouvés et mis en place à mon retour.

« Vous aurez bien soin de défendre à tous conseillers d'État, officiers de ma maison ou autres personnes qui ont quitté leur décoration de la reprendre.

« J'entends que vous ne fassiez aucune attention aux criailleries des vieilles têtes qui ne manqueront pas de vous entourer ; je veux que vous agissiez, bien entendu que vous laisserez chaque ministre agir comme à l'ordinaire pour l'administration de leur département dont vous ne devez point vous mêler.

« Je serai sous très peu de temps à Cassel. »

La sévérité du roi n'était pas armée seulement contre les émeutiers : elle s'exerçait, écrit Malartic à Reinhard, lequel n'avait pas suivi le roi et était resté à sa terre de Falkenlust, près de Brühl, « envers beaucoup de ses serviteurs : le prince de Hesse, le comte de Hardenberg, M. de Schultz, M. Le Camus, le général Bastineller », et surtout contre les membres du Comité provisoire nommé, au départ et avec l'assentiment de Czernitcheff, « pour exercer les attributions de l'autorité souveraine ». Dès son arrivée, Allix les avait destitués, fait arrêter et mettre au Castel. S'il n'alla pas plus loin, ce ne fut pas faute d'excitations venues de Coblentz, du cabinet même du roi. « On lui insinuait de faire un grand exemple sur un ou deux des membres les plus influents de la ci-devant Commission de gouvernement. » Allix a refusé par une lettre si peu protocolaire que son oncle Duviquet, qui se trouvait avec lui, s'en empara, la jeta au feu et le força à en écrire une plus convenable, quoique tout aussi nette.

Bien en prit à Allix d'être honnête homme et, quoique braque, d'avoir eu, cette fois, le sens des proportions. Le vent avait tourné et on le sentit bien lorsque le roi, ayant à la fin, le 13, après quantité de faux départs, quitté la préfecture de Coblentz, fut venu s'établir à Marbourg. Ceux qui étaient en cause étaient les parents, les alliés ou les amis de Le Camus-Furstenstein et si Jérôme, qui, comme on a vu, se plaisait, en paroles au moins, à jouer au despote et au justicier, avait eu d'abord la velléité de se rendre terriblement sévère — par la main et sous le nom d'Allix, — il n'était point homme à supporter longtemps la mauvaise humeur de son favori. « Celui-ci boudait visiblement, à cause des disgrâces que le roi avait fait éprouver à son frère et à la famille de sa femme. Il prenait même la liberté de contredire et d'aller quelquefois en voiture lorsque le roi voulait impitoyablement qu'il allât à cheval. Le roi le caressait en l'agaçant. Pendant les repas, il lui lançait des boulettes de pain. Il l'appelait traître et perfide. Enfin, la paix a été faite. » Peu s'en fallut que ce ne fût sur le dos d'Allix, auquel on ordonnait à présent de *n'avoir* pas mis en prison ceux que, hier, on lui insinuait de déférer à une commission militaire.

De Marbourg, le 15 à huit heures du matin, le roi lui écrit : « Je reçois votre lettre d'hier; si je n'avais égard à vos bonnes intentions, je croirais qu'il y a de la folie à me l'avoir écrite.

« Je vous ai ordonné de ne point faire enfermer le comte de Hardenberg[1] et le baron de Schultz, ou, s'ils étaient renfermés, de les faire mettre en liberté; je trouve extraordinaire, pour ne pas me servir d'un autre terme, que vous n'ayez pas exécuté mes ordres,

[1] Beau-père de Le Camus-Furstenstein.

vous voudrez bien vous y conformer sur-le-champ.

« Je vous ai témoigné mon mécontentement sur ce que vous vous étiez permis d'occuper un de mes ministères[1]. Je vous ai ordonné de l'évacuer et vous n'avez pas obéi. Vous voudrez bien exécuter mon ordre *une heure* après la réception de cette lettre. Il serait assez extraordinaire qu'un de mes ministres ne pût rentrer chez lui.

« Je vous le répète : Si je n'avais égard à vos bonnes intentions, je ferais un exemple de votre désobéissance.

« Vos fonctions de lieutenant sont finies du moment que je suis rentré dans mes États. Il serait assez plaisant que je ne fusse pas maître chez moi...

« Je serai probablement dans la soirée à Cassel ou demain dans la matinée. »

Le voilà le tyran, d'autant plus rude à ses serviteurs qu'il est plus faible devant ses favoris, couvrant par la grosse voix qu'il fait et les airs de despote qu'il prend, les capitulations continuelles de sa volonté, rejetant sur ses subordonnés la responsabilité d'ordres qu'il les sommait tout à l'heure d'avoir à remplir et qu'il leur reprocherait à présent d'avoir exécutés. Pas bien méchant pourtant. Il a, après ces apparences de colère qui sont d'un enfant gâté — combien gâté! — des retours gentils, des largesses qui semblent demander pardon, car, ayant, dans la journée, marché

[1] Celui des Relations extérieures, l'hôtel d'Allix ayant été pillé et saccagé lors de la capitulation.

jusqu'à Wabern, à une poste de Cassel, il confère de là à Allix le titre de comte de Freudenthal, de la terre qu'il lui a donnée l'année précédente; et, comme s'il était confus de sa faiblesse médiocrement royale à l'égard d'individus que leur position sociale rendait le plus coupables, mais que l'alliance de Le Camus faisait intangibles, il écrit à Allix : « Je vous ai fait connaître que rien n'interromprait les opérations que vous avez commencées. Je laisserai punir les plus coupables, et je ferai grâce à ceux qui seront le moins. » Seulement, il ne veut pas se priver de rentrer à Cassel pour laisser Allix terminer à son compte les opérations de sévérité nécessaires : « Il serait plus qu'extraordinaire, écrit-il, que je m'arrêtasse à quatre lieues de ma capitale, car, si je veux faire grâce aux innocents, je ne crains pas de punir les coupables. » En attendant, il donnera une leçon sévère à ses peuples rien que par l'ordre et la marche de son cortège, ce qui devient pour lui la grande affaire.

« J'entrerai demain, à deux heures, à Cassel, écrit-il, je ne veux ni harangue, ni réception autre que celle que je vais vous prescrire.

« Vous rassemblerez toutes les troupes sur la place des États : c'est là que je me rendrai pour en passer la revue.

« Vous viendrez à ma rencontre avec tout l'état-major et les gardes d'honneur jusqu'à l'Allée des Peupliers.

« J'entrerai dans la ville à cheval. La compagnie des cuirassiers qui est avec moi formera l'avant-garde;

les gardes d'honneur seront en bataille sur la droite et suivront immédiatement les gardes du corps. Vous, avec votre état-major, vous me précéderez immédiatement.

« Je ne veux pas de maire qui me présente les clefs, ni de gouverneur qui me présente les autorités. J'ajourne la députation de la ville jusqu'à ce que je connaisse plus positivement la conduite que ses membres ont tenue. Entendez-vous avec le gouverneur pour que tout soit fait convenablement. »

Ce roi jouant aux soldats de plomb, puis au cortège, comme les enfants à la visite, point méchant au fond, mais outrecuidant et pénétré de son génie, eut le goût toujours de donner des leçons, d'apprendre à chacun son métier ; aux marins, la navigation, aux soldats la guerre, aux juristes les lois, à tous la politesse et, en post-scriptum, il dit à Allix, général depuis quatorze ans et homme d'âge : « Je suis loin de douter de votre fidélité et de votre attachement à ma personne ; j'y compte dans toutes les circonstances. Quand vous manquez, ce n'est que par les formes, jamais par le fond, mais, dans ce monde, les formes font la moitié de la besogne. Vous feriez donc très bien, pour vos propres intérêts, d'ajouter à votre esprit éclairé et à votre caractère des formes qui ne gâteraient rien et qui vous manquent totalement. Je ne me plains ni de ce que vous faites, ni de ce que vous dites, mais je me plains de la manière dont vous le faites et dont vous le dites. Vous devez voir dans les conseils que je vous donne l'intérêt que je vous porte et l'estime dans laquelle je vous tiens. »

Cela est subtil et l'esprit n'y manque point, moins encore cette assurance qui est venue à Jérôme de se sentir prince, mais comme on souhaiterait que, dans sa conduite, il eût profité des leçons qu'il donne !

Le roi entre à Cassel ; le soir, la ville est illuminée ; le 18, Reinhard rejoint son poste et alors, entre lui et Allix, une lutte s'engage, tristement instructive : Reinhard, ministre de l'Empereur, mais Allemand par naissance, par esprit, par éducation, par mariage, plein d'une étrange mansuétude pour quiconque est ennemi de la France, s'attaque au général Allix qui, Français de race et de cœur, prétend, selon son devoir, châtier les Westphaliens qui ont pactisé avec l'étranger et inspirer une salutaire terreur à ceux qui seraient tentés de les imiter. Chacun d'eux se dispute le roi. Jérôme, s'il a fait mettre en liberté Hardenberg et Schultz, n'en a pas moins prononcé l'exil contre les premiers dignitaires qui ont cessé de porter son ordre et ne l'ont pas suivi dans sa retraite ; il a ordonné qu'on traduisît devant une commission militaire les membres de la Commission de gouvernement instituée par Czernitcheff ; ce sont, écrit Reinhard, « les hommes les plus estimables, fonctionnaires du roi, se dévouant pour la circonstance, mais absolument incapables d'en sentir les difficultés et commettant des fautes graves de forme qu'on convertit en actes de lèse-majesté[1]. »

Jérôme a bien « l'intention de faire grâce, mais il veut qu'ils soient condamnés à mort » Allix insiste pour que justice soit faite et allègue les déclarations formelles du roi Reinhard n'a point d'arguments sérieux à présenter, mais il joue du dégoût que le roi a pris de la Westphalie, de l'ennui qu'il éprouve — car les dames sont restées à Coblentz — du regret qu'il a d'être revenu, du dédain qu'il porte à ces 8000 Français qu'on lui donne à commander.

Voilà un beau commandement pour un roi! Aussi, malgré que Clarke ait écrit que les troupes françaises doivent être sous les ordres immédiats du roi, Jérôme a, de nouveau, nommé Allix son lieutenant avec commandement sur tous les Français. Pour lui, « si l'ennemi marche ou si les troupes qui sont à Cassel reçoivent l'ordre de marcher ailleurs, il se retirera d'un pays mûri partout pour la révolte ». Et ce n'est pas Reinhard qui le retiendra : outre qu'il est mû par une question de sentiment pour obtenir la grâce « des hommes respectables », ses compatriotes, il redoute « l'effet que cette procédure peut produire sur un peuple exaspéré et les dangers que les Français peuvent courir dans le cas d'une seconde retraite » ; sans doute aussi, les représailles contre ceux qui, comme lui, sont propriétaires sur la rive droite du Rhin. Et se fondant sur

[1] Il est impossible de ne point remarquer que M. Reinhard qui, avant six mois suivra de point en point l'exemple de ces fonctionnaires westphaliens, fait ici par avance son apologie.

de telles raisons qui doivent trouver bien des avocats à la Cour, déclare-t-il qu'Allix sacrifie à un amour-propre irrité « la sûreté du roi et les ressources les plus précieuses pour la Grande Armée ».

L'Allemand qu'est Reinhard, ministre de l'Empereur des Français, a gain de cause contre le Français qu'est Allix, ministre du roi de Westphalie. « Plusieurs mesures violentes sont rapportées »; Allix, auquel, sur l'ordre reçu de Clarke, Jérôme a retiré le commandement des troupes françaises, reçoit sa démission et rentre en France, avec la conscience d'avoir fait son devoir à Cassel, comme il va tout à l'heure le faire à Sens.

Les journées s'écoulent à Cassel dans une étrange oisiveté. Les 8000 hommes qui ont été détournés de la Grande Armée, paralysés « par la présence du roi et le devoir de garder sa personne et sa capitale », sont distribués par le général Rigaud, auquel le roi en a donné le commandement sous ses ordres, en colonnes mobiles, en gardes pour les palais, en garnison pour Cassel. L'ennemi est devant Minden; les Cosaques infestent la rive droite de la Werra et, la nuit, poussent des reconnaissances à quelques portées de fusil de la ville; on parle d'un corps de 10000 hommes qui se dirigerait sur Cassel; les contributions ne rentrent plus; les préfets n'osent même pas donner des nouvelles des mouvements de l'ennemi. Chacun, convaincu de la proximité du désastre, n'en attend que l'annonce pour prendre son parti.

Le 24 arrive le colonel Lallemand, de l'état-major du roi. Il a laissé le 18 l'Empereur sortant de Leipzig avec la Garde ; il a assisté à une partie de la retraite ; à Gotha, il a eu grand peine à se dérober aux Cosaques. D'abord, le roi écrit qu'il attendra les ordres de l'Empereur avant de se retirer à Marbourg ; toutefois avec cette réserve qu'il prévoit « qu'il sera forcé de le faire plus tôt ». En effet le lendemain 25, sans avoir rien reçu de l'Empereur, ni même de Murat qu'il sait arrivé à Vach et auquel il a demandé « ce qui en est et s'il doit se replier », Jérôme, « soit à cause des inconvénients de la guerre, soit à cause des embarras de l'administration auxquels il ne peut remédier », se décide à partir. Mais cette retraite doit être militaire ; il faut qu'on pense qu'elle a été périlleuse. Ce ne sera donc pas la route de poste que prendra le roi, mais la route directe de Cologne ou Dusseldorff par les montagnes, passant à Arolsen, Paderborn et Lippstadt, et il ira à cheval avec ses troupes. D'ailleurs, la route de poste est si bien libre qu'il engage Reinhard à la prendre et comme elle traverse Waldeck, il le charge de dire au prince de Waldeck « qu'il désire être reçu sans cérémonie et de pouvoir être à Arolsen comme chez lui » — à quoi le prince Georges n'a garde de faire des objections.

Le 26, à Cassel, on prétend entendre le canon ; le roi, qui dit avoir reçu de Sébastiani, par Wolff, son capitaine des gardes, l'avis « qu'il ne devait pas perdre de temps pour faire son mouvement de retraite », monte à cheval à six heures du soir et prend la tête des troupes françaises qu'il a désignées pour l'escorter : un bataillon du 51e, le bataillon de marche de la Garde, un demi-régiment de gardes d'honneur, une compagnie de cuirassiers et une de dragons, à quoi s'ajoutent environ cent gardes du corps westphaliens. Pour donner l'illusion qu'il court de grands risques et la prendre peut-être lui-même, il engage son escorte dans des chemins impraticables, avec des marches de neuf à dix lieues, éreintant son infanterie si bien que, à Hagen, où il arrive le 30, après étapes à Arolsen, Bridsow, Arensberg et Iserlohn, elle ne peut suivre.

A Cassel, durant ce temps, tout est tranquille. L'on n'a point de nouvelles de l'ennemi. Toutefois le roi a voulu se persuader que le général Rigaud avait évacué la ville. « Sa Majesté craint qu'il se soit trop pressé ! » Sans doute il s'en faut que, comme l'annonce le *Journal de Paris*, sur la foi d'une correspondance datée du 29 octobre, l'on n'y songe qu'à *Euphrosine*, opéra de M. Méhul qui fut représenté ces derniers temps au théâtre de la ville, et le théâtre de la Cour semble bien avoir fait relâche après la *Princesse de Cachemire*, opéra de M. Blangini, où l'on a admiré surtout « la gondole dans laquelle la princesse traverse la mer et une belle vue de la ville de Cachemire ». Mais Rigaud est à son poste et il y reste.

Le roi, qui est toujours commandant en chef des 8000 hommes dont il a sollicité le secours et réclamé le commandement et dont il a distrait son escorte, arrive le 1er novembre à Cologne, « bien portant et avec une grande dose de courage et d'espérance. Je t'avais dit, écrit-il à la reine, qu'avec les troupes que j'avais, j'étais sûr de faire ma retraite en bon ordre, c'est ce qui m'est arrivé, j'ai mis sept jours et je n'ai rien perdu de mes équipages ». Dans le contentement de soi où il est, il licencie les gardes du corps qui l'ont suivi depuis Cassel ; il leur reprend leurs chevaux, leurs équipements, leurs uniformes et les renvoie nus, sans un sol de gratification. Les agents français en sont indignés.

Quant à lui, « il attend la nouvelle de l'arrivée de l'Empereur à Mayence pour se rendre auprès de lui ». Le 2, ayant vu M. de Rumigny, secrétaire du cabinet de l'Empereur, qui lui a appris que l'Empereur va partir pour Paris, « il montre un grand désir de le suivre, dès que le duc de Tarente aura pris le commandement » sur toute la ligne du Rhin, depuis Mayence jusqu'à Wesel. Mais le 3, arrive à Cologne le duc Charles de Plaisance apportant pour le roi une lettre de l'Empereur.

Cette lettre doit être terrible[1]. On ne peut juger de ce qu'elle renfermait que par les instructions adressées le lendemain par Bassano à Reinhard, où les violences de forme disparaissent, où les considérants sont supprimés, où la discussion est abolie comme l'invective, mais où les mesures imposées

[1] Elle a disparu des Archives Nationales de même que les lettres écrites au moment du départ de Russie, etc.

parlent assez haut pour qu'on puisse juger quelles ont dû être les expressions de l'Empereur. « L'intention de l'Empereur, écrit le duc de Bassano, est que le roi s'établisse dans un château des départements de la Sarre, de la Roër ou du Rhin-et-Moselle et qu'il y fasse venir la reine. Les dispositions de Sa Majesté à cet égard sont précises et elle désire que le roi ne s'en écarte point. Elles sont déterminées par des considérations telles que, si le roi ne s'y conformait pas, l'Empereur serait obligé de prendre, même envers sa personne, des mesures pour en assurer l'exécution. Sa Majesté juge convenable que vous vous expliquiez avec le roi à ce sujet... Le but sera rempli si le roi est bien persuadé des intentions bien positives de l'Empereur.

« L'Empereur a été également mécontent de ce que le roi a fait et de ce qu'il n'a pas voulu faire. Il ne veut pas donner à Paris et à la France le spectacle d'un roi détrôné qui, dans son malheur, n'a pas la consolation d'avoir laissé des amis dans le pays qu'il a gouverné. Il ne permet pas au roi de venir à Mayence. Le roi n'ayant jamais voulu suivre les conseils de l'Empereur, ni faire aucune des choses qui importaient si essentiellement à son intérêt et à celui de sa couronne, ses entrevues avec Sa Majesté ne sauraient, d'après de telles dispositions qu'être pénibles et sans objet...

« Ce qu'il y a de mieux dans des circonstances présentes, c'est que ni le roi, ni la reine ne fassent parler d'eux. Moins ils feront de bruit, mieux cela vaudra. Le roi est à sa place dans un département voisin de ses États. Il serait par exemple d'une manière très convenable au château de Brühl. La manière d'être la plus simple et l'attitude la plus modeste sont les convenances impérieuses du moment. Sa Majesté fait sans doute une grande différence entre le roi de Westphalie et le roi d'Espagne; cependant, elle a voulu que ce dernier ne vînt pas à Paris, restât à Mortefontaine, n'y vît ni les ministres, ni les sénateurs, ni aucun des fonctionnaires publics et se tînt dans l'incognito le plus complet.

« Sa Majesté m'a ordonné d'entrer avec vous dans ces détails pour votre gouverne. Elle a pour but que le roi sache bien à quels désagréments il s'exposerait en s'écartant de ses volontés. Usez du reste de ces communications avec prudence et pour prévenir des fautes contre lesquelles Sa Majesté devrait sévir, mais ayez soin de n'aigrir ni humilier personne. »

Reinhard croit avoir réussi à convaincre le roi qui paraît prendre son parti, cause avec le préfet, dit qu'il se décide pour Aix-la-Chapelle, parle d'y passer deux ou trois jours, annonce ensuite qu'il y restera trois semaines ou un mois, envoie l'ordre qu'on y loue pour lui la plus belle maison et, le 5 novembre, à neuf heures du matin, quitte Cologne pour s'y rendre.

L'Empereur cependant, rentré à Paris après la terrible leçon donnée à Hanau aux Bavarois, a nettement jugé la situation. Les prestiges que la fortune avait présentés à ses yeux se sont dissipés. Voyant les choses telles qu'elles sont et luttant à présent, non plus pour le rêve d'une monarchie universelle, mais pour la réalité de cette France qu'il ne veut laisser ni diminuée, ni humiliée, qu'il prétend au moins transmettre à son fils telle que Consul il l'a reçue, il a pris son parti. « Le Grand Empire n'existe plus, c'est la France qu'il faut défendre », dit-il le 14 novembre aux sénateurs, après avoir reçu et rendu les paroles officielles.

Sans doute, le Grand Empire est écroulé, les royaumes napoléoniens ont disparu ; mais restent les rois.

XXVIII

LES ROIS NAPOLÉONIENS EN FRANCE

Août 1813-Janvier 1814.

JOSEPH. — Arrivée à Mortefontaine. — Lettres de Julie à l'Empereur. — Elle s'établit médiatrice entre les deux frères. — Caractère de Julie. — Comme elle s'est maintenue avec Napoléon, avec Marie-Louise. — Réception de Marie-Louise à Mortefontaine. — Marie-Louise peut être utile. — Irritation de Joseph. — Il n'admet pas qu'il soit contraint. — Ses communications à Rœderer. — Lettre de Rœderer à l'Empereur. — Lettres de Joseph et de Julie à l'occasion de la fête de l'Empereur. — Voyage de Julie à Saint-Cloud. — Mortefontaine. — Le cadre. — Le domaine. — Ce qu'il était en l'an VII. — Ce qu'il est devenu. — Achat de terres et de châteaux. — Etendue invraisemblable. — Le personnel. — La famille Clary. — La princesse de Suède. — Les Espagnols. — Les allants et venants. — La Maison. — La vie qu'on mène. — Joseph s'ennuie. — Ses voyages à Paris. — Savary et Miot. — Joseph déclare renoncer à tout voyage. — Conversation de Julie avec Rœderer. — Chacun se dérobe et atténue les ordres. — Séjour de Catherine à Mortefontaine. — Nouveaux voyages de Joseph. — Savary et Rœderer. — Savary annonce qu'il tiendra la main aux ordres de l'Empereur. — Lettre de Rœderer à Joseph. — Explications de Joseph. — Savary désavoué par l'Empereur. — Nouvelle de Leipzig. — Arrivée de Napoléon à Saint-Cloud.

JÉRÔME. — Rentrée en scène de Jérôme. — L'Empereur aussi mécontent de Catherine que de Jérôme. — Séjour de Catherine en France. — Son caractère, son orgueil, sa prodigalité. — De Meudon, voyages à tout instant à Paris. — Voyage à Pont-sur-Seine. — A Mortefontaine. — Retour à Meudon. — Ses plaintes. — Ce que coûte son séjour. — Contraste des habitudes de la cour de France et de la cour de Westphalie. — Sans-gêne de Catherine. — Nouveau voyage à Mortefontaine. — Recherche d'une terre à acheter. — Nouvelle de la première évacuation de Cassel. — Plaintes de Catherine contre l'Empereur. — Ses lettres au roi de Wurtemberg. — Jérôme achète le château de Stains. — Catherine l'annonce à Napoléon. — Colère de l'Empereur. — Ses lettres. — Il ordonne que Catherine rejoigne Jérôme sur le Rhin. — Ordres que Reinhard doit signifier à Jérôme. — Accueil fait à Reinhard. — Jérôme refuse d'obéir. — Ses explications. — Sa colère. — Il demande Laëken ou Pont. — Jérôme annonce à Reinhard qu'il part pour Pont. — Représentations de Reinhard. — Reinhard désavoué par l'Empereur, qui autorise Jérôme à venir à Compiègne. — C'est Catherine qui est intervenue. — Récit de Catherine. — Arrivée de Jérôme à Compiègne. — La cour westphalienne. — Les intrigues. — Tentatives près des Coalisés par le roi de Wurtemberg. — Lettres de Catherine à son père. — Lettre de Jérôme. — Correspondance établie. — L'Empereur en a-t-il connaissance? — Preuves négatives. — L'Empereur bannit de sa présence Jérôme et Catherine.

Joseph. — Lettre de Soult à l'Empereur sur le renvoi de Ferdinand VII en Espagne. — Napoléon accepte cette ouverture. — Projet de mariage de Ferdinand avec Zénaïde. — Entretien de Napoléon avec Rœderer. — Ce qu'il pense de Joseph. — Diverses hypothèses de compensations à lui offrir. — La Forest chargé de négocier avec Ferdinand. — Instructions de Maret à La Forest. — Ménagements de l'Empereur vis-à-vis de Joseph. — Entrevue de Napoléon et de Joseph. — Napoléon expose la situation. — Lettre de Joseph à Napoléon. — Refus d'abdiquer. — Joseph appelle Rœderer à Mortefontaine. — Propositions qu'il fait. — Réponse de l'Empereur. — Les compensations. — Se soumettre ou s'exiler. — Allées et venues. — Refus constant de Joseph. — Signature du traité de Valençay. — Napoléon ne pousse pas à bout ses menaces et laisse Joseph à Mortefontaine.

Louis. — Ce qu'il a fait depuis le 1er janvier 1813. — Lettre à l'Empereur. — Ses propositions. — Ses communications à l'empereur d'Autriche. — Il réclame son trône. — Réponse de l'Empereur. — Lettre de Madame. — Louis ne veut pas rentrer en France; il exige qu'on lui rende la Hollande. — Séjour à Gratz. — Les divertissements littéraires. — Le prix proposé à la deuxième classe de l'Institut pour les vers sans rimes. — Saisons d'eaux. — Retour à Gratz. — Démarches au Congrès. — L'Autriche déclare la guerre. — Fouché à Gratz. — Louis quitte Gratz. — Passage à Munich. — Lettre à l'Empereur. — Il réclame son trône. — Séjour en Suisse. — Projet d'une nouvelle édition de *Marie*. — Protestations contre l'annexion de la Hollande. — Entrevue avec Murat. — Murat l'entraîne à la trahison. — Louis veut rentrer en Hollande. — Tentatives près de l'Empereur. — Lettres à des Hollandais, Réponses de l'Empereur. — Napoléon décidé à un acte de sévérité. — Offres faites à Louis. — Voyage de Louis à Pont. — Il retourne en Suisse. — Intrigues avec la Hollande. — Lettre aux magistrats d'Amsterdam. — Silence des Hollandais. — Lettre au duc de Vicence. — Louis décidé *à rentrer chez lui*. — Nouvelle protestation. — Arrivée à Lyon. — Arrivée à Paris. — Entrevue avec le duc de Vicence. — Propositions de l'Empereur. — Exil à quarante lieues de Paris. — Louis en rébellion.

Situation qui ne peut durer. — Les trois rois en rébellion. — Napoléon n'a affaire ni de Jérôme, ni de Louis, mais de Joseph.

Joseph. — Intermédiaire désigné près du Sénat. — Ses attaches avec les divers partis. — Nouvelle tentative de Napoléon. — Madame et Julie médiatrices. — Joseph viendra-t-il comme prince français au Luxembourg? — Lettre qu'écrit Joseph. — Il continue à s'affirmer roi d'Espagne. — Opposition du Corps Législatif. — Ajournement du Corps Législatif. — Nouvelle lettre de Joseph. — Politesses du 1er janvier. — Zénaïde brûlée. — Mission de Miot. — Lettre de Joseph à Louis. — Joseph veut imposer ses conditions. — Les Espagnols. — Miot et Caulaincourt. — Miot et Louis. — Compensation demandée aux Alliés par Napoléon en faveur de Joseph. — Joseph rentre à Paris. — Motifs de ce retour. — Lettre à l'Empereur. — Réponse de l'Empereur. — Entrevue avec Berthier. — Conseil des ministres espagnols. — Lettre concertée de Joseph à Napoléon. — Soumission apparente. — Concessions faites à Joseph. — Il restera le roi Joseph. — Costume qu'il prendra. — Sa maison nouvelle. — Joseph rentre dans le rang. — Napoléon devra lui livrer la Régence et l'Empire.

A Mortefontaine, Joseph n'a point trouvé Julie : elle achève sa saison de Vichy et n'arrive que deux jours après son mari. Plus maîtresse de soi et plus capable de se dominer, elle s'est donné, vis-à-vis de l'Empereur, une attitude qui contraste singulièrement avec les sentiments qu'elle exprimait tout à l'heure à Miot de Melito. A ce tyran « qu'on n'aborde qu'en tremblant », elle s'est déclarée « bien touchée de la bonté qu'il a eue de lui faire faire la communication », par son ministre de la Guerre, des dispositions qu'il a arrêtées relativement à ses armées d'Espagne. « C'est, a-t-elle écrit, une preuve nouvelle de son affection pour nous. » Sans doute a-t-elle marqué, mais avec quelle adresse et quelle légèreté de main, « le sacrifice que fera le roi en se conformant aux intentions de Sa Majesté, » après les difficultés qui s'étaient élevées entre lui et le maréchal Soult ; mais elle est « tellement sûre de l'entier dévouement du roi pour la personne de l'Empereur qu'elle n'hésite pas à croire qu'il se conformera entièrement à ses vues ». Elle est entrée pleinement dans son rôle en sollicitant « la bonté qui appartient au cœur de l'Empereur » en faveur des Espagnols qui ont accompagné le roi, des personnes qui sont à son service, des militaires qui forment sa garde. « Permettez-moi, Sire, a-t-elle dit enfin, de vous demander la continuation de vos bontés ; nous la méritons par les sentiments de reconnaissance et d'attachement que nous portons à Votre Majesté. »

Moins impulsive et plus adroite que Joseph, Julie s'est établie ainsi la médiatrice entre les deux frères qu'elle a su déjà reconcilier tant de fois ; elle porte, là comme ailleurs, avec son air de douceur et de soumission, cette ténacité dont elle ne se départ jamais, cette aménité qui triomphe des colères, cette abnégation de la fidélité de Joseph et ce dévouement à sa personne qui l'éclairent sur les moyens de le tourner. Quoique vivant très retirée, ce qui convient à ses goûts, ne se mêlant apparemment de rien qui soit politique, et s'écartant par système des intrigues de la Cour impériale, elle a été la seule dans l'Empire et dans la Famille, à n'avoir fait depuis dix ans que ce qui lui a plu, à avoir gardé sur l'Empereur une sorte d'autorité, à avoir conservé ses amis, fussent-ils factieux, à avoir imposé ses parents, fussent-ils hostiles à a France, et à s'être établie sur un bon pied avec Marie-Louise.

Sans doute n'y a-t-il pas d'intimité, mais Julie s'est sentie portée vers la nouvelle impératrice par l'antipathie qu'elle éprouvait contre l'ancienne ; elle ne s'est point jetée à sa tête; elle a su, pour contenter à la fois la vanité de son mari et ses propres goûts de retraite, trouver d'honnêtes prétextes pour s'abstenir des fêtes et des cérémonies où la reine d'Espagne n'eût point reçu tous les honneurs que réclamait le roi catholique et où Mlle Clary fût, contre son gré, sortie de son milieu d'habitude; mais elle a su inspirer une sorte d'intérêt pour sa faiblesse, sa mauvaise santé, l'abandon où elle vit, et la dignité qu'elle y porte. Marie-Louise s'ennuyait à Saint-Cloud, cherchait les distractions honnêtes que lui permettrait la jalousie de l'Empereur, et elle a saisi avec empressement l'occasion qui lui était offerte d'admirer à Mortefontaine, deux jours durant, ce coin de France à ce point pittoresque que l'art du jardinier n'est pas parvenu à y gâter la nature. Elle y a trouvé réunis, par les soins intelligents de Julie, ce qu'elle préfère à tout : des chevaux de miracle sur qui elle a fait de grandes promenades; des gâteaux inédits, car, pour cette occasion, Carême a exécuté pour la première fois des *génoises à la reine*, qui sont restées estimables, enfin un spectacle gai, comme elle n'en a ni aux Tuileries, ni à Saint-Cloud, des farces de Vaudeville : *Amour et mystère* et *Gaspard l'avisé*. Cela s'est passé le 8 juin, à la veille du départ de Julie pour Vichy, et, sans qu'il en résulte une présomption d'intimité avec Marie-Louise, du moins doit-on en conclure que la reine a su faire ce qu'il faut pour ménager la bonne volonté de l'impératrice.

Mais Joseph est en ce moment le moins traitable;

si l'Empereur est irrité et offensé, lui est dépité et rancunier, à la façon corse. Il en veut à son frère des échecs qu'il a subis, des sottises qu'il a commises, du trône qu'il a perdu, de la morne tranquillité qui lui est ordonnée, de Clarke qui l'a brimé, de Clausel qui ne l'a pas rejoint, de Soult qui l'a remplacé, il lui en veut de tout et encore d'autre chose, d'être l'Empereur, par exemple. En admettant, comme le rapporte Rœderer, qu'il daigne confesser son insuffisance sur certains points subalternes et accessoires du métier militaire, il ne met pas un instant en doute que ce ne soit la jalousie de son frère, les ordres du ministre de la Guerre, l'insubordination des généraux, les obstacles qu'on a mis de tous côtés à ses desseins politiques qui aient causé son retour. De désastre, il n'y en a pas, il n'y en eut jamais : « Il laisse l'armée plus forte du double que celle qu'il avait à Vitoria. » Sa confiance en son génie politique, administratif, diplomatique, financier, militaire, n'est pas un instant ébranlé ; il est méconnu, il est persécuté, mais il est satisfait de lui-même — et c'est assez.

Toutefois, sa dignité royale lui interdit de tolérer les entraves qu'on mettrait à sa liberté, de même que de supporter les propos qu'on oserait tenir contre lui, et elle le met en droit de commander à tous, comme si, en France, il était souverain. Dès le jour de son arrivée, il mande impérieusement Rœderer à Mortefontaine, et c'est pour se plaindre qu'on retienne ses armes de chasse — à quoi nul n'a jamais pensé ; qu'un secrétaire de l'archichancelier ait parlé contre lui — ce dont Rœderer n'a point de peine à justifier M. Lavollée; qu'on ne s'occupe pas des réfugiés espagnols — alors que l'Empereur y consacre 200 000 francs par mois et qu'il a désigné le comte Otto pour en faire la répartition de concert avec M. Azanza, duc de Santa Fé; mais ce sont là des escarmouches; voici la bataille: Joseph entend que Rœderer rapporte à l'Empereur que, pendant « l'absence de Sa Majesté, le roi trouve fort convenable de rester à Mortefontaine dans un scrupuleux incognito, mais qu'il s'afflige que l'Empereur n'ait pas jugé suffisant de lui faire connaître que tel était son désir et qu'il ait manifesté par un ordre précis un mécontentement que le roi croit n'avoir pas tout à fait mérité, ayant au moins donné aux troupes l'exemple d'une bravoure et d'un dévouement dignes de son nom et de son rang ». Sous les phrases dont Rœderer enveloppe ces réclamations, n'y a-t-il point toute la révolte et l'apologie entière, le refus de rester à Mortefontaine contraint et forcé et la déclaration de guerre ou peu s'en faut?

Rœderer y ajoute, comme de Joseph, « l'admiration pour le grand spectacle que Sa Majesté offre en ce moment au monde et à la postérité, les vœux pour le succès de ses négociations et la gloire de ses armes » ; du patriotisme par-dessus. « Ayant rencontré dans un appartement le portrait du prince de Suède, le roi s'en trouva choqué, écrit Rœderer, et s'exprima sur la défection de cet infidèle français comme il convenait à un prince de votre sang ! » Sans doute,

Joseph choisit-il le moment où la princesse de Suède était absente, car il est poli et hospitalier. Enfin, il fait assurer l'Empereur « qu'il attend avec confiance son retour et « il me semble, conclut Rœderer, qu'il ne manque à ses bonnes dispositions que ce que peut y ajouter votre présence. »

Rœderer est un bon ami ; il s'entend à mettre de l'huile dans les rouages et, depuis l'an VIII, il a pris assez d'habitude des deux frères pour avoir expérimenté tous les moyens de les rapprocher ; mais, lorsque Joseph parle ou écrit lui-même, ce n'est plus le même langage. Voici approcher le 15 août ; il faut bien que le roi fasse son compliment. Nulle démarche ne saurait lui coûter davantage et l'on sent son agitation au style incorrect, à l'écriture heurtée, aux mots suspendus, à l'absence des formes : « Sire, écrit-il, Votre Majesté Impériale et Royale recevra cette lettre au moment où beaucoup d'autres parleront de leurs vœux et de leurs félicitations au sujet de sa fête. Votre Majesté accueilla elle (*sic*) avec quelque intérêt celle-ci ! ! Je désire sincèrement qu'elle soit bien convaincue que jamais personne n'a fait et ne fera de vœux plus sincères pour son bonheur et sa gloire. » En contraste, il faut mettre la lettre qu'écrit Julie, celle qu'elle fait écrire par « les infantes », Zénaïde et Charlotte : Julie s'empresse de « déposer aux pieds de l'Empereur les sentiments de reconnaissance et d'amour dont elle est pénétrée pour lui ; cet hommage est celui du cœur. » « Daignez aussi, dit-elle, accueillir avec les vœux que je fais pour la conservation des jours de Votre Majesté, la prière que je lui adresse de me continuer sa bienveillance : je tâcherai, Sire, de m'en rendre toujours digne. » Et elle est, « avec le plus profond respect, de Sa Majesté, la très humble et très obéissante servante et très affectionnée sœur. »

Elle fait mieux : pour le 15 août, elle qui hait à la mort tout déplacement qui n'a pas sa santé pour objet, elle va passer vingt-quatre heures à Saint-Cloud auprès de l'Impératrice ; toutefois, sans l'accompagner à Paris, ni participer aux fêtes officielles, car elle ne se montre point, ne se compromet pas et se garde des démarches publiques. Tout, en sa conduite, est prudence et calcul, et elle chemine à pas menus, à travers les difficultés et les embûches, glissant sa mince taille souffreteuse avec des airs d'humilité dont on ne se méfie pas, car elle garde, au dedans d'elle, l'ironie qu'inspire à son esprit de bossue le spectacle des choses.

Ce Mortefontaine est à ce moment un étrange théâtre. Le cadre est curieux par lui-même et sans autre analogue que, peut-être, Malmaison. L'ancien château que, vers 1740, construisit M. Le Pelletier de Mortefontaine sur les terres faisant partie de la châtellenie de Montméliant vendue en 1599 à François Hotman par l'abbé de Saint-Denis, subsiste tel que Joseph l'a acquis, en l'an VII, des héritiers de Durucy, trésorier des Affaires étrangères. C'est une grande bâtisse, renflée au centre d'un avant-corps à fronton sans style, flanquée aux deux ailes de pavillons à toiture séparée, celui de droite moins élevé d'un étage que celui de gauche. Sur le soussol où il y a caves et calorifères, un rez-de-chaussée avec antichambre, salle à manger, salle de billard, petit et grand salon, bibliothèque et trois pièces à feu; en entresol, dans un des pavillons, un appartement séparé de six pièces; au premier étage, salon, bibliothèque, salle d'armes, dix chambres de maître; à l'étage du comble, très élevé, quatorze chambres de maître et quatre chambres de domestiques mansardées.

Rien là de princier; Joseph, avant de reconstruire le château s'est attaché aux communs : d'abord, les pavillons d'entrée, à droite et à gauche de la cour d'honneur; puis, attenant au bâtiment principal, une immense orangerie qui, comme à Saint-Cloud, conduit à une salle de spectacle, à parterre, loges grillées, premières et paradis, avec des loges pour les acteurs et des magasins pour les décors; puis, des bâtiments sans fin : cuisines, garde-manger, écuries, remises avec vingt chambres au-dessus, mais rien n'a été changé au château lui-même, resté l'habitation d'un particulier riche, au milieu du dernier siècle, — par suite, assez délabré et pas du tout à la moderne.

De même, dans le Petit parc qui s'étend sur trente-sept hectares, M. de Saint-Même, intendant des bâtiments, a respecté presque religieusement les dispositions de M. Mortefontaine, l'un des premiers qui, avec M. de Girardin, aient déshonoré les jardins français par l'anglomanie pittoresque. Il s'est plu à tordre les allées, à irrégulariser les miroirs, à supprimer la symétrie des couverts, à semer dans les lointains des fabriques de tous les styles. Joseph y a raffiné. Il a construit une volière en colonnade qui suit l'orangerie ; il a élevé sur la glacière un pavillon à trois étages qui rappelle à la fois les Panoramas du boulevard et la façade des Variétés ; il a édifié un temple dans une perspective qui veut être à la Poussin — c'est La Borde qui l'assure ; il a dédié des autels champêtres à des divinités ignorées, des obélisques à des gloires inédites, des tombeaux de marbre noir à des mânes innommées. Dans le parc encore, pour l'utilité, des maisons de jardiniers, des granges, des maisons rustiques, tout un village enjolivé et faisant des points de vue.

Mais ce Petit parc est de la première acquisition, ainsi que le Grand parc et les étangs[1] : c'est la terre de Mortefontaine telle que l'avaient laissée les Duruey, déjà singulièrement agrandie, il est vrai, de biens nationaux par les héritiers du guillotiné ; mais, à peine propriétaire, dès l'an VII, Joseph s'est arrondi et, depuis lors, pas un mois sans achat : au citoyen Leduc, pièces de terre à Plailly ; au citoyen Brochet de Vérigny, la remise de Maubuisson et les débris du domaine de Bertrandfosse ; au citoyen Cucul, terres à Vémars ; au citoyen Ronial, maison, grange, jardins à Mortefon-

[1] Voy. *Napoléon et sa famille* I, 218 et suiv.

taine ; au citoyen Legrand, moulin à Neuf-Moulin avec cent arpents, terres et prés ; aux héritiers Magnier, terres à Charlepont ; au citoyen Lhoste-Beaulieu, cinquante arpents à Mortefontaine ; au citoyen Cartier, terres à Mortefontaine ; au citoyen Brimeur, terres à Plailly, au sénateur Cambiaso, le domaine de Survilliers — 244 hectares pour 226 000 francs — château, communs, ferme, moulin, terres et bois. Et l'Empire venant, des maisons, des terres, des bois, des prés, des héritiers Delaviers, des conjoints La Basque, des conjoints Saugeon, du sieur Haine, du sieur Moreau, des héritiers Perrel, du sieur Brimeur, du sieur Fieffé, des héritiers Porlier-Pagnon, de Mme veuve Séguin, des héritiers Frénot, du sieur Foulon, du sieur Legrand — sans compter l'État, auquel en vertu d'une loi du 16 septembre 1807, il échange, contre 70 hectares de bois en Halatte, 87 hectares en forêt d'Ermenonville et de Saint-Laurent. Moyennant les échanges et contre-échanges que ménage M. Bouchard, lequel administre avec une compétence et un dévouement admirables et fait profiter Joseph de la popularité que lui valent l'ancienneté de sa famille en ces pays, les fonctions que ses ancêtres ont remplies, celles auxquelles l'ont appelé ses concitoyens, le domaine de Mortefontaine auquel ont été joints ceux de Survilliers, de Saint-Vitz et de Saint-Sulpice, les fermes de La Grange, de Mortefontaine, de Vémars, de Moussy-le-Neuf, de Neuf-Moulin, de Montméliant, de Prunelay, de Long, de Beaumarchais, de Plailly et de Charlepont s'étend à présent sur 6 315 arpents — 3 158 hectares — et forme le plus bel ensemble pour l'agrément, pour la chasse et pour la pêche.

Toutefois, on sent la hâte et le disparate. Malgré la diplomatie de Bouchard, certains propriétaires ont refusé de se laisser tenter. L'achat de domaines où des châteaux et des maisons s'offraient pour loger les invités, tous les habitués et familiers, surtout la parenté Clary, a empêché Joseph, constamment absent d'ailleurs depuis 1806, de bâtir un palais digne d'un tel cadre. Mortefontaine n'a gagné que pour la chasse à s'étendre sur des cantons où la nature est pauvre, le terrain plat, la vue bornée ; du côté d'Ermenonville, où le pittoresque doit si peu à l'art des jardins, il n'y a eu rien à gagner et M. de Girardin n'était point homme à vendre son domaine, sauf à l'Empereur, et si celui-ci le lui eût payé trois millions. Il en avait été question en 1811 et Joseph eût alors cédé Mortefontaine pour six millions ; c'était, disait-il, le prix qu'il lui en coûtait : cela est de tous points vraisemblable.

Dans ce décor, la société la plus étrange et la plus cosmopolite. De Français, d'abord, la famille de Julie, si nombreuse et si bien rentée : les cousines Lejéans, dont une a été Mme Maurice Mathieu et dont l'autre est Mme Clément de Ris ; les neveux Clary, fils et gendres d'Étienne qui vit en Provence, Marius Clary et Henri Tascher que Joseph veut faire rentrer au service de France ; puis les fils et les filles de Mme Antoine de Saint-Joseph ; au premier rang,

Mme Salligny, dont le mari, capitaine des gardes à Naples, fut créé par Joseph, duc de San Germano ; elle se partage entre Mortefontaine et Paris, où, dans quelques mois (15 novembre) elle va convoler avec Decrès, ministre de la Marine, que l'Empereur vient de faire duc d'Empire, mais elle laisse à demeure sa fille, Moïna, ainsi nommée par Joseph de l'héroïne de son roman de jadis. L'autre Mlle Antoine, la duchesse d'Albufera, est bien moins assidue : entre Joseph et Suchet, les choses ont été si mal que le roi, non sans quelque apparence de raison, accuse le maréchal d'avoir contribué à sa chute. On voit peu le personnage le plus important de la famille, Nicolas, le frère de la reine. Il a trop d'affaires : si, depuis l'an VIII, il a quitté Marseille, laissant à des commis avec qui il correspond chaque jour, cette maison de commerce d'où, à la façon des grands marchands de Venise et de Gênes, il trafiquait de toutes choses sur les côtes de la Méditerranée, depuis la mer Noire jusqu'au détroit de Gibraltar; s'il n'est plus, comme il fut avant le Consulat, le banquier et l'homme d'affaires de Fesch, de Madame et de Bonaparte lui-même, il n'a point renoncé à faire valoir son argent, celui de ses parents, de Joseph, de Bernadotte et des autres. Il a chaque jour les agents de change prenant ses ordres; chaque jour, une correspondance immense avec les places de l'étranger, Londres, Hambourg, la Russie, l'Autriche, même les États-Unis. Il vit entre sa mère qu'il conserva jusqu'en 1815, sa jeune femme, Mlle Rouyer, qu'il a épousée en 1809, et ses jeunes enfants. D'ailleurs, il a ses terres : la Grange-la-Prévôté, près de Corbeil, qu'il a rachetée de son beau-frère Bernadotte, et le Lieutel, près de Montfort-l'Amaury ; mais, s'il ne vient guère à Mortefontaine pour son plaisir, nulle affaire d'argent n'y est traitée sans lui. Il est l'homme sur qui tout repose, qui tient tous les fils, et sur qui chacun compte — même le roi, même le prince, même les maréchaux, les généraux et les sénateurs de la famille. Il en est la puissance : il a l'argent.

Par contre, la sœur de Nicolas, la princesse de Suède, ne sort pas de Mortefontaine. Napoléon a vainement cherché à se servir d'elle près de Bernadotte, se flattant qu'elle aurait conservé assez d'influence sur son mari pour qu'il tînt compte des avis qu'elle lui ferait passer et qui pourraient le détourner de sa voie : mais Désirée a la rancune tenace, et, outre qu'elle n'a jamais pardonné à Napoléon son infidélité ancienne, elle lui reproche à présent de l'avoir privée de son délicieux Chiappe, exilé sous prétexte de sous-préfecture à Alba-Pompeia. Chiappe, juste alors, a reçu l'autorisation de rentrer à Paris et s'est empressé à Mortefontaine, ce qui peut bien paraître une satisfaction donnée à la princesse de Suède, mais trouvera-t-elle jamais que ce soit assez faire pour elle ? Pour Bernadotte, s'il continue à correspondre avec Désirée, c'est qu'il attend d'elle des renseignements qui profitent à lui, non certes à son rival.

Or, à Mortefontaine, qui sait écouter et retenir est merveilleusement placé : sans doute n'y rencontre-t-on ni ministres, ni grands dignitaires, ni président du Sénat ; sans doute n'a-t-on nul secours à attendre des Espagnols venus à la suite de Joseph — le patriarche des Indes, Azanza, Almenara, les chambellans, officiers du palais, aides de camp, officiers d'ordonnance qui animent de leurs uniformes voyants et surdorés les allées du parc, — mais, en cette maison où la plus vertueuse des femmes tient sa cour familiale, ayant à sa droite l'abbé Lécuy, le distributeur de ses aumônes, à sa gauche Mme Damery, gouvernante de ses filles [1], passent et repassent les personnages les plus suspects au point de vue des mœurs, du patriotisme et du loyalisme.

En tête, ce sénateur Jaucourt, premier chambellan du roi, qui fait la navette entre Mortefontaine et la rue Saint-Florentin où Talleyrand attend son heure : avec lui, sa femme, divorcée du duc de la Châtre, que ses bontés pour M. de Jaucourt n'ont point empêchée d'être sensible à d'autres désirs. Après elle, Mme Louis de Girardin, née Navailles, qui divorça du duc d'Aiguillon et dont le mari est divorcé de Mlle Berthelot de Baye, laquelle est remariée au général Doguereau ; mais elle se contente de l'amour et ne donne pas dans la politique ; tandis qu'il n'en est pas de même de Mme Dessoles — Mlle Picot de Dampierre, — dont le mari, comblé par l'Empereur, recevant tout lorsqu'il s'agit de faveurs civiles, mais repoussant

[1] Cette Mme Damery à laquelle l'Empereur avait conféré le 8 avril 1813 un titre de baronne avec une dotation de 4 000 francs de rente, fut le 31 octobre 1837 nommée surintendante des Maisons d'Education de la Légion d'Honneur.

tout lorsqu'il faut faire la guerre et servir militairement, sera des premiers à se lancer dans les conspirations et y rencontrera d'abord Jaucourt. Stanislas de Girardin n'est plus là, l'Empereur l'ayant nommé préfet de la Seine-Inférieure le 21 mars 1812, et c'est tant pis, car il est homme d'esprit et de bon sens et il est patriote ; mais, en dehors du jeune Balincourt qui vient d'être nommé chambellan de Julie et qui prendra son parti si vite qu'il l'avait sûrement préparé, il y a Miot, constamment attaché, depuis l'an V, à Joseph et à sa fortune, et Faipoult qui, l'ayant connu à Gênes quand il y préparait la révolution, a subi depuis lors des épreuves où son intégrité a été soupçonnée ; mais au moins celui-là est intelligent ; de plus, il tient à quantité de gens, sait beaucoup de choses et peut être utile en bien des cas.

Avec tous ces gens qui n'ont autre chose à faire qu'à causer et qui, eux, vont et viennent à leur fantaisie, comment Désirée n'apprendrait-elle pas chaque jour des nouvelles ?

Cela fait pour Joseph un entourage qui, sans être étonnamment distrayant, permettrait de passer le temps avec agrément. Il y a bien, pour lui déplaire, les sollicitations des Espagnols qui, ayant été de sa maison, se croient un droit à être nourris et qui parfois trouvent à s'introduire : Joseph, en de telles occasions, a des colères, des violences, même des gestes assez peu dignes d'un roi catholique. On prétend qu'à la suite, il en coûta cher aux Français des garnisons de Lérida, Méquinenza et Monzon. Toutefois les précautions sont si bien prises que le cas est rare. L'existence pour l'ordinaire est celle de gens de château, oisifs et riches. « On déjeune dans quelque fabrique du parc; on chasse, on pêche, on navigue, on ne parle point d'affaires; on dîne, on joue au billard et on se couche. » Le roi se porte bien et il engraisse — mais il s'ennuie. Aussi, malgré les ordres qui lui ont été signifiés, vient-il à Paris : il désire, paraît-il, « voir quelques représentations théâtrales »; surtout, il prend des distractions extra-conjugales. La marquise de Monte-Hermoso n'a point trouvé gîte à Mortefontaine et il va la rejoindre.

Le 23 août, Miot, compagnon habituel de ses escapades, reçoit, à Mortefontaine, du ministre de la Police, un billet l'invitant à passer chez lui. Il le communique au roi qui s'inquiète, et il part pour Paris. « L'Empereur, dit Savary à Miot, a été instruit que son frère faisait, dans le plus strict incognito, des courses à Paris; ces courses déplaisent beaucoup, peuvent donner lieu à quelque rencontre fâcheuse et, dans les circonstances où l'on se trouve, un éclat qui pourrait faire soupçonner le refroidissement qui malheureusement existe entre les deux frères serait nuisible à l'un et à l'autre. » Savary propose donc que, si le roi a ses motifs personnels de venir à Paris, il en instruise la police « afin de prendre des précautions pour écarter les dangers auxquels il s'expose dans ces voyages mystérieux ». Débat entre Savary et Miot, lequel promet de tout rapporter au roi, Joseph furieux, déclare « qu'il renonce à tout voyage à Paris plutôt que de se soumettre aux conditions qu'on veut lui imposer ».

En même temps que par Miot, Savary a abordé Joseph par Rœderer, qui a d'abord donné son opinion par écrit, puis est venu à Mortefontaine le 26, le surlendemain du jour où Miot a été reçu par Savary. Joseph ne lui parle de rien, mais la reine. Elle demande si l'Empereur est aussi animé contre le roi que Savary veut le faire croire, si l'Empereur a littéralement défendu que le roi allât à Paris, si Savary n'outrepasse point ses instructions. Rœderer atténue, excuse, se dérobe et, de même que fit Cambacérès, laisse dans un vague complaisant tout ce qui aurait dû être signifié à Joseph, l'ordre de l'Empereur et le châtiment en vérité bien léger qu'il a prescrit; il prend simplement la liberté de demander à la reine si le roi, étant sur son trône, mais absent de ses États, aurait trouvé bon que le roi de Westphalie eût une cour à Madrid. « Pour ça, non, répond-elle ; il n'y souffrirait ni le roi de Westphalie, ni le roi de Naples, ni Lucien. » Julie admet donc fort bien qu'en l'absence de l'Empereur, Joseph subisse Mortefontaine, mais, à quoi elle s'attache, c'est à obtenir la certitude que le roi ne sera pas obligé d'y passer l'hiver; il s'y ennuierait et, à elle, l'humidité serait funeste. Quant aux voyages, « dont elle parle légèrement », Rœderer comprend, malgré la délicatesse de ses paroles, qu'elle les regarde comme plus indifférents pour l'Empereur que pour elle-même.

On aurait pu penser que ces divers avertissements auraient porté ; que l'arrivée, à la mi-septembre, de la reine de Westphalie « accompagnée d'une cour brillante », les parties de campagne que sa présence entraîna, les espèces de fêtes dont elle fut l'occasion, auraient retenu Joseph dans ses châteaux ; mais ce ne fut pas pour longtemps : car, le 5 octobre, le duc de Rovigo, rencontrant Rœderer à Saint-Cloud, lui dit qu'il était obligé d'avoir avec lui un entretien sérieux au sujet de Mortefontaine, et, dès le 6, Rœderer, empêché par la séance du Sénat de quitter Paris, rendait compte à Joseph, par une lettre qu'il avait pris la précaution de communiquer d'abord à Savary, de la conversation qu'il avait eue avec lui. « Le ministre lui a dit qu'il était informé que le roi continuait à faire des voyages à Paris, et descendait dans la maison du cardinal Fesch ; il a invité Rœderer à se rendre à Mortefontaine pour obtenir du roi qu'il renonçât à ces voyages, positivement contraires à la volonté de l'Empereur par qui ils ont été prévus dans les instructions, et sur lesquels, ajoute Rœderer, « j'ai cru entrevoir que Sa Majesté a prescrit des mesures rigoureuses ». Savary ajoute qu'il n'a pas averti l'Empereur des premiers voyages du roi, mais qu'à présent il y est obligé, qu'il en écrit dès ce soir, ainsi que de la mission qu'il confie à Rœderer ; que, si le roi revenait à Paris, lui, Savary, ne croirait pas pouvoir se dispenser de se rendre en personne à la maison où le roi descendrait. Et, comme Rœderer s'efforce de justifier ces voyages, disant qu'ils ont « un objet de pur amusement ou de distraction parfaitement étranger aux affaires publiques », Savary répond qu'il n'est pas autorisé à distinguer entre les motifs et les objets qui pouvaient déterminer les voyages du roi, « qu'il lui est seulement prescrit de les empêcher » et qu'il est très résolu à le faire.

Joseph, en recevant cette lettre de Rœderer, « en est vivement offensé », trouvant mauvais qu'il eût écrit au lieu de venir, et il expédie au sénateur, ministre et secrétaire d'État du grand-duché de Berg, son aide de camp Desprès pour lui « témoigner son mécontentement de ce qu'il n'avait pas rempli en personne la commission dont il avait été chargé ». Rœderer s'excuse sur les affaires du grand-duché et sur les séances du Sénat qui ont pris tout son temps, et, le 15, il arrive à Mortefontaine où il a avec le roi un entretien qui dure trois heures. Il commence par lui dire que sa lettre, ayant été mise sous les yeux de Savary, exprime l'opinion même du ministre de la Police et qu'elle est en fait l'ouvrage de celui-ci. Le roi conteste la fréquence des voyages qu'on lui reproche ; il n'a été vu ni reconnu de personne ; il n'a vu personne avec qui il soit possible d'avoir des échanges d'idées politiques ; l'Empereur n'a pu donner l'ordre qu'on l'empêchât d'aller, « dans le plus sévère incognito, passer quelquefois une heure à Paris pour son amusement » ; cette défense ne lui a jamais été notifiée ; elle l'aurait été si elle existait ; elle n'existe pas parce qu'il n'a pu être dans l'intention de l'Empereur de lui imposer une privation inutile et humiliante ; l'Empereur lui a prescrit la résidence à Mortefontaine et l'incognito, comme une bienséance, non comme une peine. « Il entend s'imposer dans les plus étroites limites, la réserve de l'incognito, s'interdire tout ce qui pourrait en sortir, mais non supposer que l'Empereur lui eût imposé l'exil ou la prison. » Et, après une discussion très animée, Joseph, restant sur ses positions, conclut ainsi : « Si je me rencontre avec un ministre, un sénateur, un conseiller d'État, un homme public, j'aurai tort ; si on me reconnaît à un spectacle, dans un lieu public, j'aurai tort ; si la police même est instruite de mon voyage autrement que par des moyens de surveillance spéciale, j'aurai tort ; je veux suivre toutes les intentions de l'Empereur, mais non me croire, sur la parole d'autrui, l'objet de sa malveillance, parce que je ne la mérite ni par mes sentiments ni par ma conduite. »

Rœderer, dûment autorisé, rend compte le 16 à l'Empereur de la conversation qu'il vient d'avoir, et l'Empereur, tant est grande sa faiblesse vis-à-vis de son frère qu'il est incapable de tenir la main aux mesures énergiques qu'il a dû prendre vis-à-vis de lui et qui seules pourraient donner quelque satisfaction à l'opinion, l'Empereur désavoue Savary qui a simplement exécuté, en les atténuant même, les ordres qu'il avait reçus, et il le reprend comme d'une injure qui, adressée à un prince de la Famille, l'atteint presque lui-même : « La démarche que vous avez fait faire auprès du roi d'Espagne est inconvenante sous tous les points de vue, lui écrit-il d'Erfurt le 23 octobre. Puisque vous connaissiez l'objet de ses voyages à Paris, vous deviez paraître les ignorer. Il y a dans cette conduite peu de tact de votre part. L'art de la police est de ne pas voir ce qu'il est inutile qu'elle voie. » Cambacérès et Clarke avaient donc eu raison en dissimulant à Joseph les ordres de l'Empereur : ils savaient ce que duraient ses rancunes et connaissaient les ressources de sa faiblesse. Le gendarme Savary qui n'avait point eu ces finesses en était pour sa leçon.

Pourtant, cela dit, point d'autre communication à Joseph : cependant l'Empereur est en pleine retraite vers le Rhin avec ce qui reste de l'armée. Pourra-t-il même l'atteindre ? Le roi, qui s'inquiète à bon droit de n'avoir aucune nouvelle ni de l'Empereur, ni de Jérôme, de ne connaître les événements de Leipzig que par les bruit publics, envoie le 1er novembre Miot près de Savary. Le ministre ne dissimule pas les malheurs de Leipzig, mais il ne croit pas le mal aussi grand qu'on le représente. L'Empereur est à Gotha et se retire sur Fulde où l'on suppose qu'il arrivera avant l'ennemi; Francfort est couvert par 25 000 hommes aux ordres de Kellermann ; Jérôme a évacué Cassel; des partis ennemis se sont montrés près de Hanau. Miot rapporte ces nouvelles désespérantes à Joseph qui, presque en même temps, apprend la victoire remportée à Hanau, l'arrivée de l'Empereur à Mayence, son prochain retour à Saint-Cloud.

*
* *

Napoléon y arrive en effet le 8 novembre. Le 14, c'est Jérôme qui fait son entrée, et certes sa venue n'est point pour faciliter les rapports entre Napoléon et Joseph. Quoi que fasse celui-ci, il s'établit toujours une solidarité de l'un à l'autre; chacun d'eux est néfaste, et si, par une étrange illusion, l'Empereur cherche, trouve même, sinon des excuses, au moins des atténuations aux folies criminelles de Joseph, s'il trouve au contraire des aggravations aux sottises — sans grande conséquence — de Jérôme, le public ne distingue pas, et confond dans la même réprobation les deux artisans de la ruine nationale. Au moins, n'est-ce pas là ce qui préoccupe Napoléon, bien plutôt les formes d'opposition que Joseph affecte dans ses propos et même dans ses actes, et l'embarras que peut causer quelque jour son affectation à rester roi d'Espagne; et, s'ajoutant à Joseph, c'est Jérôme, ouvertement révolté contre les ordres qu'il a reçus, traînant après lui des prétentions dont on a déjà quelques exemples par la conduite que la reine a tenue.

Catherine, en effet, a médiocrement réussi en France: elle n'était pas une humble telle que Julie, ni une résignée telle qu'Hortense. Elle portait dans la vie une superbe qui tenait à l'orgueil qu'elle tirait de sa naissance et à l'opinion qu'un amour exalté, quoique peu récompensé, lui avait donné de son mari. Glorieuse de la race dont elle sortait, la moins flexible qui fût, elle ne subissait de contradiction que de son père, devant qui tremblaient ses sujets comme sa famille, ou de Jérôme parce qu'elle l'aimait et qu'elle faisait siennes ses volontés : mais, recevoir d'un autre, quel qu'il fût, des instructions ou des ordres, l'indignait et la mettait hors d'elle-même. Sortie de l'espèce de misère où son père l'avait tenue, associée à l'homme le plus prodigue d'argent, le plus inconscient, le plus vain, le plus désordonné en ses goûts et ses raffinements de luxe, et, en même temps, le plus connaisseur en toutes choses qui s'y rapportaient, elle avait naturellement modelé sa forme de vie sur la vie qu'on menait autour d'elle, écouté toutes ses fantaisies, épuisé toutes les recherches puisqu'ainsi elle s'imaginait plaire à son mari et que, d'ailleurs, en ce royaume ruiné qui, chaque soir, était à la veille de la banqueroute, on trouvait, chaque matin, tout l'argent qu'il fallait pour payer les somptuosités de la Cour. Elle s'était, elle aussi, mise au régime des dettes, régime dont il suffit de prendre l'habitude pour s'en accommoder fort bien. Plus elle était trompée, moins elle en pouvait douter, plus elle cherchait à se rendre belle et désirable pour le détestable amant qu'elle adorait. Grosse comme elle était, tant que, dans la graisse, s'étaient noyées les parties fines et vraiment délicates d'un corps que l'embonpoint avait déformé, elle était faite pour la représentation, la pompe, la grande toilette, mais cela ne la contentait pas. Elle eût voulu être maigre, alerte, vive, spirituelle, comme ces noiraudes de Gênes qui avaient fait les beaux jours — et surtout les belles nuits — de sa cour, comme ces Parisiennes, fleurs du ruisseau, qui s'entendaient si bien à obtenir les bontés du roi. Pour chercher un piquant qui lui échappait toujours, elle se plaisait aux costumes de travestissement qui lui seyaient fort peu, mais dont elle attendait toujours l'aumône d'un désir. Ainsi, ne pouvait-elle entendre qu'on se fût travesti quelque part sans aspirer à être parée comme on l'avait été. A l'hiver de 1813, bien qu'il ne dût pas y avoir de bals costumés à Cassel, elle avait voulu que Leroy lui envoyât les costumes qu'on avait portés aux Tuileries lors du Carnaval de 1812, dans le quadrille dit de l'Empire, et elle s'était réjouie en s'habillant, pour elle seule, en femme des environs de Naples et en femme de Corfou : divertissement médiocre qui ne lui avait coûté que 2 286 francs. Sans qu'elle fût, loin de là, la plus élégante et la mieux habillée des femmes de la Famille, elle était celle qui, sans doute — après les Impératrices — commandait les robes les plus chères, et, même arrivée à Meudon, elle ne s'en est pas privée.

Il est vrai que, de Meudon, elle est venue fort souvent à Paris ; elle a assisté le 30 mars à la prestation de serment de l'Impératrice régente ; elle a figuré aux dîners de famille ; elle a fait quelques visites à l'Empereur et à l'Impératrice. « Mon devoir et mon inclination m'y portent », écrit-elle à son père, — mais c'est pour le cabinet noir. Plus souvent elle est allée dîner chez Madame qui la comblait d'amitiés, ou déjeuner chez Fesch, dont le palais tout de guingois, horreur des architectes, faisait son admiration. Néanmoins, on ne venait point assez à son gré la voir à Meudon. Elle racolait du monde, entre autres Mme de Genlis, mais, était-ce pour la distraire ? « Je sors très peu, écrivait-elle, et je ne vois presque personne. » Aussi s'ennuyait-elle royalement : « Meudon est un séjour désagréable », « le temps est détestable » ; et pour chercher mieux, à la fin de mai, elle avait quitté « sans regret », et était allée passer huit jours à Pont-sur-Seine, chez Madame.

Madame la reçoit à merveille. « Elle est très bonne femme et comme elle me témoigne beaucoup d'amitié, je ne puis, écrit-elle, que m'être trouvée fort bien chez elle. » N'est-ce pas dire que, pour ce qui n'est point l'amitié, la villégiature fut morose ? Aussi ne prolonge-t-on pas. La reine touche barre à peine à Meudon et repart pour Mortefontaine, avançant son voyage afin de s'y trouver avec Marie-Louise. A Mortefontaine, une vie mieux à son goût, grands goûters, promenades, fêtes champêtres ; mais, Julie partant le 14 juin pour Vichy, il faut revenir à la solitude de Meudon. Il y pleut toujours, l'air y est trop vif, l'ennui y est de règle. La reine y prend les eaux de Forges en espérance d'une grossesse future, elle y monte à cheval et, s'il faut que, pour maigrir, elle se ronge, elle en a toutes les occasions : « La raison elle-même me dicte la patience, écrit-elle ; mais, en même temps, je vous avouerai franchement qu'elle a quelquefois de la peine à prendre le dessus et qu'il me faut bien du courage pour supporter l'isolement dans lequel je vis, car la position de ce château force à la solitude la plus complète; peu de gens sont tentés de gravir une montagne escarpée pour venir me voir : ce n'est donc rien d'agréable, mais la seule nécessité qui me retient ici. »

Elle y reste peu pourtant, mais le peu qu'elle y reste coûte cher à l'Empereur. Un détail permet de juger la dépense et les façons des domestiques : « Le blanchissage du linge pour le service de la maison de la reine, lequel est fourni par la Maison de l'Empereur, se monte à 600 francs par mois. Le préfet du Palais avait calculé que, vu l'absence que la reine a faite pendant dix jours, ce blanchissage devait se monter pour le moins à 100 francs de moins : il s'est fort récrié quand la femme chargée de la lingerie l'a fait monter à 700 francs. En ayant témoigné son mécontentement, la femme lui a écrit une lettre très impertinente, au point que le préfet la lui a renvoyée avec menace, en cas de récidive, d'en porter les plaintes au général comte Caffarelli. » Les deux méthodes se trouvent là en présence : l'ordre méticuleux dans la Maison de l'Empereur et le gaspillage de règle dans la maison de Jérôme. Cela ne peut manquer d'amener des querelles et d'aller jusqu'à l'Empereur, lorsqu'il réglera ses comptes avec cette minutie qui s'inquiète de tous les détails.

De plus, l'Empereur qui est, jour par jour, instruit de ce qui s'est passé dans la résidence de l'Impératrice et du Roi de Rome, ne saurait voir avec plaisir que la reine en use comme d'un terrain commun, traverse le parc à toute heure, sans entrer au château pour prendre, en l'absence de Marie-Louise, qui est à Mayence, des nouvelles du petit Roi. Passe encore pour le Bas parc, mais c'est tout de même dans le Petit parc, et lorsque, une fois, le 1er août, elle s'arrête pour voir le Roi, c'est à l'heure de sa promenade qu'on doit interrompre tout exprès.

Après le 15 août, où la reine assiste aux cérémonies du jour, de nouveau, voyage à Mortefontaine. Cela non plus n'est pas pour plaire. Sans doute l'Empereur n'a pas prohibé que Joseph la reçût, mais il ne l'a point nommée parmi les personnes qu'il pouvait recevoir, et ce groupement de souverains détrônés et mécontents doit l'offusquer; Catherine n'en a cure. Elle prend ses habitudes à Mortefontaine; on y est gai, on y voit du monde, on pêche, on chasse, on déjeune dans les fabriques du parc, tout comme on faisait à Napoléonshöhe et à Catharinenthal. La société même, si étrangement mêlée, et où elle amène encore à sa suite un élément d'étrangeté, car, partout où elle se déplace, c'est avec toute sa cour, a des façons cosmopolites qui amusent. Le contraste en est rendu plus grand avec la « triste solitude » de Meudon, « devenue plus triste encore par le temps froid et pluvieux qu'il y fait »; aussi, n'a-t-elle qu'une idée, retourner à Mortefontaine où, gentiment, Joseph l'attire « avec qui elle voudra », avec « liberté entière pour ses promenades du matin et ses courses à cheval ». Et comme Catherine est à la recherche d'une terre qui serait à elle et où elle s'installerait plus à son goût qu'à Meudon, Joseph lui demande « un jour pour aller jusqu'au Plessis et peut-être jusqu'à une campagne beaucoup plus susceptible de rivaliser un jour avec Ermenonville » qui l'avait enthousiasmée, mais que M. de Girardin ne voulait pas vendre.

Ce séjour de la reine à Mortefontaine est agréable à tout le monde. « Malgré les tristes circonstances où nous nous trouvions, dit Miot, sa présence jeta quelque charme parmi nous. Elle était belle et aimable. Elle cherchait à plaire et y réussissait. » Pourtant, au milieu des divertissements qu'on lui offrait, des visites qu'elle faisait autour de Mortefontaine, car, sur les indications de Jérôme, elle ne cessait de s'occuper de la terre qu'il voulait acheter, elle recevait de tristes nouvelles de Cassel, et, craignant d'en apprendre qui fussent pires, elle vivait au jour le jour. « Dieu veuille que cette triste position finisse bientôt, elle est cruelle, affreuse pour tout le monde, » écrivait-elle à Madame le 24 septembre, et, le 26, à son père : « Je suis, en attendant, toujours à Mortefontaine où l'amitié qu'on me témoigne m'aide à supporter mes peines. »

A sa rentrée à Meudon, elle apprend la première évacuation de Cassel, le départ du roi, « obligé, dit-elle, de faire sa retraite avec un habit sur le corps ». Cela l'exaspère contre l'Empereur. « Si, depuis la reprise des hostilités, écrit-elle à son père, il eût voulu accorder des forces suffisantes au roi qui le lui avait demandé à Dresde, celui-ci ne se serait pas trouvé dans le cas d'abandonner son royaume. Le roi, depuis longtemps, a prédit à l'Empereur tout ce qui vient d'arriver et lui a fait connaître le mauvais esprit qui règne dans le pays et qui a fait de cette guerre une guerre d'opinion et de fanatisme, ce malheureux peuple, ayant été exaspéré par la manière dont le Gouvernement français l'a traité. »

Cette animosité qui la domine n'est point passagère : c'est l'Empereur qui est coupable de tous les maux qui ont accablé la Westphalie, de toutes les injustices qu'a subies le roi, de toutes les disgrâces dont elle-même fut l'objet. Le roi a fait à son frère tous les sacrifices, il a couru des dangers qui font frémir et « on cherchait à répandre le bruit dans le public qu'une terreur panique avait fait abandonner Cassel » ! Ayant occasion d'écrire sans craindre les indiscrets, elle vide sa poche à fiel ; elle reprend depuis son départ que l'Empereur, dit-elle, avait ordonné ; elle raconte le message qu'elle a reçu en chemin, l'arrêt auquel elle fut contrainte à Compiègne, l'invitation qui l'appela à Trianon, la disposition qui la confina dans ce « séjour inhabitable » de Meudon. L'Empereur a refusé qu'elle accompagnât l'Impératrice à Mayence, où le roi aurait pu venir. Elle lui a écrit de nouveau « pour le supplier de lui accorder une maison à Paris puisque sa santé souffrait de ce séjour-ci », il ne lui a pas répondu. « Je me trouvais par là, explique-t-elle, dans la nécessité de passer l'hiver ici, ce qui est impraticable, et si les circonstances forçaient le roi à revenir en France, il se trouverait lui-même sans asile. Tous ses frères y ont des possessions, soit des maisons à Paris ou des terres, et mon mari est le seul qui n'aurait où aller. Il n'a pas voulu acheter d'hôtel, parce que, s'il devait venir en France durant la guerre, il ne voudrait pas habiter Paris en l'absence de l'Empereur; il s'est donc décidé à acheter une terre ou plutôt un château dans les environs de Paris et de Saint-Denis où j'irai me confiner aussitôt qu'il sera arrangé. Lorsque je l'aurai vu, ajoute-t-elle, je vous en ferai la description. »

Ainsi, durant qu'elle courait autour de Mortefontaine, à la recherche d'une habitation, Jérôme achetait, sans le voir, et sans que sa femme l'eût vu, un château d'importance, le château de Stains, renommé pour la beauté de son parc, coupé de champs et de prairies, et traversé par le Crould ; la terre des de Thou et des Harlay, où les propriétaires, MM. de Catelan, ont réuni toutes les espèces d'oiseaux aquatiques les plus rares, des cerfs et des biches à tête et à pieds blancs, les seuls qui existent en France, et un troupeau de moutons mérinos pure race pour lequel ont été bâties des bergeries pouvant contenir plus de 3000 bêtes.

Le château a été acheté moyennant 300000 francs, par les soins et sous le nom du baron de Sorsum et de M. Idelinger, et ce fut seulement un mois après que Jérôme en était devenu propriétaire, le 22 octobre, que Catherine trouva opportun de s'adresser à l'Empereur pour lui demander « de sceller de son consentement une grâce que le roi venait de lui accorder. Depuis longtemps, lui écrit-elle, je désirais posséder en France un petit pied-à-terre qui pût être le prétexte de quelques visites dans ce pays et dont le bonheur de voir Votre Majesté et l'Impératrice est le véritable motif. Le roi vient d'accéder à ce désir en m'accordant quelques fonds pour acheter une maison dans les environs de Saint-Denis, située à Stains et appartenant à MM. de Catelan. Quelle que fût la proximité de ce séjour de Paris, il ne suffirait pas au désir que j'ai de voir souvent l'Impératrice dont les bontés sont aujourd'hui ma seule consolation. J'ose donc la supplier de me désigner une maison à Paris dont le séjour m'est ordonné par les médecins ». Et elle termine par des considérations sur « le froid qu'il fait à Meudon » et les peines morales de tout genre qu'elle y éprouve.

Il y a de quoi faire éclater l'Empereur. S'il a trouvé que la reine en usait vraiment sans gêne et que, en France, elle oubliait qu'elle n'était pas dans son royaume; si ces voyages répétés et ce bruit que faisaient Catherine et cette cour qu'elle traînait après elle, et ce mode majeur de pompes souveraines lui ont déplu, à présent ces attitudes de désobéissance lui paraissent intolérables. Aussi, le 4 novembre, à Mayence, il donne mission au duc de Bassano d'écrire à Reinhard, chargé de transmettre ses ordres à Jérôme : « La reine, par la conduite qu'elle tient à Paris a déplu à l'Empereur. Le roi préviendra des désagréments et de nouveaux chagrins en faisant venir la reine auprès de lui. Sa Majesté a su récemment et n'a pu l'apprendre qu'avec mécontentement, que la reine s'occupe avec des gens d'affaire d'acheter pour le roi des maisons de plaisance aux environs de Paris et notamment le château de Stains. D'après le Statut de Famille, un prince, monté sur un trône étranger, ne peut rien posséder en France sans la permission de l'Empereur. Les projets du roi sont donc irréguliers. Ils sont d'ailleurs l'objet de la risée publique. On comprend difficilement comment un roi, dans sa position, et lorsque la France n'est occupée que de sacrifices pour sauvegarder l'honneur national, se livre à des projets qui lui sont personnels. »

Sans doute eût-on pu discuter l'interprétation que l'Empereur donnait au Statut de Famille. Il n'avait empêché ni Joseph de posséder Mortefontaine, ni Louis de posséder l'hôtel de la rue Cérutti et Saint-Leu : ce n'était pas le Statut de Famille qu'il avait invoqué, lorsque, au traité de Bayonne, il avait contraint Murat de lui céder l'Élysée, Neuilly et La Motte Saint-Héraye ; mais cet affichage d'indépendance par la reine l'excédait. Qu'eût-il dit s'il avait su que Jérôme venait d'acheter, en Indre-et-Loire, une terre d'une bien autre importance : le château de Villandry, bâti au XIVe siècle, complété au XVIe, mis à la moderne au XVIIIe ? Par une ingénieuse combinaison des gens d'affaires, ce marché et celui de Stains avaient été conclus moyennant 980 000 francs, alors que l'on comptait sur 40 000 livres de revenu utile. Cela d'ailleurs n'eût fait que confirmer les rapports du commissaire général de police à Mayence annonçant les gains de cinq à six millions opérés, au compte du roi, sur les domaines et les capitaux de la Couronne de Westphalie, convertis clandestinement en espèces, par un nommé Moulard, qui, comme intendant de la liste civile, avait remplacé La Flèche après sa débâcle.

Mais ces millions, placés à la Banque de France à un compte M, par l'intermédiaire des banquiers Perregaux, ne paraissaient point et ne faisaient pas scandale, tandis que Stains pouvait le faire. « Le roi a fait acheter la terre de Stains, écrit l'Empereur à l'archichancelier. Cette démarche est, je crois, contraire aux Statuts de la Famille ; je désire que vous le vérifiiez. Il me semble qu'il y a un article qui dit qu'aucune acquisition ne peut être faite en France sans ma permission par un prince qui occupe un trône étranger. Si je ne me trompe pas à cet égard, ordonnez au grand juge de faire venir le notaire qui a fait l'acte, de lui faire connaître les dispositions des statuts et de faire annuler la vente. J'ai ordonné au roi de Westphalie de se rendre à Aix-la-Chapelle. Je suis indigné de ce que, lorsque tous les particuliers sacrifient leurs intérêts pour la défense de la patrie, un roi, qui perd son trône, ait assez peu de tact pour choisir ce moment pour acheter des terres et avoir l'air de ne penser qu'à ses intérêts particuliers. J'ai fait connaître au roi de Westphalie que mon intention était que la reine allât le rejoindre. »

C'est à Reinhard qu'est revenue cette agréable commission. Le 8 novembre, il s'est transporté à Aix-la-Chapelle et, tout de suite, s'est rendu chez le comte de Furstenstein, car toute affaire doit passer par le ministre des Relations extérieures. Reinhard s'est borné à énoncer les deux points essentiels : résidence du roi dans un château du Rhin, rappel de la reine. Furstenstein a répondu à Reinhard qu'il eût à venir le lendemain au lever du roi. Mais, ce lendemain, point de lever. Le ministre de France est condamné à une attente interminable dans les salons de service et s'énerve du manque prémédité d'égards. A une heure seulement, il parvient à se faire annoncer au roi auquel il signifie les ordres de l'Empereur. Jérôme répond que, quant à la résidence, son capitaine des gardes, le général Wolff, parti de Mayence soixante heures après la dépêche du duc de Bassano, lui a porté des propositions différentes, les seules dont il lui plaise de tenir compte. Il ne veut pas de châteaux aux bords du Rhin, mais aux environs de Paris, tout au plus Laëken, cela, à la bonne heure. Reinhard répond par le mécontentement de l'Empereur, l'annulation de l'achat de Stains, le Statut de Famille. — « Le Statut de Famille n'a pas empêché le roi d'Espagne d'habiter Mortefontaine, riposte Jérôme. — Il l'a acquis de l'agrément de l'Empereur et l'habite sans voir personne et dans le plus grand incognito, répond Reinhard. — Sans voir personne ! s'écrie Jérôme. Le roi d'Espagne va seulement coucher toutes les nuits à Paris et ce n'est pas pour conjurer, c'est pour s'amuser. Jamais, je ne ferai venir la reine à Aix-la-Chapelle. Cinq cents Cosaques peuvent arriver par Dusseldorf. Rien ne les en empêche. La place de la reine n'est pas aux avant-postes ». Reinhard répond que les Cosaques n'arriveront pas plus à Dusseldorf qu'à Laeken. — « Oui, c'est comme quand on était à Dresde. On disait qu'ils ne passeraient pas l'Elbe. Si l'Empereur veut que je fasse venir la reine, pourquoi ne fait-il pas venir l'Impératrice ? — Parce que, répond Reinhard, l'Impératrice est chez elle et que la reine est chez l'Empereur, qu'elle en reçoit l'hospitalité et qu'elle ne peut la recevoir malgré lui. — Eh bien ! reprend Jérôme, je lui ordonnerai d'aller chez elle, je la suivrai, mais ce sera moi qui commanderai à ma femme. Je sais que je suis sous la puissance du plus fort, mais on sait que j'ai du caractère ; je m'exposerai plutôt à un esclandre et il faudra que celui qu'on enverra soit bien ferme sur ses étriers. Que l'Empereur attende encore quinze jours et il verra ce qu'il peut se promettre des autres membres de sa famille. Je vois des traîtres, comme ce roi de Suède, affermis sur leur trône, et moi, seul resté constamment fidèle, je perds le mien. On m'a fait des propositions pour rester à Cassel. L'Empereur le sait. Il l'a dit au général Wolff. Je pourrais passer le Rhin aujourd'hui, je pourrais retourner dans mes États, j'y serais bien reçu ! »

Et, s'emportant de plus en plus : « Au surplus, dit-il, c'est une affaire de famille entre l'Empereur et moi et, si l'Empereur vous charge de me dire quelque chose, adressez-vous au comte de Furstenstein. »

Reinhard répond que c'est au roi qu'il est chargé de faire connaître les volontés de l'Empereur; que le roi ne voudra pas faire intervenir un tiers; que, dans ce qu'il a dit, rien n'a pu motiver la colère que fait éclater le roi. « Oui, dit Jérôme, j'ai le cœur plein d'amertume et je ne le montre qu'à vous. Je sais qu'en ce moment on traite de mon royaume, qu'on en traite sans moi et que peut-être on l'a déjà cédé. » Reinhard demande comment le roi le sait. « L'Empereur l'a dit, ou à peu près, au général Wolff et je le sais encore par d'autres sources. Comment l'Empereur justifiera-t-il aux yeux de l'Europe ce procédé envers un souverain et frère si fidèlement dévoué? » Et puis des révoltes; il est toujours roi, toujours souverain. « Souverain, répond Reinhard, Votre Majesté ne l'est pas ici. — Oui, je le suis ici et même plus qu'à Cassel, répond-il. » La conférence finit sur des mots si aigres qu'à la suite, Reinhard prend la résolution « de ne plus aller à la Cour que lorsque le roi le fera appeler ».

La conclusion à tirer pourtant est que le roi renonce en ce moment à se rendre à Paris; mais il se prévaut des concessions prétendues que l'Empereur aurait annoncées au général Wolff; il parle du château de Pont où l'Empereur lui aurait permis de se rendre lorsqu'il le demanderait. « Cette retraite, dit-il, conviendrait à la reine et beaucoup moins à moi qui préfère Aix-la-Chapelle; pour appeler la reine près de moi, c'est le château de Laëken qui réunit toutes les convenances. »

Reinhard n'a eu qu'à rendre compte. Les instructions qu'il a reçues sont impératives et, du ton que l'Empereur a pris, l'on ne peut guère croire qu'il les ait modifiées sans même donner avis à son ministre. Le roi pourtant, sur des renseignements à coup sûr peu autorisés, se dit en mesure de les contredire : tantôt, ce sont « les propositions qu'il a reçues de l'Empereur, par le général Wolff » ; tantôt un mot que l'Empereur aurait dit à un de ses courriers qu'il aurait rencontré à Verdun. Il en tire le droit d'aller à Pont ; il compte naturellement d'ailleurs y mener sa maîtresse, « la seule dame à la suite de Sa Majesté ». Il est vrai que la princesse de Löwenstein est suivie du prince, « pauvre prince, pauvre mari, pauvre officier », mais incomparable chambellan, et d'une complaisance ! Elle n'en est pas moins la seule femme, ce qui lui fait une position singulière. D'hommes, il y a quantité, mais un seul influent, Furstentein, qui est en rivalité, même en lutte semi-courtoise, avec la maîtresse, « la dit très méchante, très intéressée », bien difficile à renverser, tant elle a porté d'adresse dans sa conduite pour suivre le but qu'elle est parvenue à atteindre.

Après l'audience qu'il a eue, les ordres qu'il a signifiés, Reinhard est convaincu que le roi attendra les nouvelles décisions de l'Empereur. Or, le 11, il reçoit de Furstenstein ce billet : « J'ai l'honneur de prévenir Votre Excellence que le roi, mon maître, se mettra en route cette nuit pour se rendre au château de Pont-sur-Seine appartenant à Madame Mère, ce lieu ayant été jugé convenable pour la résidence du roi par Sa

Majesté l'Empereur ». Reinhard répond par une protestation motivée : Nulle instruction nouvelle n'a infirmé, ni même atténué les ordres que le duc de Bassano lui a expédiés le 4 novembre; les volontés de l'Empereur sont positives sur deux points, le premier, que le roi s'établisse dans un château des départements de la Sarre, de la Roër ou du Rhin-et-Moselle; le second, qu'il y fasse venir la reine. L'Empereur a ajouté que, si le roi ne s'y conformait pas, il serait obligé de prendre des mesures pour en assurer l'exécution. Reinhard n'avait d'autre devoir que de faire bien entendre au roi que telles étaient les volontés de son frère. Il ne peut s'écarter de ce devoir, quelles que soient les communications directes que le roi a pu recevoir depuis. Il dégage donc sa responsabilité et rendra compte à son gouvernement de la détermination que le roi a prise.

Sur cette lettre, Jérôme daigne recevoir le ministre, « qui lui signifie encore une fois la volonté formelle de l'Empereur et ne lui ménage point les vérités dures à entendre. Le roi lui dit que personne ne lui a jamais parlé ainsi et qu'il ne l'aurait supporté de personne d'autre. Il n'en persiste pas moins dans sa résolution », et se prépare à partir dans la nuit pour Pont, avec la princesse de Löwenstein et le comte de Furstenstein.

A ce moment, coup de théâtre : arrivée d'un courrier apportant la nouvelle que l'Empereur a assigné le château de Compiègne pour la résidence du roi. Ainsi tiennent les résolutions de l'Empereur lorsqu'il s'agit de ses frères. Il donne des ordres et les sorviteurs qui exécutent ces ordres — Savary hier, Reinhard aujourd'hui — sont désavoués, repris ou disgraciés.

C'est Catherine qui est intervenue et qui a arraché cette grâce de l'Empereur. Elle le raconte le 14 à son père : « Lorsque l'Empereur est arrivé à Saint-Cloud, je m'y suis présentée sur-le-champ. Sa première parole a été de me parler du parti que les circonstances vous ont forcé de prendre et cela d'une manière à me faire voir sa disposition d'humeur sur ce qui se passe. Le lendemain, il s'est radouci et m'a parlé de vous avec beaucoup d'éloges. Ayant appris qu'il ne voulait pas absolument que le roi vînt ici, mais qu'il voulait absolument qu'il restât dans les départements qui bordent le Rhin, j'ai pris mon courage à deux mains et je lui ai demandé une entrevue que l'Impératrice a eu beaucoup de peine à obtenir. Enfin, elle y a réussi et j'ai pu lui exposer, dans une conversation qui a duré une heure et demie et qui a été très vive de part et d'autre, toute la position du roi d'après les sacrifices qu'il a portés, la nécessité de le rapprocher de Paris, en lui permettant au moins de venir à Stains, enfin de nous donner des moyens d'existence en assurant au roi le million de prince français. Il m'a refusé que le roi vînt à Paris ou à Stains pour des raisons politiques qui ne tiennent pas à nous personnellement, mais il m'a accordé Compiègne et c'est là que je compte m'établir et trouver le roi dès demain. Quant au million de prince français, il n'y a encore rien de stipulé et je ne sais encore quand cet article le sera. En attendant, il faudra vivre de l'air du temps. »

Le 14, en effet, à huit heures du matin, Jérôme, avec seulement deux voitures suivant son carrosse, arrive à Compiègne où M. de Guerchy, maréchal des logis du Palais, a été envoyé pour le recevoir et l'établir dans le Palais. Il est logé dans l'appartement du Roi de Rome. Dans la nuit arrive la reine, qui, après avoir assisté à Saint-Cloud au dîner de famille, est revenue à Meudon prendre les personnes de sa suite et s'est hâtée ensuite vers Compiègne. La Cour se complète le lendemain et les jours suivants; la maîtresse y est déjà : c'est le personnage important. La reine a sa grande maîtresse, six dames du Palais, un chevalier d'honneur, deux écuyers, un secrétaire des commandements; le roi cinq ministres, le capitaine de ses gardes, quatre aides de camp, trois officiers d'ordonnance, cinq secrétaires à titres divers, deux écuyers, trois chambellans, un maréchal de la Cour, deux préfets du Palais, un fourrier, quatre médecins, douze pages avec leur sous-gouverneur, et, pour ces cinquante-huit princes, comtes, barons ou chevaliers, il y a quatre fois autant d'employés, d'huissiers, de valets de chambre, de gens de livrée, de cochers et de chevaux, car bien qu'on ait vendu quantité de chevaux à Cologne, au point d'y donner pour 1 900 francs les six admirables brunswickois blancs de grand gala, les mêmes qui au théâtre de Cassel traînaient le char de Trajan, il en est resté sur toutes les routes et, peu à peu, ils affluent à Compiègne, emplissent les écuries du Palais, débordent dans la ville.

Ce ne serait rien encore que le château mis au pillage, les vols organisés par des valets de pied du roi, de complicité avec un nommé Kieffer, emballeur de la reine, mais outre que, de Mortefontaine, Joseph, avec sa cour espagnole, vient rendre visite à son frère westphalien — ce qui n'est pas pour plaire à l'Empereur — Jérôme ne s'occupe pas seulement de faire la cour à la princesse de Löwenstein, de jouer à la paume, de chasser dans le parc, de destituer son intendant de Paris, d'élever ou d'abaisser, selon sa fantaisie du moment, tel ou tel chambellan : il imagine d'ouvrir, par son beau-père, une négociation avec les souverain alliés.

Dès le 5 novembre, Catherine a été employée à tâter le terrain. « Mon mari, a-t-elle écrit au roi de Wurtemberg, n'a pu, comme les princes de la Confédération, faire ce que le sang, l'honneur et la reconnaissance lui interdisaient également... Mais il serait bien dur de penser qu'il en sera la première victime, lorsque la paix générale aura rendu à chacun la tranquillité ou au moins une partie de son ancienne existence. » Quatre jours après l'arrivée de Jérôme à Compiègne, le 18 novembre, Catherine revient à la charge et s'exprime plus nettement : « Je me persuade, écrit-elle, que, s'il est encore quelque justice en ce monde, vous aurez aussi quelque influence à la paix générale et qu'alors vous n'oublierez pas le roi, un gendre qui a toujours eu pour vous les plus aimables procédés. » Enfin, le 7 décembre, alors qu'elle n'a rien à refuser à son mari (on le verra bien dans neuf mois), elle risque la démarche décisive : « Je vous ai dit plusieurs fois, mon cher père, écrit-elle, combien j'étais pour mon compte éloignée de toute idée ambitieuse, mais puis-je voir sans un mortel chagrin que le roi soit condamné, à la fleur de son âge, à une telle inaction ? La paix qu'on nous fait espérer doit assurer l'existence de tous les souverains et, sans doute, après les sacrifices que vous avez faits à la cause des Alliés, vous avez des droits à obtenir que celle de vos proches ne soit pas oubliée. Si la politique admet quelques principes de justice, on ne pourra savoir mauvais gré au roi d'une conduite que lui imposaient les sentiments d'honneur qui le distinguent et je ne pourrais me persuader qu'on voulût le rendre victime de l'impossibilité où il se trouvait d'agir comme tous les autres membres de la Confédération du Rhin. » Jérôme, le lendemain, précise et affirme ses prétentions : « Le royaume de Westphalie, écrit-il à son beau-père, a été formé avec le concours de la Russie et de la Prusse. Il a été reconnu par toutes les puissances actuellement en guerre avec la France ; tous les actes émanant de leur autorité le reconnaissent comme existant et, en effet, je ne vois pas, dans la guerre des Alliés contre la France, en quoi ma qualité de prince français pourrait influer sur la conservation de mon royaume, même dans le cas où la paix donnerait lieu à des changements dans la constitution politique de l'Allemagne, auxquels je n'hésiterais pas à souscrire. Je me flatte que ma manière franche de penser et d'agir, assez connue de tous les souverains de l'Europe, doit être pour eux la garantie de la sincérité de mon adhésion à tout ce qui pourra être jugé nécessaire pour le maintien de l'indépendance de l'Allemagne, qui, par cela, pourrait, pour la France même, devenir plus intéressante. Je ne me dissimule point que les plans et les combinaisons que les Alliés ont conçus pour atteindre ce but seraient susceptibles d'apporter quelques changements dans les limites actuelles de mon royaume et je ne balance point à déclarer à Votre Majesté que j'y souscrirais également, comptant assez sur leur justice pour croire que des indemnités convenables seraient offertes. »

Aussitôt que le roi de Wurtemberg aura répondu « par l'entremise de M. de Linsingen », Jérôme enverra officiellement son ministre des Finances, Malchus, comte de Marienrode, pour traiter de ses affaires auprès du Congrès.

Catherine dit que « c'est avec la connaissance et l'agrément de l'Empereur » que le roi a fait cette démarche. Cela est-il bien sûr? L'Empereur, depuis le jour où Jérôme est arrivé à Compiègne, n'a pas voulu le voir et la lettre qu'il lui a fait porter par le duc Charles de Plaisance est la dernière qu'il lui ait écrite. On n'a aucun indice que Catherine soit venue à Paris, ni qu'elle ait été reçue par l'Empereur; on ne trouve aucune trace que l'Empereur ait chargé son ministre des Relations extérieures d'une communication d'une telle espèce. Le 2 décembre, les bases de Francfort ont été officiellement acceptées, pour la négociation de la paix, par le duc de Vicence, nommé ministre des Relations extérieures le 20 novembre. Par le paragraphe 5, la France a renoncé à toute souveraineté en Allemagne ; par là même, ne peut-on croire qu'elle a abandonné toute prétention de maintenir la Westphalie sous un sceptre napoléonien. Or, la lettre de Jérôme est en date du 8 décembre. Cette lettre a été rédigée avec le plus grand mystère. « On m'a fait travailler ce matin, écrit, le 8, Cousin de Marinville à son père, à l'objet le plus secret et qui exige le plus de confiance. » Le canal qu'ont indiqué Jérôme et Catherine pour passer les réponses est tout allemand : M. de Linsingen, secrétaire de la légation de Westphalie à Paris, ayant quantité de parents de son nom dans l'armée prussienne. Au cas où le Congrès se fût réuni en décembre, l'Empereur eût-il plutôt admis qu'en juillet précédent ou qu'en janvier suivant l'idée que Jérôme y fût représenté et stipulât pour lui-même, que ce ne fût point son plénipotentiaire qui débattît les intérêts de Jérôme, comme ceux de Joseph, d'Eugène et d'Élisa ? Pour admettre que la démarche ait pu être faite « avec la connaissance et l'agrément de l'Empereur », il conviendrait qu'on rapportât de cette autorisation une autre preuve qu'une simple allégation qu'infirment toutes les vraisemblances. Jusqu'à ce que cette preuve ait été fournie, on doit se demander si cette démarche faite malgré l'Empereur, ne se trouvait pas faite contre lui.

Au reste, de Jérôme, l'Empereur ne voulait rien savoir. Pourvu que le roi de Westphalie restât à Compiègne et qu'il ne fît point parler de lui à Paris, Napoléon se passait aussi volontiers de ses services militaires que de ses avis politiques; si, par son incurable faiblesse vis-à-vis des siens et vis-à-vis des femmes, il avait cédé sur Compiègne, il n'avait oublié ni les deux fuites de Cassel, ni la révolte à Aix-la-Chapelle, ni l'achat de Stains. Il ne lui pardonnait rien et, le laissant là où il lui avait permis de résider, il témoignait assez fortement sa mansuétude fraternelle sans avoir à sacrifier une chance quelconque de paix pour le vain espoir de conserver à Jérôme son problématique royaume.

Ce qui se passait à ce moment même au sujet de l'Espagne apporte d'ailleurs à l'appui une preuve surérogatoire.

*
* *

Entre Joseph et l'Empereur, une difficulté nouvelle a en effet surgi qui, en mettant à nu le caractère et les prétentions de Joseph, a montré une fois de plus ce qu'il fallait penser de sa modération, de son absence d'ambition, de son goût de retraite, et de tous les couplets champêtres dont il se plaisait à orner ses lettres menaçantes.

A son arrivée à Paris, l'Empereur avait trouvé une lettre que Soult lui avait écrite de Saint-Jean de Luz, le 3 novembre. Soult, rappelant une conversation que l'Empereur avait eue avec lui, dans une de ses promenades autour de Dresde, au sujet des affaires d'Espagne et du prince Ferdinand, ouvrait l'avis que le moment était arrivé où l'Empereur pouvait employer le seul moyen d'en finir qui se fût constamment présenté à lui depuis 1809, le renvoi du prince des Asturies dans ses royaumes. Il rapportait l'agitation qui régnait en Espagne, l'accroissement continuel de la méfiance entre Espagnols et Anglais; la destitution et l'éloignement par Wellington des généraux espagnols qui s'étaient montrés le plus habiles et le plus patriotes, tels que Castaños et O'Donnel; il disait les lettres interceptées, les témoignages recueillis, les discours de la nouvelle assemblée des Cortès, les émeutes à Cadix, l'anarchie en Galice, le brigandage en Castille. « Toutes ces circonstances réunies, disait-il, m'ont fait penser qu'il ne faudrait peut-être qu'un prétexte pour porter la nation espagnole à tourner ses armes contre les Anglais et à devenir l'alliée de Votre Majesté. » Pour cela, il suffirait que le prince des Asturies formât une alliance de famille avec l'Empereur et que celui-ci le rendît à la nation et le lui présentât; dès lors, l'armée anglaise n'avait plus, pour sa propre sûreté, qu'à rentrer en Portugal; elle ne pouvait opérer ce mouvement sans subir de telles pertes qu'elle n'aurait peut-être plus la possibilité de se maintenir dans la Péninsule. L'Empereur serait donc à même de porter sur un autre théâtre ses armées d'Espagne ou de donner à cette guerre telle direction qu'il jugerait convenable. Soult ajoutait d'autres considérations sur les voies et moyens à suivre, mais il insistait surtout sur l'alliance de famille à contracter avec le prince Ferdinand, sur l'apparente liberté qu'il conviendrait de lui laisser, sur les garanties qu'il faudrait prendre vis-à-vis de lui et finissait en s'excusant de représenter un moyen que l'Empereur lui-même avait imaginé « de terminer par une mesure politique les affaires d'Espagne et de rendre les armées qui y étaient employées entièrement disponibles pour la guerre du Nord. »

L'Empereur a saisi aussitôt cette ouverture qui correspond si bien à ses propres idées : sur l'utilité d'une alliance de famille, il ne saurait à présent former des illusions : pourtant, ce qui a si mal tourné avec les Lorraine-Habsbourg peut réussir avec les Bourbons ; d'ailleurs, ce n'est point un père, mais un mari qu'il s'agira d'amener à la politique française. L'Empereur ne saurait penser, comme jadis, à donner à Ferdinand une Tascher, une La Rochefoucauld, une fille de Lucien, mais il a la fille aînée de Joseph et une certaine lettre que, le 29 septembre, Rœderer écrivait à son ami le général Dumas, ne lui est-elle pas récemment tombée sous les yeux? « La princesse Zénaïde, disait Rœderer, est une petite personne toute ronde, toute formée, très bien élevée, parlant avec beaucoup de raison et d'aplomb. On ne voit pas ce qui pourrait faire différer de lui donner un mari. » Sans doute n'a-t-elle pas treize ans et l'époux qu'on lui destinerait en a-t-il vingt-neuf, mais cela n'est point pour arrêter dans une famille corse. Madame avait quatorze ans à peine lorsqu'elle s'est mariée.

Peut-être l'Empereur en dit-il quelque chose à Julie qui, le 10 novembre, est venue de Mortefontaine au Luxembourg et à Saint-Cloud et qui, le 11, a convoqué chez elle Rœderer, non sans une raison. Le 12, après le lever, l'Empereur retient Rœderer et, sans lui ouvrir sa pensée au sujet de l'Espagne, sans lui dévoiler le projet sur lequel il s'est mis d'accord avec Bassano, qui le préconise depuis le retour de Russie, il jette néanmoins dans la conversation des bribes d'information dont il pense bien que Rœderer fera son profit. D'abord il demande quelle est la conduite de Joseph à Mortefontaine et il se relâche de sa sévérité de juillet. « Qu'il vienne à Paris tant qu'il voudra, dit-il, pour voir des filles ou Mme de Monte-Hermoso ; j'ai désapprouvé le ministre de la Police sur l'obstacle qu'il a voulu y mettre. » Puis, il entre dans le vif par cette question. « Mais, du reste, qu'est-ce qu'il veut? Songe-t-il encore à régner ? » et comme Rœderer répond. « Sire, je le crois. — Veut-il encore le trône d'Espagne? demande-t-il — Sire, dit Rœderer, il pense, à ce que je présume, qu'il lui serait encore possible de négocier. — Chimère ! riposte l'Empereur. Ils ne veulent pas de lui, ils le regardent comme incapable. Ils ne veulent pas d'un roi qui est toujours avec les femmes à jouer à cache-cache ou à colin-maillard. Ce sont ses amis eux-mêmes qui disent cela de lui... Le roi dépend des femmes, de ses maisons, de ses meubles. Il me disait sérieusement au Prado qu'il fallait éviter que mes grenadiers allassent déranger son palais... J'ai sacrifié des milliers, des cent milliers d'hommes pour le faire régner en Espagne. C'est une de mes fautes d'avoir cru mes frères nécessaires pour assurer ma dynastie. Ma dynastie est assurée sans eux. Elle se sera faite au milieu des orages, par la force des choses. L'Impératrice suffit pour l'assurer. Elle a plus de sagesse et de politique qu'eux tous... Aujourd'hui, je ne donnerais pas un cheveu pour avoir Joseph en Espagne plutôt que Ferdinand. Les Espagnols seront toujours unis à la France par leur intérêt, Ferdinand ne me sera pas plus opposé que le roi. » C'est là l'essentiel.

Ce qui montre combien Rœderer connaît Joseph, c'est qu'il répond : « Sire, peut-être le roi ne désire pas précisément la couronne d'Espagne, mais une couronne. » A cela, Napoléon ne répond pas. Quelle couronne donnerait-il, lui qui est si peu sûr de garder la sienne? Il revient à Vitoria, à la campagne, à l'ignorance et aux bévues du roi, puis il pose la question : Que va faire Joseph? Rœderer distingue trois cas : L'Empereur à Paris et en paix; l'Empereur absent et en guerre ; l'Empereur mort et la Régence ouverte. « Oh ! dans ce cas, dit l'Empereur, il ferait du trouble, je m'y attends. Voyez l'histoire; ç'a toujours été ainsi. Le cas à prévoir, c'est mon absence. Tout a été tranquille cette année; j'ai été bien servi par tout le monde. L'Impératrice est une femme plus politique que tous mes frères. Cette jeune femme aurait pris dans l'occasion son parti très bien... Mais, si j'avais ici le roi et ses grands amis, les Clément de Ris et autres, ils me mettraient tout sens dessus dessous. » Et, d'accord avec Rœderer, il pense que, en son absence, il faudrait occuper le roi — et l'occuper loin de Paris. Il envisage l'idée de le faire gouverneur de Rome, gouverneur de Turin, mais il passe. Il a dit ce qu'il désire que Rœderer rapporte à Mortefontaine.

Le même jour, 12 novembre, il donne des ordres à Bassano pour que La Forest, l'ancien ambassadeur près de Joseph, retiré à son château de Fréchines, aux environ de Blois, se rende « incognito, avec un seul domestique et dans une voiture aussi modeste que possible », au château de Valençay où il portera une lettre au prince des Asturies. Cette lettre débute ainsi : « Les circonstances actuelles de la politique de mon empire me portent à désirer la fin des affaires d'Espagne. L'Angleterre y fermente l'anarchie, le jacobinisme et l'anéantissement de la monarchie et de la noblesse pour y établir une république. Je ne puis qu'être sensible à la destruction d'une nation si voisine de mes États et avec laquelle j'ai tant d'intérêts maritimes communs. Je désire donc ôter tout prétexte à l'influence anglaise et rétablir les liens d'amitié et de bon voisinage qui ont existé si longtemps entre les deux nations. » En dehors des conditions politiques de l'accord : évacuation réciproque des territoires, retour du prince Ferdinand à Madrid, restitution des prisonniers, retraite des Anglais, pension à Charles IV, amnistie aux Espagnols attachés à Joseph, maintien de l'empire colonial et interdiction d'en céder quelque partie que ce soit aux Anglais, les instructions dressées pour M. de La Forest lui prescrivent de proposer au prince Ferdinand la main de la princesse Zénaïde; toutefois, il ne devra articuler cette clause qu'après les autres, lorsque le moment lui paraîtra opportun et que Ferdinand, pour être mis en possession de son royaume, n'aura plus à faire que ce léger effort : de conclure un mariage tel qu'il le sollicite depuis cinq ans avec une insistance écœurante.

L'on est tenté de penser que si Julie avait été pressentie par l'Empereur, que si tel avait été l'objet des voyages assez fréquents qu'elle fit à Paris et où, à chaque fois, elle vit l'Empereur « pour l'engager, a-t-on dit, à se prononcer sur la position de son mari dont la position et le titre qu'il portait devenaient chaque jour plus embarrassants, » elle n'avait pas rapporté à Joseph tout ce qu'elle apprenait, comptant sans doute que l'amour paternel le ferait passer sur le déchirement d'abandonner sa couronne.

L'Empereur pourtant s'imaginait que son frère était préparé au sacrifice. Par Rœderer, il lui avait fait passer des mots aimables. « Je ne l'ai pas encore vu, avait-il dit, le 17 novembre, j'ai tant à faire. » Pour lui plaire, il avait fait offrir des secours à Azanza qu'il avait su dans le besoin. « Ils ont de la noblesse, avait-il dit, ces Espagnols; ils ne demandent pas comme les Italiens. » Mais Rœderer avait prié Julie « de garder pour elle ce qui ne serait pas bon à dire au roi », et Julie, comme elle l'écrit le 23, « n'avait parlé au roi que de ce qui pouvait lui faire plaisir. »

Alors donc que l'Empereur devait penser que, lorsqu'il dévoilerait la négociation engagée avec Ferdinand, Joseph n'y mettrait point des obstacles, Joseph, par le fait de la courtisanerie et de l'amour conjugal qui lui avaient également ménagé ce qui pouvait lui déplaire, se trouvait, vraisemblablement, au moins dans une demi-ignorance de ce qui était presque accompli.

Le 27 novembre, l'Empereur se détermine à lui faire adresser « un billet contenant l'invitation de se rendre à Paris pour être reçu par lui le lendemain au soir ». Le 28, Joseph, accompagné de Miot, arrive à huit heures du soir chez Rœderer, rue du faubourg Saint-Honoré, 99. Au bout de peu de temps, le comte de Flahaut, aide de camp de l'Empereur, vient le prendre et le conduit aux Tuileries, où, par un escalier secret, il l'introduit dans le cabinet de Napoléon.

L'entretien dure longtemps. Sans revenir en rien sur les revers que Joseph a essuyés en Espagne, sans faire aucun reproche sur le passé, l'Empereur s'en tient uniquement au présent et à l'avenir : « Ma position actuelle, dit-il au roi, ne me permet plus de penser à aucune domination étrangère et je m'estimerai heureux si je puis, par la paix, conserver le territoire de l'ancienne France. Tout, autour de moi, menace ruine en ce moment. Mes armées sont anéanties et les pertes qu'elles ont éprouvées ne peuvent se réparer qu'avec une extrême difficulté. La Hollande nous échappe sans retour ; l'Italie est chancelante ; le roi de Naples me donne les plus justes inquiétudes ; il s'arrange avec les Anglais. Le duc de Campo-Chiaro et le marquis de Gallo se sont emparés de son esprit. Le premier est vendu aux Anglais, l'autre aux Autrichiens. Si sa défection n'est pas prononcée, du moins il n'y a aucune coopération à espérer du côté de Naples. Les secours qui devaient être fournis au vice-roi n'arrivent pas et il en a un besoin extrême ; les Autrichiens le pressent et les Italiens qu'il commande hésitent. Dévoués dans la prospérité, outrant les expressions du zèle et de l'affection tant qu'ils m'ont vu heureux et puissant, ils se tournent avec le vent de la fortune et sont prêts à me manquer tout à fait. La Belgique, les provinces du Rhin, laissent aussi percer des signes de mécontentement et ne répondent que faiblement aux vues du gouvernement. La frontière d'Espagne est envahie par l'ennemi. Dans une semblable crise, comment penser à des trônes étrangers ? Comment proposer à la France, qui peut à peine se défendre, des sacrifices pour toute autre cause que sa conservation, puisqu'on peut à peine en espérer ceux qui sont indispensablement nécessaires pour préserver son propre territoire ? Il faut donc renoncer à l'Espagne. Il faut que vous vous replaciez au rang de prince français ou, si vous ne croyez pas pouvoir descendre, il faut vous éloigner entièrement et embrasser le parti d'une retraite absolue. Je rendrai l'Espagne à Ferdinand ; je le donnerai aux Espagnols à la seule condition de respecter la frontière de la France et de se placer entre les Anglais et nous. J'espère, après cette grande concession, pouvoir retirer sans danger l'armée que j'ai sur les Pyrénées pour la porter en Italie contre les Autrichiens. Tout est bon pour obtenir ce résultat. »

Si cette conclusion peut surprendre, parce qu'on ignore à quelle combinaison stratégique, la plus hardie que Napoléon ait jamais conçue, elle se rapporte, le tableau qu'il a tracé de la situation est d'une exactitude absolue, d'une vérité frappante. Devant d'autres, l'Empereur affecte des illusions; il montre ici qu'il n'en a aucune. Nul, fût-il le plus adverse, n'eût résumé avec cette précision tous les périls de l'heure présente. Joseph aurait pour premier devoir d'accepter la proposition que lui fait son frère, de se replacer au rang de prince français et de courir au poste où il croirait se rendre utile. Ainsi donnerait-il une preuve d'abnégation qui devrait lui coûter d'autant moins qu'il céderait simplement ce qui est irrémédiablement perdu; mais Joseph n'admet point que l'Empereur ne lui doive pas une couronne, que la France ne doive pas s'épuiser toute pour la lui garder. Il chicane, il se défend, il allègue les intérêts de l'Empire, parle de ses propres sacrifices; bref, il refuse son consentement, et, quittant les Tuileries, il revient chez Rœderer d'où il repart pour Mortefontaine.

De là, le 30 novembre, il écrit à l'Empereur : « Sire, la réflexion n'a fait que fortifier ma première pensée. Le rétablissement des Bourbons en Espagne aura les plus funestes conséquences, et pour l'Espagne, et pour la France. Le prince Ferdinand, en arrivant en Espagne, ne peut rien pour la France, il peut tout contre elle. Son arrivée excitera d'abord quelques troubles, mais les Anglais s'en empareront et, dès qu'il lui auront fait tourner ses armes contre la France, il aura alors avec lui, et les partisans des Anglais, et les partisans de la France, ceux que nous aurons abandonnés, ceux qui tiennent au système de voir leur pays gouverné par une branche de la Maison de France, système si heureusement professé à Bayonne, et qui, depuis un siècle, a fait la tranquillité de la Péninsule ; tout homme de bien et de sens qui connaît le caractère de la nation espagnole et la situation des hommes et des choses dans la Péninsule ne peut pas douter de ces vérités... Quant à moi, Sire, que Votre Majesté daigne un moment se supposer à ma place, elle sentira facilement quelle doit être ma conduite. Appelé, il y a dix ans, au trône de Lombardie, ayant occupé celui de Naples avec quelque bonheur, celui d'Espagne au milieu des traverses de tout genre, et, malgré elles, ayant pu me concilier l'estime de la nation ; persuadé comme je le suis que, tant que la dynastie de Votre Majesté régnera en France, l'Espagne ne peut être heureuse que par moi ou par un prince de son sang, je ne saurais m'ôter à moi-même les seuls biens qui me restent, les témoignages d'une conscience sans reproche et le sentiment de ma propre dignité. Je ne puis donc que présenter ces réflexions à Votre Majesté Impériale et Royale et, dérobant au grand jour un front dépouillé, attendre dans le sein de ma famille les coups dont il plaira encore au destin de frapper l'Espagne et moi, et les bienfaits qu'il nous est encore permis d'espérer de votre génie et de la grandeur du peuple français. »

Un « légitime », Stuart ou Bourbon, le chevalier de Saint-Georges ou le comte de Lille eût-il autrement parlé? Il eût fait seulement intervenir la Providence, et Joseph n'y eût point manqué, n'était qu'il parle à son frère; mais, s'il n'évoque point un droit divin, au moins atteste-t-il son droit natif et « l'estime de la nation qu'il s'est concilié ». Tout l'homme est ici — au moins le politique : pour le général on l'a vu à l'œuvre — et, dès lors, que reste-t-il des protestations qu'il allait abdiquer, qu'il entendait se retirer, qu'il trouvait odieux le fardeau de la royauté, qu'il n'aspirait qu'à sa chaumière de Mortefontaine, à la vie champêtre et bourgeoise : quelques amis, des livres et des fleurs? L'ennemi en France, aux Pyrénées et sur le Rhin, l'Empire envahi par toutes les frontières, il réclame encore que la nation française le replace sur son trône, il prend l'air de l'exiger, et coiffé de ses trois couronnes imaginaires, il ordonne à son cadet de lui retrouver un royaume.

Le surlendemain du jour où il a écrit cette lettre, le 2 décembre, Joseph convoque Rœderer à Mortefontaine. « Le temps est affreux, mais les affaires pressent et elles sont importantes. » Rœderer rentre à Paris dans la nuit du 3, par une tempête effroyable, et, dès le matin, il se présente au lever de l'Empereur, auquel il expose les prétentions de son frère. Joseph compte qu'une négociation peut être engagée à son sujet avec les puissances coalisées et que la médiation de Bernadotte, qui lui est acquise, peut singulièrement y influer. Il réclame en outre certaines distinctions d'étiquette, car il a été choqué de la façon dont il a été reçu par l'Empereur — cela n'a point du tout été royal — et, au cas fort improbable où il condescendrait à n'être plus que le premier prince du sang, il tient à conserver certaines distinctions extérieures qui affirment son rang. Ce n'est là d'ailleurs qu'un pis aller qu'il envisage à peine : il a droit, s'il cède l'Espagne, à une compensation territoriale, et cette compensation, il l'exige. « L'Angleterre, répond l'Empereur, veut le rétablissement de Ferdinand VII comme condition préliminaire à tout traité. L'Autriche et la Russie veulent la même chose et aussi comme condition antérieure à toute négociation. Le prince de Suède est, à l'égard de la France, dans des torts qui ne permettent pas qu'un prince français entre en contact avec lui. Enfin, le prince de Suède n'a pas la moindre autorité sur les alliés, ni la moindre considération près de la cour d'Autriche. La cour de Vienne est fort mal pour lui. L'Empereur regarde comme un malheur d'être obligé de remettre sur le trône un membre d'une famille contre laquelle il a tant fait, mais il se soumet à ce malheur parce qu'il le juge inévitable. Il croit le sort de sa dynastie tellement assuré aujourd'hui par son mariage et par l'existence d'un fils en qui coule un sang doublement impérial et doublement royal, qu'il n'a rien à redouter du rétablissement d'un Bourbon sur un trône, au moins appauvri, ni de sa domination sur un peuple dont les intérêts sont d'accord avec ceux de la France. Il regarde l'abandon de l'Espagne comme la *volonté véritable* de la Nation française qu'il distingue des clameurs des oisifs de la capitale. L'Empereur regarde une renonciation pure et simple au trône d'Espagne qui serait remise par son frère entre ses mains comme le gage le plus signalé de son amour pour la France et de son affection pour lui. Et comme Rœderer énonce que : « Si le roi était bien convaincu que la situation de la France et la ferme volonté des Alliés fissent dépendre la paix de sa renonciation à l'Espagne, il la ferait, mais que, s'il pouvait convenir à sa situation et à la politique de l'Empereur que Joseph assistât comme plénipotentiaire à un congrès de pacification, il s'honorerait de faire son sacrifice », l'Empereur répond : « Si le roi avait questionné le premier militaire qui lui a tombé sous la main et s'était bien pénétré des faits qui sont dans les gazettes, il m'aurait déjà envoyé sa renonciation. » Quant aux prétentions diplomatiques de Joseph, il les passe. Bon cela, quand on était victorieux, mais on ne saurait à présent, comme à Lunéville, à Amiens, à Paris, lors du Concordat, choisir pour négocier celui auquel jadis on confiait tout juste le soin de signer et de recevoir les présents. Sur les questions d'étiquette, l'Empereur qui, dit-il « s'est conformé strictement à l'ancienne étiquette de France », ne se rendra pas intraitable, mais où il l'est — et les circonstances bien plus que lui-même — c'est sur l'article des compensations. « Quant à des indemnités en Italie, s'écrie-t-il, où les prendre ? Puis-je ôter à Murat son royaume ? C'est à peine si je puis le rappeler à ses devoirs envers la France et envers moi ! Comment serais-je obéi si j'allais lui demander de descendre du trône au profit de Joseph ? Quant aux États romains, je serai obligé de les rendre au Pape et j'y suis décidé. Quant à la Toscane, qui est à Élisa, quant au Piémont qui est à la France, quant à la Lombardie, où Eugène a tant de peine à se maintenir, puis-je savoir ce qu'on m'en laissera ? Sais-je même si on m'en laissera quelque chose ? Pour garder la France avec ses limites naturelles, il me faudra remporter bien des victoires ; pour obtenir quelque chose au delà des Alpes, il m'en faudrait remporter bien plus encore ! Et, si on me laissait un territoire en Italie, pourrais-je, pour Joseph, l'ôter à Eugène, ce fils si dévoué, si brave, qui a passé sa vie au feu pour moi et pour la France et qui ne m'a jamais donné un seul sujet de plainte ? Où donc Joseph veut-il que je prenne des indemnités ? Il n'a qu'un rôle, un seul, celui d'être un frère fidèle, un solide appui de ma femme et de mon fils si je suis absent, plus solide si je suis mort, et de contribuer à sauver le trône de France, seule ressource désormais des Bonaparte. Il sera prince français, traité comme mon frère, comme l'oncle de mon fils, partageant par conséquent tous les honneurs impériaux. S'il agit ainsi, il aura ma faveur, l'estime publique, une situation grande encore et il contribuera à sauver notre existence à tous. S'il s'agite au contraire, et il en est bien capable, car il ne sait supporter ni le travail ni l'oisiveté, il sera arrêté et ira finir son règne à Vincennes. S'il le fait après ma mort, Dieu décidera! Mais, probablement, il contribuera à renverser le trône de mon fils, le seul auprès duquel il puisse trouver la dignité, l'aisance et un reste de grandeur. » Se résumant, l'Empereur pose nettement l'alternative : Ou Joseph sera, à Paris et à la Cour, sur le pied de prince français, ou il se retirera pour vivre en simple particulier à quarante lieues de Paris.

Telle est l'obstination de Joseph dans ses chimères ambitieuses, tel son aveuglement sur la situation véritable de la France et des Bonaparte, qu'il n'accepte ni l'un ni l'autre, s'obstine à rester roi, roi catholique, roi des Espagnes et des Indes. Il y a encore des pourparlers, durant ce mois de décembre. Julie s'entremet, fait des visites à l'Empereur, lui mène ses filles, l'assure des bonnes dispositions de son mari, peut-être lui porte encore une lettre. Rœderer va et vient des Tuileries à Mortefontaine sans rien obtenir. On prétend qu'un matin il arriva avec le refus définitif de Joseph au moment où Napoléon, tout en déjeunant jouait avec son fils. « Le malheureux, il veut régner, dit l'Empereur; il ne voit pas que cet enfant ne règnera pas plus que lui. »

Il fallait pourtant finir avec les Espagnols. « Ils se passeraient bien, avait dit l'Empereur de la signature du roi Joseph pour remettre Ferdinand sur le trône. » Le 11 décembre le traité fut conclu à Valençay par le duc de San Carlos au nom des princes d'Espagne et La Forest au nom de l'Empereur. Le mariage du prince avec Zénaïde n'y avait point été formellement inséré. Le prince avait affirmé seulement qu'il n'en contracterait pas d'autre s'il était libre, mais il avait ajouté que c'était une chose dont il n'était possible de parler qu'à Madrid. Cela renvoyait un peu loin, mais que faire? On ne pouvait insister sur le mariage de la fille sans l'aveu du père, qui, étant le seul roi catholique, ne pouvait se soucier pour gendre de son rival et remplaçant; quant à l'avenir, même Ferdinand étant de bonne foi, n'était-on pas en droit de douter que le traité fût agréé par les Cortès, que le prince, revenant de France, fût autant populaire que prisonnier en France et que, pour des causes à l'infini, son règne fût plus calme que celui du roi intrus? L'infante Zénaïde, qui n'avait point connu les royaumes du roi son père, ne devait pas davantage régner sur les Espagnes. Elle voyait pourtant la cour espagnole à Mortefontaine. L'Empereur en effet n'avait pas poussé à bout ses menaces et, las de mener, en même temps que contre l'Europe, la guerre contre ses frères, il avait laissé à Joseph les joies, à présent presque inoffensives, de sa royauté *in partibus*

*
* *

Ce n'est point assez que le roi d'Espagne et le roi de Westphalie, voici le roi de Hollande. Joseph et Jérôme sont ridicules, réclamant en France, à défaut de leurs couronnes, les honneurs royaux, mais au moins pourraient-ils alléguer qu'ils ne les ont jamais abdiquées et que, momentanément privés de l'exercice de leur souveraineté, ils ne peuvent, sans manifester un doute au sujet de la fortune de l'Empereur, abandonner des droits que l'Empereur leur a conférés ; Louis, voici trois ans révolus, a volontairement signé son abdication et abandonné son trône : or, dès que l'Empereur éprouve des revers, Louis retire sa signature et réclame sa couronne. Il a employé à cet usage l'année 1813 entière, du 1er janvier au 31 décembre, et son activité politique en a été développée au point qu'elle semble avoir atténué, cette année-là, la plupart des délires qui, pour l'ordinaire, se partagent son cerveau. Ce délire-ci, étant le plus fort, couvre les autres.

Le 1er janvier, il a adressé de Gratz à son frère Napoléon, sous le couvert de Madame et par le canal de l'ambassade de France à Vienne, la lettre la plus extraordinaire qu'on pût lire. « Profondément affligé, a-t-il écrit, des souffrances et des pertes de la Grande Armée après des succès qui ont porté les armes françaises jusqu'au pôle, pouvant aisément juger combien vous êtes pressé, combien il est urgent de réunir tous les moyens de défense possibles, au moment enfin où une lutte terrible va continuer et se prépare encore plus furieuse, convaincu qu'il n'y eut jamais pour la France, pour votre nom, pour vous, de moment plus critique, je viens, Sire, offrir au pays dans lequel je suis né, à vous, à mon nom, le peu de santé qui me reste et tous les services dont je suis capable, pourvu que je puisse le faire avec honneur. »

Voilà qui va bien et l'on est tenté tout aussitôt d'en porter louange à Louis, mais comment entend-il se consacrer à la France? « Sire, dit-il, j'appartiens à la Hollande à laquelle vous m'avez donné vous-même malgré moi. Je n'ai quitté mon royaume qu'après avoir résisté à ma position autant qu'il était humainement possible à un homme né Français et votre frère. Aujourd'hui, la Hollande et les affaires du commerce deviennent d'une importance secondaire; il est possible qu'il soit dans votre intention de ramener à vous votre frère et qu'il vous importe de vous assurer la Hollande par elle-même. Dans ce cas, Sire, veuillez rétablir un royaume qui fut votre ouvrage et je suis tout prêt à faire tous mes efforts pour aider la France et Votre Majesté dans la grande lutte qui sans doute va continuer plus ardemment que jamais. »

Telle est la forme des services qu'il s'est proposé de rendre à l'Empereur. Avant même d'avoir reçu une réponse, Louis a communiqué les motifs qui l'ont fait agir au comte de Bissingen, gouverneur de Styrie, pour qu'il les rapportât à l'empereur d'Autriche et, celui-ci ayant fait remercier, Louis profite de l'ouverture pour adresser le 18, à l'empereur François, une longue lettre contenant la verbeuse apologie de sa conduite depuis 1810, l'énumération des persécutions qu'il a subies, le détail des intrigues qu'on a mises en jeu pour l'empêcher d'approcher l'empereur d'Autriche. « L'on ne m'a laissé tranquille qu'en apparence, écrit-il. Je suis bien persuadé que l'on m'a placé sous la surveillance de voyageurs et d'agents officieux qui n'ont pas manqué de répandre dans le public tous les propos, tous les soupçons capables de me rendre insupportable mon séjour chez vous et qui auraient pu finir par le rendre incommode à Votre Majesté elle-même. » Quant à la démarche qu'il vient de faire : « Ou elle n'en aura aucun, ou elle aura un bon résultat, ou, dit-il, elle ramènera l'attention sur moi et me procurera de nouveaux désagréments, de nouvelles persécutions, parce que peut-être l'on croira y voir ou feindra y voir un changement de système de résolution de ma part, et dès lors on tentera de nouveau de me faire sortir de ma retraite » ; et il réclame l'intérêt de l'empereur moins pour lui-même que pour la Hollande.

A coup sûr, prendre l'empereur d'Autriche pour confident, lui faire part de ses griefs contre Napoléon, à cette fin de janvier 1813, alors que la retraite de Schwarzenberg a rendu clair à tous les yeux que l'Autriche se sépare effectivement de l'alliance française, invoquer la protection de l'empereur d'Autriche en faveur de la Hollande, devenue une portion de l'Empire français, constitue vis-à-vis de la France et vis-à-vis de Napoléon une hostilité et une trahison. Mais Louis, quoiqu'il ait abdiqué, n'en agit pas moins en souverain, et, s'il oublie qu'il est né français et qu'il a été prince français, il se souvient qu'il est roi de Hollande.

Toutefois, comme tout chez lui est contradiction, et que son temps se passe à rattraper maladroitement les démarches que son impulsivité lui a fait risquer, peut-être faut-il voir d'abord, dans sa lettre à l'empereur d'Autriche, une façon d'échapper à l'offre qu'il a d'abord faite à son frère de ses services, la crainte qu'on ne le prenne au mot et qu'on ne le force à sortir de sa retraite. C'est une manière de se réserver, en même temps que d'affirmer ses droits.

Napoléon s'est ému à l'exorde de la lettre que Louis lui a écrite. Il croit sincèrement que son frère lui revient et qu'il aura seulement à traiter avec lui des questions de forme. Il lui répond le 16 janvier[1] : « Mon frère, je reçois votre lettre du 1er janvier et je vois avec plaisir les sentiments qui vous animent. Je vous ai déjà fait connaître que vos devoirs envers moi, la Patrie et vos enfants exigeaient votre retour en France. Vos enfants grandissent et ont besoin de leur père. Revenez donc sans plus de retard et je vous recevrai, non comme un frère que vous avez offensé, mais comme un frère qui vous a élevé. Quant aux idées que vous avez de la situation de mes affaires,

[1] Cette lettre a été incomplètement publiée par le roi Louis et la minute en a été retirée des Archives sous le Second Empire.

elles sont fausses : j'ai un million d'hommes sur pied et deux cents millions dans mes coffres pour maintenir l'intégrité du territoire de la Confédération et de celui de mes alliés et faire réussir le projet que j'ai conçu pour le bonheur de mes peuples. La Hollande est française à jamais ; elle est l'émanation de notre territoire ; embouchure de nos rivières, elle ne peut plus être heureuse qu'avec la France et elle le sent bien. En restant en France, vous ne vous séparez pas de la Hollande, mais, si vous entendez, par vous en séparer, renoncer à la gouverner, c'est vous-même qui l'avez quittée en abdiquant... »

Louis qui a imprimé cette lettre n'en donne pas davantage ; il n'aime ni à publier les vérités que son frère lui a dites, ni à montrer avec quelle indifférence il a reçu l'appel que faisait Napoléon à son patriotisme et à son dévouement. Au surplus, n'est-ce pas l'Empereur seulement, mais Madame : « Mon cher fils, écrit Madame le 16 février, vos lettres du 1er et du 2 janvier m'ont été remises par l'Empereur. Il m'a communiqué en même temps celles que vous m'adressiez pour lui. Je ne peux pas vous dire combien j'en ai éprouvé de satisfaction et de contentement. Je bénis le ciel, du fond de mon âme, de vous avoir inspiré cette démarche dans la circonstance actuelle ; elle fait honneur à votre cœur autant qu'à votre esprit et je vous en aimerais davantage si ma tendresse pour vous était susceptible d'augmentation. Mais ce n'est pas assez, mon cher fils, d'avoir fait un premier pas, il faut ne pas se rebuter et couronner l'œuvre. L'Empereur m'a fait lecture de la réponse qu'il vous a faite. Autant que je peux en juger, à part l'article de la Hollande, vous devez en être content. Il finit par vous engager fortement à venir le rejoindre à Paris et je joins mes instances aux siennes pour vous prier de ne pas vous refuser cette fois à son invitation. Je vous le demande au nom de tout ce que vous avez de plus cher et comme la plus grande preuve que vous puissiez me donner de votre attachement. Je vous l'ordonne, s'il est nécessaire, comme votre mère.

« Si je pouvais confier au papier tous les motifs puissants qui vous appellent à Paris, je suis sûre que vous n'hésiteriez pas un instant à quitter votre exil et à vous rendre au sein de votre famille ; mais c'est assez de vous dire que votre présence ici est de toute urgence et beaucoup plus nécessaire que vous ne pouvez l'imaginer de loin. Mettez de côté toutes les raisons qui pourraient encore vous tenir loin de nous : n'écoutez que la voix de la nature ; rendez-vous à votre famille qui a besoin de vous dans ce moment. La circonstance, d'ailleurs, ne peut pas être plus favorable pour vous : votre retour dans cette crise excitera la même admiration dans l'Europe qu'a excitée votre fermeté de caractère depuis trois ans. Le public applaudira à votre noble dévouement. » Et, après avoir tenté de prendre par l'amour-propre ce fils qu'elle connaît bien, Madame évoque l'amour paternel et l'amour filial auxquels elle se flatte qu'il cédera à la fin ; mais Louis est intraitable : « Pourquoi, ma chère maman, répond-il, me faire toujours redire les mêmes choses? Je ne puis rester qu'en Hollande devenue malgré moi mon pays depuis 1806. Je consentirais à redevenir Français si mon frère voulait rendre la Hollande à mon fils et consentir à ce que je devinsse simple particulier. Que puis-je faire? Aller en France, y voir des Hollandais infidèles et paraître remercier par ma présence mon frère de ce qu'il m'a ôté, ainsi qu'à mes enfants, le trône qu'il avait tant contribué à me faire obtenir? S'il ne peut ou ne veut convenir que j'ai été forcé d'abdiquer et soutient que j'ai quitté mon royaume par ma seule volonté, peut-il disconvenir que mon fils au moins n'a pas abdiqué? Il n'avait rien fait pour qu'on le déshéritât ainsi que son père! Non! ma chère maman, je souffrirais mille fois plus qu'en restant à l'étranger; je souffrirais plutôt mille morts que de faire ce qui est contre ma conscience et mon devoir. Ne m'en parlez plus. »

Ainsi doit-on croire que toute la première partie de la lettre du 1er janvier était une comédie et que, s'il s'attendrissait sur les désastres de Russie, c'est uniquement qu'il en espérait son trône de Hollande. Au surplus, l'accès passé, il n'a plus l'air, six mois durant, de penser à son trône. Il reste à Gratz où il dédie des vers au Clair de lune « et chante Louise J... ». Il se met en correspondance avec des gens de lettres tels que Charles Nodier. Il fait, sous le voile de l'anonyme, remettre au secrétaire perpétuel de la deuxième classe de l'Institut une somme de mille francs destinée à former un prix « pour celui qui, au jugement de cette compagnie, aura le mieux traité la question exposée dans le programme suivant : Quelles sont les difficultés réelles qui s'opposent à l'introduction du rythme des Grecs et des Latins dans la poésie française ? Pourquoi ne peut-on faire des vers français sans rimes ? Supposé que le défaut de fixité de la prosodie française soit une des raisons principales, est-ce un obstacle invincible ? Et comment peut-on parvenir à établir à cet égard des principes sûrs, clairs et faciles ? Quelles sont les tentatives, les recherches et les ouvrages remarquables qu'on a faits jusqu'ici sur cet objet ? En donner l'analyse, faire voir jusqu'à quel point on est avancé dans cet examen intéressant ; par quelles raisons enfin, si la réussite est impossible, les autres langues modernes y sont-elles parvenues ? »

A cette rédaction il est impossible de méconnaître Louis et l'on peut juger quel intérêt il prend à la question. C'est là le point de départ de cette prétendue réforme du vers français, à quoi, par la suite, il consacrera la plus grande part de son temps : lorsque, en 1815, sur le rapport du comte Daru, l'Académie française aura attribué le prix à l'abbé Scoppa, Louis protestera, parce que son opinion n'aura pas prévalu, et, quatre années plus tard, en 1819, il publiera en réponse son *Mémoire sur la Versification.*

Cet acharnement à fabriquer des vers, qu'il s'imagine faire mieux s'il n'a point à y trouver des rimes, et qui le conduit à s'instituer comme on disait

« le législateur du Parnasse », est peut-être redoublé par sa rivalité poétique avec Lucien, que son poème va immortaliser. Pour le moment, c'est le sujet qu'il traite dans sa correspondance avec son frère — correspondance à la vérité intermittente, car les lettres sont retenues par le Cabinet noir ou elles mettent six mois pour parvenir.

En juin, Louis est allé prendre les eaux à Neuhaus ; en juillet, il revient à Gratz et, le 8, « il se décide à faire des démarches pour la Hollande, à Prague où l'on annonçait l'ouverture d'un congrès ». Par là, il se pose nettement en ennemi de l'Empereur, et, bien que « ses démarches n'aient eu aucun résultat », et qu'il n'ait pas jugé utile de « transcrire dans ses mémoires des lettres qui ne sont que la répétition de sa protestation », il suffit, pour qu'on le juge, que celles-ci aient été écrites et celles-là tentées.

Néanmoins, malgré l'invitation que l'empereur François lui avait fait adresser « de rester en tous cas dans son empire partout où il le voudrait », Louis, au moment où l'Autriche prenait parti contre Napoléon, « ne put, dit-il, supporter l'idée qu'en France on le crût avec les ennemis de son pays ». En réalité, ce fut Fouché qui, passant par Gratz pour aller prendre le gouvernement des Provinces Illyriennes, s'y arrêta une journée pour conférer avec lui et qui le détermina à un départ nécessaire. Prenant le nom de comte Hamst, il quitta Gratz le 2 août et, renonçant à des idées d'établissement en Turquie, en Bosnie, à Naples même, il prit route vers la Suisse.

D'Ischl le 4 août, il écrivit à l'Empereur une lettre qu'il remit, en traversant Munich, au ministre de France, M. de Mercy-Argenteau. Il disait à l'Empereur qu'il était au moment de se rendre dans une retraite sûre et définitive, en Bosnie, lorsqu'il avait su les malheurs d'Espagne ; il avait appris que, de ce côté, les ennemis étaient sur les frontières ; il avait vu que la guerre était imminente, que l'Empereur allait avoir un million d'hommes à combattre ; il ne s'était pas cru le maître de se soustraire à la crise imminente et terrible qui se préparait. « Je suis peu de chose, disait-il, mais ce que je suis, je le dois à la Hollande et, après, à la France et à vous. Je vais donc en Suisse pour pouvoir être appelé par vous quand vous croirez pouvoir le faire, sans m'ôter l'espoir de rentrer en Hollande à la paix générale, ni d'une manière contraire au serment que je lui ai prêté ; car, comme il est cependant impossible que vous ayez voulu faire de moi et de mes enfants des êtres provisoires, il est impossible que Votre Majesté ne veuille pas leur rétablissement et le rétablissement de la Hollande, quand toutes les affaires relatives au commerce et à la navigation seront terminées. Enfin, sire, si je puis jamais être utile à la France et à Votre Majesté, elle saura mieux que moi la manière qui convient à celui de vos frères qui est devenu roi de Hollande... »

Ainsi, le marchandage continue, il s'accentue même. Louis rentrera en France et offrira ses services à la

France, à la condition que l'Empereur lui garantira la Hollande lors de la paix générale. Ainsi écrit-il à sa mère le 9 août, en arrivant à Saint-Gall « qu'il est venu en Suisse, afin de se trouver dans un pays non susceptible d'être en guerre avec la France, si la guerre recommence, et aussi pour donner à son frère plus de facilité pour le rétablir en Hollande dans le cas que la paix ait lieu ». Et, tant est grande son inconscience, il ajoute : « Je félicite mon frère (Joseph) d'être sorti d'un pays où il devait tant souffrir, mais je suis bien affligé des maux qui l'y ont contraint et dont il a été témoin. » C'est que Joseph a été roi par la grâce de l'Empereur et malgré les Espagnols, tandis que lui est roi par le vœu des Hollandais et malgré l'Empereur : il s'est convaincu qu'il est « national » et que ses sujets l'appellent.

Toutefois, comme l'Empereur ne lui rend pas encore la Hollande, il reste en Suisse; il se promène dans le canton d'Appenzell, il va prendre les eaux à Schinznach (fin août) et, au début de septembre, s'installe à Bâle. De là il retourne à Yverdon consulter, faire une cure d'eaux sulfureuses. Au milieu de ces voyages, des vers : *l'Absence*, *les Regrets*, *les Vœux*, *les Doutes*; il a découvert une muse nouvelle, Caroline M... ; il s'est mis en correspondance réglée avec Mme de Montolieu, et l'a chargée de proposer à l'éditeur Arthus Bertrand d'entreprendre une édition française de *Marie*. Il n'a point l'air de se douter que certaines de ses productions ont en ce moment bien plus de retentissement que n'en auront jamais ses romans : « Imprimés avec emphase par l'Autriche après la déclaration de guerre pour noircir le caractère de son frère et accroître l'animosité qui éclatait de tous côtés contre lui », ses libelles, comme dit l'Empereur — protestations, lettres, déclarations — ont fait le tour de l'Europe. N'est-ce pas Louis pourtant qui, en les adressant à l'empereur de Russie et à l'empereur d'Autriche, en a provoqué la publicité et ne peut-on penser que l'édition en a été préparée par ses soins ?

A la suite de la bataille de Leipzig, le roi de Naples passe en Suisse ; il traverse Bâle ; il y voit Louis. « Il lui conseille de rentrer en Hollande par le secours des alliés. Louis lui répond qu'il ne le fera jamais, parce qu'on ne voudra pas que la Hollande reste entièrement neutre et que, pour aucun trône du monde, il ne voudrait faire la guerre à son pays. »

« Cependant, après le départ du roi de Naples, il réfléchit mûrement sur la situation singulière dans laquelle il se trouvait. Il sentait fort bien — c'est lui qui le dit — que le moment était favorable pour tenter de rentrer en Hollande. » Il expédia donc un officier de sa garde à Mayence avec ordre d'y attendre l'Empereur, et de lui remettre une lettre. Par cette lettre, il réclamait l'évacuation de la Hollande par les troupes françaises, le libre passage pour lui-même à travers la France et le départ, à sa suite, de tous les Hollandais qui se trouvaient à Paris. Comme il ne doute pas que ses propositions ne soient acceptées avec plaisir, il a écrit à plusieurs personnes en Hollande pour leur annoncer qu'il était probable qu'on l'y reverrait incessamment; il a envoyé à Van Capellen, auquel il n'a point écrit depuis la rupture en 1812, son secrétaire, porteur d'une lettre l'invitant dans les termes les plus pressants à le rejoindre sans perdre de temps. Il lui a dit « qu'il ne refuserait certainement pas d'écouter la voix de son ancien roi; que, dans un temps comme celui-ci, toute considération devait faire place à ce qu'exigeait l'intérêt de la patrie, etc., etc. ». Van Capellen, présumant que le roi voulait l'envoyer plaider sa cause près des souverains alliés réunis à Francfort, répond négativement, mais Louis n'a pas plus attendu sa réponse que celle de l'Empereur; il est entré en France comme en terre conquise et, le 3 novembre, il est arrivé à Pont-sur-Seine, où il s'est établi au château de Madame.

L'Empereur, cependant, n'a pas pris les choses comme Louis s'y attendait. Dès le 5, il écrit à Cambacérès : « Je vous envoie une lettre du roi Louis qui me paraît une folie. Je suppose que ce prince n'est pas venu à Paris. S'il y vient comme prince français, mon intention est d'oublier toutes ses sottises, tout ce qu'il a imprimé et de l'y recevoir. S'il vient comme roi de Hollande et qu'il veuille persister dans cette chimère, il ne doit pas être reçu. S'il avait fait la sottise de venir, on ne doit lui faire aucune visite et il faut qu'il reste incognito chez Madame, à Pont. L'Impératrice surtout ne doit pas le voir. »

A la réflexion, l'arrivée de Louis, sa prétention d'être un sauveur, le ton dont il a fait ses propositions, la sommation qu'il adresse de lui rendre ses États, tout ce qui prouve l'idée fixe et accuse la folie, paraît à l'Empereur une bravade et une rébellion. « Il est affreux, écrit-il à Cambacérès, qu'il choisisse ce moment pour venir m'insulter et déchirer mon cœur en m'obligeant à un acte de sévérité ; c'est dans ma destinée de me voir constamment trahi par l'ingratitude des hommes que j'ai le plus comblé de bienfaits, surtout par celui-ci pour l'éducation duquel je me suis privé à l'âge de vingt ans de tout, même du nécessaire. » La blessure est profonde ; pourtant l'Empereur, sans se laisser entraîner par la colère, maintient ses propositions. « Si Louis vient comme prince français se ranger autour du trône, il trouvera, en son frère, accueil et oubli du passé. » Il devra alors l'écrire à l'Empereur et, aussitôt que sa lettre sera aux mains de Cambacérès, il pourra être présenté à l'Impératrice et entrer en possession de son apanage. Mais, s'il vient pour réclamer la Hollande, comme sa lettre le fait croire, et « avec ce système insensé qui lui a été suggéré par l'Autriche et par les ennemis de la France », de deux choses l'une : ou Madame, « qui n'a rendu à l'Empereur aucun service auprès de ses fils », obtiendra de lui qu'il s'éloigne et qu'on n'en entende plus parler ; ou, si, après cette démarche de Madame, il est resté à Paris, sans avoir déclaré qu'il vient comme prince français, quarante-huit heures après, l'archichancelier se rendra chez lui avec le vice-grand-électeur, le grand juge et le secrétaire de la Famille impériale et lui fera sommation de se soumettre aux lois de l'Empire, de rester en France comme prince français et de reconnaître le Sénatus-Consulte de réunion de la Hollande ; car « la Hollande est française, elle l'est pour toujours ; la loi de l'État l'a constituée ainsi ; il n'est aucun effort qui puisse l'enlever à la France ». Procès-verbal sera alors dressé, et, immédiatement après, Louis sera arrêté et conduit incognito au château de Compiègne.

Cette procédure reste inutile. Louis, sur les réponses qu'il a reçues et qui l'ont étrangement déconcerté, quitte Pont et retourne en Suisse où il s'établit à Soleure. Là, raconte-t-il, il trouve des lettres de Berthier et de Caulaincourt rapportées par l'officier qu'il a envoyé à Mayence, avec cette réponse verbale de l'Empereur : « J'aime mieux que la Hollande retourne sous le pouvoir de la Maison d'Orange que sous celui de mon frère : s'il a cent mille hommes à m'opposer, il peut essayer de me l'enlever. »

Ce qu'il n'a pu faire de l'agrément de Napoléon, Louis prétend le faire contre sa volonté. On signale un de ses secrétaires, Allemand de nation, allant et venant de Suisse en Hollande, répandant à son passage à Pontarlier les nouvelles les plus alarmantes. Ce secrétaire porte des lettres aux personnages que Louis estime le plus influents ; revenu à Soleure, il est renvoyé, le 25 novembre, avec une lettre que Louis adresse aux magistrats d'Amsterdam, constitués en gouvernement provisoire, par laquelle il proteste contre les prétentions de la Maison d'Orange, fait l'apologie de sa conduite comme roi et expose le mode de gouvernement qu'il se propose d'instituer. Dans ce factum, certains passages sont d'une naïveté presque touchante. Louis se met en scène, racontant ses scrupules et s'attendrissant sur son avenir : « Depuis trois ans et demi, écrit-il, je suis isolé, errant dans les pays étrangers ; j'ai renoncé à mon pays natal, à tout absolument, pour rester fidèle au système que j'ai cru devoir être le plus utile à votre pays, mais si ma nouvelle patrie depuis huit ans m'échappe, je me trouve sans pays, sans ami, sans aucun bien ; cependant, dans les circonstances majeures de l'Europe, tout me presse de prendre un parti et de ne plus être le jouet des événements, de devenir entièrement libre de mes actions, d'achever de remplir tous mes devoirs envers votre pays. »

Il ne reçoit pas de réponse, car, si ses anciens sujets rendent justice à ses bonnes intentions, ils ne l'ont jamais pris au sérieux et ils n'auraient garde de mettre en péril, pour lui plaire, la paix et l'indépendance qu'ils se flattent de conquérir ; Louis, que ce silence décontenance, n'a plus qu'à collectionner les certificats de bonne conduite que lui décernent les pamphlétaires armés contre l'Empereur. Il en reçoit de Bucholz et de Kotzebue ; il en reçoit d'écrivains anonymes, ce qui lui permettra d'écrire de lui-même :

« L'opinion publique paraissait lui être favorable. On peut en citer pour preuve les ouvrages périodiques publiés dans ce temps en Allemagne. » On l'y comptait en effet comme un précieux allié contre la France et l'Empereur.

Le silence que les Hollandais gardent vis-à-vis de lui, l'attitude qu'adoptent tous ceux sur lesquels il comptait davantage, qui ont été ses ministres et ses principaux serviteurs et qui prennent à présent la tête du mouvement orangiste, ne l'ont pas instruit et n'ont pu, tant elles sont tenaces, lui enlever ses illusions. Le 7 décembre, il écrit encore de Soleure au nouveau ministre des Relations extérieures, le duc de Vicence : « Ce que je craignais et voulais éviter à la Hollande est arrivé et il n'est plus temps de faire ce que j'avais projeté alors. Depuis, vous êtes devenu ministre des Affaires étrangères et nommé pour le Congrès de Manheim. Dans cette nouvelle circonstance, je m'adresse encore à l'Empereur, malgré ses refus précédents, pour lui demander de consentir que j'envoie des députés en Hollande pour connaître les volontés de la nation et, en même temps, je demande que la voix de la Hollande ne soit pas portée au Congrès par le prince d'Orange, mais par moi. Je ne puis croire que l'Empereur préfère une autre maison à celle de son nom, arrivée sur le trône par son influence. La Hollande étant évacuée et en fermentation, il me semble qu'il ne peut plus y avoir d'obstacle en France pour moi. Intimement convaincu que ma demande est dans les intérêts de la France et de la paix, je vous demande votre intérêt et votre appui auprès de l'Empereur. »

Cependant, les armées alliées se rapprochent : Louis « est résolu à rentrer chez lui. Il voulait, a-t-il raconté, se retirer à Saint-Leu pour jamais ; il espérait qu'on l'y laisserait tranquille ; il s'occupait d'obtenir quelque certitude à cet égard, lorsque les Alliés forcèrent le territoire suisse ». Après avoir échangé une sorte de correspondance avec M. Auguste de Talleyrand, ambassadeur de l'Empereur, il se décida à partir. Mais, avant, il a rédigé, à la date du 22 décembre, une protestation dont, à la vérité, il n'a pu obtenir l'insertion dans aucun journal, mais dont, au moins, il a remis des copies manuscrites à diverses personnes qu'il connaissait, « le jeune Mollerus, son ancien auditeur qui se trouvait en Suisse, Mme de Montolieu, si justement célèbre par ses écrits et son amabilité, et M. de Crouzaz, habitant de Lausanne, aussi distingué par ses lumières que par son caractère. » Cette protestation, à publicité restreinte, était conforme à peu de choses près, dit-il, à la lettre écrite aux magistrats d'Amsterdam ; mais, par un hasard fâcheux, Mme de Montolieu, malgré « son amabilité », n'en a pas fait part au public.

Le 24 décembre, à sept heures du soir, Louis arrive à Lyon, sous le nom de M. de Taverny, voyageant dans une seule voiture et accompagné d'un petit nombre de domestiques ; il descend chez le cardinal, passe deux jours avec lui et, repartant le 27, il est à Paris, chez sa mère, le 1er janvier. Il écrit à l'Empereur, qui, s'il faut l'en croire, ne lui répond pas, mais qui, le 3, lui envoie le duc de Vicence : « Il lui dit, de la part de l'Empereur, que, s'il venait comme prince français, il était le bienvenu, mais qu'on ne pouvait le recevoir comme roi de Hollande. » Il répond au ministre : « Tant que la Hollande est occupée par les ennemis, je ne prétends pas au titre de roi et il m'est indifférent qu'on m'en donne un autre. Je viens uniquement, comme Français, partager les dangers du moment et me rendre utile autant que je le puis. Si la Hollande retombait sous la puissance de l'Empereur et qu'il ne me la rendît pas, ma conscience comme roi me défendrait de rester en France et j'en sortirais de nouveau. Si, au contraire, à la paix, la Hollande devait être cédée à un autre prince que l'Empereur et que ma renonciation devienne nécessaire pour sanctionner cette partie du traité, je ne la refuserai pas. »

Outre que cela est faux, cela est trop subtil pour l'Empereur qui, par une lettre du 4 janvier, pose une fois de plus la question : Louis est-il venu comme Français ou comme Hollandais? D'abord il lui signifie son déplaisir qu'il soit arrivé à Paris sans en avoir demandé la permission : « Vous n'êtes plus roi de Hollande, lui dit-il, depuis que vous avez renoncé et que j'ai réuni ce pays à la France. Le territoire de l'Empire est envahi et j'ai toute l'Europe armée contre moi... Si vous persistez dans vos idées de roi et de Hollandais, éloignez-vous de quarante lieues de Paris.

Je ne veux plus de position mixte, de rôle tiers. Si vous acceptez, écrivez-moi une lettre que je puisse faire imprimer. »

Tout cela vainement; vainement, Berthier d'abord, puis Caulaincourt viennent lui signifier l'ordre de quitter Paris, de s'en aller à quarante lieues s'il ne veut pas paraître comme prince français, comme connétable de l'Empire. « Il refuse d'obéir, parce que, dit-il, personne n'avait le droit de l'empêcher de rester chez lui »; proposition hardie, puisqu'il se proclamait Hollandais dans l'Empire français, qu'il était logé chez Madame Mère et que rien au monde ne l'eût fait habiter le palais de la rue Cérutti ou le château de Saint-Leu — que d'ailleurs il avait tous deux donnés à Hortense.

*
* *

Pourtant il paraissait impossible que cette étrange situation se prolongeât indéfiniment. Ces rois que, chacun à son tour, l'Empereur avait dû menacer de faire arrêter, profitaient de l'impunité pour le braver et méconnaître des ordres qu'inspirait le souci le plus juste des intérêts de la France; ils restaient oisifs, au milieu de leur cour étrangère, durant que la nation entière était appelée aux armes; ils fournissaient au public le spectacle de leurs folles prétentions, de leur nullité et de leur vanité; dans l'écroulement de l'Empire, ils ne songeaient qu'à leurs chimères de trônes, prêts, pour en conserver l'apparence, à tous les pactes avec les Coalisés. Passe pour Louis, un infirme et un fou; passe encore pour Jérôme dont on ne pouvait attendre que des sottises, mais Joseph!

L'Empereur, malgré tout, conservait dans les talents de son frère aîné une confiance d'autant plus étrange que, depuis dix-sept ans, il avait pu le juger à l'œuvre. Il le voyait à des moments tel qu'il était; il s'exprimait alors sur lui aussi durement que l'eût pu faire le critique le plus sévère; puis, quelques mois passés ou quelques jours, il revenait par une pente fatale à son ancienne faiblesse et, comme s'il avait oublié tous les périls où l'avait conduit sa condescendance fraternelle, il offrait de nouveau à Joseph les moyens de développer son génie, c'est-à-dire, au fait, de mettre en jeu son intrigue, sa duplicité et la nullité de son caractère.

Six mois s'étaient écoulés depuis Vitoria, c'était la plus longue disgrâce que Joseph eût subie, ou plutôt la plus longue brouille qu'il y eût eue entre les frères, car il n'eût, depuis deux mois, dépendu que de Joseph d'obtenir ce qu'il eût souhaité en France pourvu qu'il abandonnât ses fantaisies espagnoles. Maintenant l'Empereur croyait avoir vraiment besoin de lui. Il allait être obligé d'aller, sur le sol français envahi, combattre l'ennemi, à la tête d'une dérisoire armée dont on savait à peine si elle existait; il laisserait le gouvernement à un conseil de Régence présidé par une femme de vingt-trois ans, dirigé par un vieillard sans caractère et où siégeaient des traîtres; la fermentation dans le Corps Législatif annonçait le réveil des factions et l'on devait se demander si ces députés, si empressés à profiter de l'invasion pour réclamer d'oiseuses libertés, recevaient leur mot d'ordre d'Hartwell ou de Francfort.

Sentant son inaptitude aux intrigues parlementaires, se rendant compte que, même s'il dissolvait ou renvoyait le Corps Législatif, il aurait affaire au Sénat qu'il ne pouvait ni dissoudre ni renvoyer, qui en certaines circonstances était appelé à jouer un rôle majeur et où certains symptômes annonçaient l'éveil des opposants de la première heure, Napoléon avait besoin à Paris, à la Cour, au Conseil de Régence, surtout au Sénat, d'un homme dévoué, manœuvrier, capable de donner un avis, et de filer un plan. Pour cela, à défaut de Lucien, dont il mettait hors de pair l'habileté, l'éloquence, l'esprit de décision et de politique dans une assemblée, il avait Joseph, qui, s'il n'avait pas marqué aux Cinq-Cents comme orateur, y avait pris des habitudes et même une influence de couloir, et qui, au Sénat, s'était rendu, avant 1806, assez populaire pour y être inquiétant. Chargé, vu sa dignité de grand électeur, de le présider, il y avait retrouvé ou s'y était fait des amis qu'on pouvait croire fidèles : Jaucourt, son premier chambellan, Dupuy, mari d'une des dames de Julie, Rœderer, Clément de Ris. Des idéologues auxquels il se rattachait par quelques côtés, des économistes qu'il flattait par d'autres, des littérateurs dont *Moïna* et l'Institut le faisaient confrère, pouvaient lui former un parti, lui assurer une influence, le renseigner tout au moins et le mettre à portée de prévenir des intrigues redoutables. L'Empereur ne pouvait compter que sur lui; il ne pouvait attendre que de lui un appui opportun. D'ailleurs son apparence d'opposition ne pouvait durer, il fallait ou qu'il disparût de l'Empire ou qu'il servît l'Empereur.

Madame, qui s'employait avec un zèle admirable à grouper autour de Napoléon toutes les forces vives qu'elle croyait trouver dans la Famille, avait rencontré en Julie une alliée qui, comprenant à quel point la position de son mari était ridicule et pouvait à quelque moment devenir déshonorante, s'était mise d'accord avec l'Empereur sur les termes où il se restreignait pour que Joseph attestât sa soumission. Le 27 décembre, Julie, qui avait été à Paris, reparut à Mortefontaine, accompagnée de Madame. L'Empereur renonçait à recevoir l'abdication ou la renonciation de Joseph comme roi d'Espagne : Que Joseph se rendît sur-le-champ à Paris, comme prince français, qu'il descendît au Luxembourg; que, par une lettre faite pour être publiée, il annonçât à l'Empereur que, comme son premier sujet, il venait se ranger aux pieds du trône, et tout serait oublié. C'était trop encore. Il fallut à Joseph deux jours pour rédiger une lettre telle qu'elle allait directement contre les volontés de Napoléon : « Sire, écrivait Joseph, la violation du territoire suisse a ouvert la France à l'ennemi. Dans de pareilles circonstances, je désire que Votre Majesté soit convaincue que mon cœur est tout français. Ramené en France par les événements, je serais heureux de pouvoir lui être de quelque utilité, et je suis prêt à tout entreprendre pour lui prouver mon dévouement. Je sais aussi, Sire, ce que je dois à l'Espagne ; je vois mes devoirs et je désire les remplir tous. Je ne connais de droits que pour les sacrifier au bien général de l'humanité, heureux si, par leur sacrifice, je puis contribuer à la pacification de l'Europe. Je désire que Votre Majesté trouve bon de charger un de ses ministres de s'entendre sur cet objet avec M. le duc de Santa Fé, mon ministre des Relations extérieures. » Ainsi, à la date du 29 décembre 1813, Joseph, toujours roi d'Espagne, consentait seulement à traiter des conditions dans lesquelles il consentirait à échanger sa couronne contre quelque agréable compensation, et, malgré qu'il eût le désir d'être à la France « de quelque utilité », il ne renonçait pas plus à être roi qu'il n'acceptait d'être prince français. On n'avait donc rien gagné sur lui depuis un mois.

Telle que fût la lettre, Madame et Julie repartirent pour la porter à l'Empereur, car Joseph, prétextant qu'il était malade et hors d'état de faire le voyage, se soustrayait à l'obligation qui lui était imposée de venir à Paris et de s'établir au Luxembourg.

L'Empereur ne répondit pas : il se trouvait engagé au milieu des difficultés qu'avait fait prévoir l'opposition du Corps Législatif et qui en avaient motivé l'ajournement. Des bruits alarmants étaient répandus de tous côtés. On allait jusqu'à annoncer que le gouvernement était dans un péril imminent. Joseph, auquel ces nouvelles avaient été rapportées, « écrivit alors à l'Empereur une lettre très courte[1] dans laquelle il lui mandait qu'ayant été instruit par le *Moniteur* des événements qui avaient eu lieu à Paris, il offrait de se rendre immédiatement près de Sa Majesté Impériale et d'arriver au Luxembourg le jour même. Cette lettre expédiée par un courrier fut remise à l'Empereur qui fit dire seulement qu'il y répondrait ».

On ne saurait croire que, « si courte fût-elle », cette lettre ne contînt que ces offres de Joseph : l'Empereur n'eût point manqué de les agréer aussitôt, si elles avaient été telles ou si elles n'avaient pas été accompagnées de prétentions espagnoles. Toutefois, Napoléon marquait un si vif désir de s'arranger qu'il multipliait les avances. Le 1er janvier, sans répondre directement à la lettre qu'il avait reçue la veille, il écrivait à Joseph pour le remercier des vœux qu'il lui avait adressés, et comme Zénaïde, en approchant d'une cheminée, avait enflammé sa robe et eût été brûlée vive, sans son père qui, en éteignant le feu, avait été blessé à la main, il ajoutait : « Je vois avec satisfaction que l'accident arrivé à ma nièce n'a pas eu de suites fâcheuses », et il envoyait pour leurs étrennes, à chacune des Infantes, un portrait de l'Impératrice par Isabey sur une tabatière de porcelaine de Sèvres montée en or.

Ce n'était point là ce qu'attendait Joseph. Depuis que l'Empereur avait ajourné le Corps Législatif, il

[1] Il est fâcheux qu'on ne connaisse cette lettre que par l'analyse qu'en donne Miot et par l'allusion qu'y fait Joseph dans sa lettre à Louis du 2 janvier : elle serait une des pièces probantes du procès.

mourait d'impatience. Il expédia Miot à Paris pour recueillir des nouvelles, voir « toutes les personnes de qui il pourrait tirer quelques lumières sur l'état des affaires en général et sur ce qui le concernait personnellement; il le chargea en outre de remettre à Louis une lettre où il affirmait encore et précisait, à cette date du 2 janvier, ses prétentions royales. Après avoir raconté à son frère — sans exactitude — les péripéties de cette sorte de négociation engagée depuis le 27 novembre et les avoir présentées dans un ordre que la moindre comparaison des dates suffit à renverser, il concluait : « Le fait est que je puis tout sacrifier à l'Empereur, hormis l'honneur. L'honneur ne me permet pas de me montrer autrement que comme roi d'Espagne tant que je n'aurai pas abdiqué, ce que je ne puis et ne veux faire que pour la paix générale, et après avoir assuré ce que je dois aux Espagnols, et par un traité dans les mêmes formes que celui qui me donna la couronne d'Espagne, traité dont a été négociateur à Bayonne le duc de Cadore. Qu'on me traite en roi ou qu'on me laisse dans mon obscurité. »

Pour ses prétentions royales, Joseph est assuré de trouver de l'écho chez Louis comme chez Jérôme. Tous trois ont la même opinion de leurs couronnes, obéissent aux mêmes vanités, se montrent également intraitables sur leurs droits ; mais, tandis que Jérôme n'a autour de lui que quelques courtisans la plupart Français, malgré leurs noms allemands, et que Louis serait fort embarrassé de montrer un seul Hollandais qui se soit attaché à sa fortune, Joseph a entraîné dans son désastre des Espagnols en quantité qui se trouvent maintenant en France sans emploi, sans argent et sans moyens d'existence, et il est intéressé, même par le cœur, à ne pas les abandonner. Napoléon ne peut lui dire que, par le traité singulièrement aléatoire qui a été signé le mois précédent à Valençay, il a stipulé une amnistie en leur faveur : il ne saurait guère conserver d'illusions sur la valeur d'un tel engagement et il est obligé de conserver le secret sur ce traité dont l'approbation par les insurgés est au moins douteuse. Il consacre à secourir les réfugiés une somme mensuelle de 200 000 francs, mais Joseph voudrait quelque chose de mieux. Quoi? Il serait fort embarrassé de le dire; le duc de Santa Fé qu'il a pris pour porte-parole est incapable de le formuler, et Caulaincourt, le nouveau ministre des Relations extérieures que l'Empereur a autorisé à en conférer avec Santa Fé, cherche vainement quelle suite pourrait avoir, pour le bien des Espagnols, un échange de vues avec le ci-devant ministre d'un roi sans États qui n'est plus reconnu même par l'Empereur. « Comment cette négociation peut-elle s'entamer et quel but peut-elle avoir? dit Caulaincourt aux envoyés de Joseph, Miot et Regnaud. Comment s'ouvrir à M. de Santa Fé sur la véritable situation des affaires, sur l'impuissance où nous sommes maintenant d'exercer aucune influence près du roi que nous allons renvoyer en Espagne? Et, en supposant que, par le traité qu'on se propose de faire avec lui[1], il soit amené à quelque concession en faveur du parti français, quelle garantie aurons-nous de l'exécution d'une clause à laquelle il ne consentira qu'avec une répugnance infinie et avec l'espoir d'y échapper? Le roi, ajoute Caulaincourt, ne doit pas non plus voir dans la condescendance de l'Empereur à céder sur ce point une reconnaissance de ses droits comme roi d'Espagne. Sur cette dernière question, la volonté de l'Empereur n'a point changé et ne changera point. Sans doute il désire voir auprès de lui son frère, mais, s'il y venait autrement que comme prince français et premier sujet de l'Empire, il compliquerait étrangement la position du Gouvernement au dehors et à l'intérieur. On croirait que l'Empereur veut toujours reconquérir l'Espagne; on ferait de la présence du roi en cette qualité un argument contre les vues pacifiques de Sa Majesté Impériale. Si, au contraire, le roi vient à Paris comme grand électeur, comme prince français, il annonce par ce fait seul sa disposition à tout sacrifier pour faciliter la paix; il se présente à la nation, à son frère, comme renonçant, pour elle et pour lui, à la couronne qu'il porte encore. »

[1] Ce traité dont Caulaincourt parle au futur, parce que, si l'on en a révélé le principe, on en a tenu jusque-là les clauses secrètes, a été signé le 11 décembre et les ratifications en devaient être échangées dans le délai d'un mois, mais il fallait au traité l'approbation de la Junte et des Cortès, et le duc de San Carlos envoyé par Ferdinand VII n'a pu l'obtenir. En attendant qu'on l'eût, on a retenu Ferdinand à Valençay. Le 11 mars, on signera un troisième article additionnel pour porter à cent vingt jours de cette date le terme pour l'échange des ratifications; mais Napoléon, constatant la vanité de ce traité, laissera Ferdinand quitter Valençay pour rentrer dans son royaume, et les ratifications ne seront jamais échangées.

Du ministère des Relations extérieures, l'envoyé de Joseph se rend au palais de Madame Mère où il voit Louis, qui, comme à son ordinaire, est bien plus raisonnable dans les conseils qu'il donne que dans les résolutions qu'il prend. Son avis est très net : il faut que Joseph vienne auprès de l'Empereur sans attendre aucune explication.

Quant à l'Empereur, Miot ne saurait l'aborder. Ce jour-là même, 4 janvier, Napoléon vient de donner à son frère une preuve, qu'on ne saurait contester, des sentiments qu'il lui garde. Dictant ses instructions pour le duc de Vicence qui va tenter de traiter avec les Alliés, il a stipulé pour Joseph cette compensation que celui-ci a si impérieusement réclamée : « Si l'Italie devait être partagée, a-t-il dit, la Toscane devrait être donnée au roi Joseph » ; vœu platonique peut-être, mais qui montre l'inlassable générosité de l'Empereur s'exerçant d'une façon d'autant plus méritoire qu'il en garde le secret. En annonçant à Joseph qu'il demande pour lui la Toscane, Napoléon prendrait l'air de lui offrir une satisfaction, et l'amènerait par là, sans doute, à se désister de l'Espagne et à se rendre à ses raisonnements ; mais il n'a nulle certitude — guère d'espoir sans doute — que Caulaincourt l'obtienne. Il ne veut point annoncer un présent qu'il n'est point sûr d'offrir : il garde vis-à-vis de tous le silence sur ce bienfait nouveau, et, n'attendant aucune gratitude de qui que ce soit, il fait pour lui-même ce qu'il estime qu'il doit faire, et il laisse le reste aux dieux.

Ce n'est point pour des motifs de cette sorte que, le 6, Joseph se décide à rentrer à Paris. D'abord, il a été fort enrhumé à Mortefontaine, il y a froid et l'hiver lui en déplaît. Puis, Miot, rentré dans la nuit du 4 au 5, lui a représenté que ses lettres ne permettaient pas qu'on vît, dans sa retraite à Mortefontaine, de la modestie ou de l'indifférence philosophique; qu'on y verrait plutôt le moyen d'échapper aux dangers du moment; que, en tardant davantage à rentrer à Paris, il perdait tout le mérite de la démarche qu'il serait bien obligé de faire quelque jour; surtout, qu'il ne serait pas à portée de débattre ses intérêts, de réclamer « dans une nouvelle souveraineté le sacrifice qu'il avait fait d'une couronne ». Pour cela, il lui fallait être à Paris, où seulement on lui tiendrait compte « de sa générosité et de son désintéressement au milieu du péril ».

Ce sont là — avec l'absence de calorifère — les raisons qui l'ont déterminé et qui, le 6, l'ont amené au Luxembourg. De là, il écrit à l'Empereur une nouvelle lettre où, sans s'expliquer, ni sur sa renonciation à l'Espagne, ni sur son retour comme prince français, il maintient ses prétentions royales et fait valoir seulement sa générosité bénévole d'apporter à l'Empereur et à la France son désirable concours. Il envoie cette lettre sous cachet volant au prince de Neuchâtel « pour mettre l'Empereur dans le cas de connaître positivement le fond de sa pensée. J'attends, écrit-il, la réponse de Sa Majesté ou la lettre de Votre Altesse pour m'établir définitivement ici ou retourner à Mortefontaine ».

Le 7, l'Empereur lui répond : « Mon frère, j'ai reçu votre lettre. Il y a trop d'esprit pour la position où je me trouve. Voici en deux mots la question. La France est envahie ; l'Europe tout entière en armes contre la France, mais surtout contre moi. Vous n'êtes plus roi d'Espagne ; je n'ai pas besoin de votre renonciation parce que je ne veux pas de l'Espagne pour moi, ni je n'en veux pas disposer ; mais je ne veux pas non plus me mêler des affaires de ce pays que pour y vivre en paix et rendre mon armée disponible. Que voulez-vous faire ? Voulez-vous, comme prince français, venir vous ranger près du trône ? Vous avez mon amitié, votre apanage et serez mon sujet en votre qualité de prince du sang. Il faut alors faire comme moi, avouer votre rôle, m'écrire une lettre simple que je puisse imprimer, recevoir toutes les autorités et vous montrer zélé pour moi et pour le Roi de Rome, ami de la Régence de l'Impératrice. Cela ne vous est-il pas possible ? N'avez-vous pas assez de bon jugement pour cela ? Il faut vous retirer à quarante lieues de Paris, dans un château de province, obscurément. Vous y vivrez tranquillement, si je vis. Vous y serez tué ou arrêté, si je meurs. Vous serez inutile à moi, à la Famille, à vos filles, à la France ; mais vous ne me serez pas nuisible et vous ne me gênerez pas. Choisissez promptement et prenez votre parti. Tout sentiment de cœur [ ] est inutile et hors de saison. »

Berthier, qui peut-être a été chargé de cette lettre, vient au moins au Luxembourg dans la journée, porteur de paroles de l'Empereur. Après deux heures d'entretien, les affaires paraissent encore plus brouillées. Joseph déclare à Miot qu'il est décidé à tout abandonner et à se retirer définitivement. Il est « lié, dit-il, envers les Espagnols qui ont embrassé son parti et abdiquer le titre de roi serait abandonner lâchement leurs intérêts ». On peut se demander sans doute en quoi il importe aux Espagnols que Joseph, n'étant plus roi d'Espagne, en conserve de titre, mais il importe essentiellement à Joseph, et, de fait, c'est sur ce point d'étiquette que porte toute sa résistance, comme le prouve une lettre que Caulaincourt adresse ce même jour au duc de Santa Fé : Miot a eu en effet l'idée ingénieuse de vaincre les scrupules de Joseph en lui faisant consulter ses ministres espagnols et en tenant avec eux, en présence de la reine dont le bon sens lui est connu et dont l'appui lui est assuré, un conseil où il reproduit tous les arguments que, depuis un mois, il présente vainement au roi. A la fin, grâce au concours des Espagnols, il lui arrache une lettre qui donne à l'Empereur satisfaction, sinon sur tous les points, au moins sur les essentiels.

« Sire, écrit Joseph, l'envahissement de la France impose à tout Français l'obligation de voler à sa défense et c'est surtout à ceux qu'elle a élevés à un si haut rang qu'appartient la noble prérogative de voler les premiers à la défense du Trône et de la Patrie. Premier prince français et, en cette qualité, son premier sujet, permettez-moi, Sire, de vous prier d'accepter l'offre de mon bras et de mes conseils. De quelque manière que vous jugiez devoir les diriger, je m'estimerai heureux si je puis contribuer à rendre à cette France à qui je dois tout, la tranquillité et le bonheur dont l'Europe entière a besoin. Dans les circonstances actuelles, je ne vois que les dangers de la Patrie ; tout bon Français doit faire abnégation de tout autre sentiment. Vous sauverez encore la France, Sire, si tous les Français mettent à servir votre trône le même dévouement que celui avec lequel je vous offre mes services. »

Passant sur les réserves qui eussent encore prêté à discussion, l'Empereur, qui veut en finir, se déclare content et, par une nouvelle lettre, il assure Joseph de sa satisfaction et de son amitié. Joseph y répond aussitôt : « Votre Majesté me parle de son amitié et j'avoue que je n'y comptais plus. Je respecte trop Votre Majesté et j'aime trop son amitié pour ne pas m'y livrer avec mon abandon d'autrefois. » Et il s'empresse de demander d'abord que le duc de Santa Fé ou tout autre Espagnol soit chargé de la répartition des secours aux réfugiés espagnols ; puis, qu'il lui soit permis de garder avec lui des officiers français et espagnols « qui, lui ayant montré un dévouement particulier, ne sauraient être abandonnés par lui sans le rendre le plus ingrat et le plus insensible des hommes ».

L'Empereur, sans accorder tout entière la seconde demande, admet la conversation : le 9, il reçoit son frère et il a avec lui un entretien qui dure plus de trois heures. Joseph a pu consentir à perdre le titre de roi d'Espagne, mais, quant au titre de roi et au traitement de Majesté, rien ne saurait l'y faire renoncer : cela est indélébile. Après le sacre, dira-t-on, ou tout le moins le couronnement. Joseph n'a été ni sacré ni couronné, mais il aurait pu l'être et, pour lui, c'est tout comme. L'Empereur consent à lui donner cette satisfaction. Il sera « annoncé désormais sous le nom de roi Joseph et la reine sous celui de reine Julie, avec des honneurs et de la manière usitée pour les princes français ». C'est l'étiquette imaginée jadis pour la « reine Hortense » et ce précédent, si disparates que soient les circonstances, se présente à souhait pour aplanir les difficultés. Reste le costume qui, dans ce cas particulier, se trouve prendre une importance. Joseph, lors de son voyage à Paris en 1811, a cherché tous les moyens de se soustraire à l'obligation de paraître en prince français. Cela au moins n'est que pour les grands jours. A l'ordinaire, Joseph, se modelant sur Napoléon, porte l'uniforme des grenadiers à pied ou des chevau-légers de sa garde. Il ne saurait continuer à s'habiller en Espagnol. L'Empereur l'autorise donc à prendre l'uniforme des grenadiers de la Garde impériale tel qu'il le porte, mais il suggère qu'il ne doit se décorer d'aucun autre ordre que du français. En même temps, il prend des mesures pour former à nouveau, avec des Français, les maisons princières du roi et de la reine et il fixe un jour où Joseph recevra les personnes de la Cour et du gouvernement.

Les choses ainsi réglées, Joseph, malgré le titre royal dont il est paré, rentre dans le rang. L'Empereur se fait l'illusion de penser que, désormais, les souverains coalisés ne lui attribueront plus des desseins sur l'Espagne, qu'ils reconnaîtront qu'il a loyalement abdiqué le Grand Empire, qu'ils en tiendront compte à la France dans les conditions de la paix — comme si leur inimitié pouvait être conjurée par quoi que ce fût. En échange de cette chimère, il livre à Joseph ce dont il l'a écarté depuis une année, au prix de tant de sacrifices : la Régence et l'Empire. Il ne saurait laisser dans l'oisiveté le premier prince du sang, dès qu'il est venu offrir « son bras et ses conseils ». Napoléon est payé pour savoir ce que valent les uns et ce que pèse l'autre : mais comment aurait-il assez de mémoire pour s'en souvenir, assez de fermeté pour les écarter, assez de retenue dans ses sentiments fraternels pour ne pas retomber dans une confiance qui lui a coûté si cher, alors que c'est lui-même, en réalité, qui est allé au-devant de Joseph et qui lui a demandé son concours ?

XXIX

LA FAMILLE PENDANT LA DERNIÈRE ANNÉE DE L'EMPIRE

Janvier 1813. — Janvier 1814.

MADAME. — Le caractère de Madame grandit devant l'adversité. — Elle se retrouve telle qu'en 1793. — Les émotions de l'année 1813. — Caroline. — Fesch. — Louis. — Catherine à Pont. — La vie à Pont. — Decazes. — L'affaire Muraire. — Rentrée à Paris. — Pont, étape pour les fils. — Madame à Paris. — Ses courses à Mortefontaine ou à Compiègne. — L'union de la famille. — « Il n'est plus temps de tenir aux étiquettes. » — La vieille Romaine.

HORTENSE. — Madame et Hortense. — Faveur d'Hortense près de l'Impératrice et de l'Empereur. — Marie-Louise à Saint-Leu. — Départ pour Aix-les-Bains. — La cascade de Grésy. — La mort de Mme de Broc. — Sensation qu'elle produit. — Lettres de Mme du Cayla et de Mme de Souza. — La Presse. — La douleur de Mme Campan. — Les insolences des Auguié. — Inquiétudes de Joséphine. — Les Boufflers. — La Rochefoucauld. — Le monument de Mme de Broc à Saint-Leu. — Fondation à l'hôpital d'Aix. — Le 15 août à Aix. — Hortense et ses fils. — Lettre à la gouvernante. — Lettre à Napoléon Louis. — La mère et le père. — Retour d'Hortense. — Passage à Paris. — Voyage à Dieppe avec ses fils. — Saint-Leu. — Embellissements rue Cérutti. — Le recueil des *Romances mises en musique par S. M. L. R. H.* — Sensation que produit l'apparition de cet album. — Nouvelles amitiés de la reine. — Mme du Cayla et Sosthène de La Rochefoucauld. — Que veut dire cette intimité? — Autres amitiés. — M. Molé. — Bruit de l'arrivée de Louis. — Nouvelles d'Eugène. — Les conspirations. — Arrivée de Louis. — Sentiments vrais ou supposés d'Hortense.

LUCIEN. — Efforts de Madame pour ramener Lucien. — Lucien attend la gloire. — L'astronomie. — Le père Maurice. — Le dixième enfant, Louis-Lucien. — Sollicitation près du Gouvernement anglais, près de l'Empereur. — Mission d'André Boyer à Naples. — Les dettes de Lucien. — Paoli. — Lucien veut s'établir en Autriche. — Lettre à Louis. — Invectives contre Napoléon.

PAULINE. — Elle est à Hyères au début de 1813. — Correspondance avec Marie-Louise, avec l'Empereur. — Fausse histoire de sa disgrâce. — L'Empereur ne croit pas à sa maladie. — Détails sur cette maladie. — Passion posthume pour Canouville. — Auguste Duchand. — Son départ pour l'Armée. — Sa conduite. — Pauline nerveuse. — Son avarice. — Ses économies. — Les frais de maladie. — Diamants et perles. — Fantaisie ou prévoyance? — Correspondance avec Duroc sur les renvois de domestiques. — L'Empereur intervenant. — Pauline reprend les gens renvoyés. — Départ de Hyères. — Arrivée à Nice. — La maison Grandis. — Les légendes niçoises. — Les caprices. — Projet de voyage de Borghèse à Paris. — L'affaire des cachemires. — Les autres affaires. — Leur importance. — La famille Leclerc. — Mobilité invraisemblable de Pauline. — La santé à Nice. — Le mur de ouate. — Interdiction de parler de mauvaises nouvelles. — Départ pour Gréoulx. — Voyage en chaise à porteurs. — La saison à Gréoulx. — Pauline mieux portante. — Projets de retour à Paris. — Embellissements dans les palais. — Règlements. — Décrets en vingt articles. — Pauline envie le goût d'Hortense et de Joséphine. — Séjour à La Mignarde. — Le mistral. — Continuation des embellissements. — Lettre de l'Empereur. — Pauline se décide à passer un nouvel hiver à Nice. — Seconde saison de Gréoulx. — Occupations. — Pauline et la Famille. — Pauline et l'Empereur. — Offres qu'elle fait à Napoléon. — Lettre de l'Empereur. — Pauline retenue à

Gréoulx. — On voudrait qu'elle revînt à Paris. — Le médecin Espiaud la force à rester dans le Midi. — Retour à Nice. — Maladie. — Inquiétudes de la maison. — Le guitariste Castro. — Amélioration. — Inquiétudes. — Les étrennes de 1814. — Les étrennes du Roi de Rome. — Les Autrichiens à Genève. — La comédie qu'on joue à Pauline. — Les salves de victoire. — Budget de 1814. — Ignorance des événements. — La révélation. — Départ pour Paris de Rosalie de Quincy. — La ruine. — La mise à bas du train royal.

Joseph, Louis, Jérôme, les rois, présentent à ce moment suprême un spectacle de prétentions vaniteuses qui achève de donner au caractère de chacun d'eux le trait nécessaire. Ailleurs au moins, Napoléon a-t-il quelque chance de trouver parmi les siens une affection désintéressée, un dévouement qui s'offre, une fidélité que n'ébranlent pas les revers ? Est-il, à ces ignominies, une compensation et la trahison qui est partout a-t-elle épargné quelques âmes ?

Il y a Madame.

Entre ses fils porte-couronne, la mère des rois s'agite pour préparer la paix, pour réprimer les ambitions désordonnées, pour grouper ses fils autour du chef de famille. C'est dans les situations extrêmes et dans les temps de crise qu'elle déploie sa nature, montre son énergie, prouve la rectitude de son jugement. Dans la vie courante, on dirait qu'elle s'affaisse et s'endort ; elle se laisse dévorer par les minuties, absorber par l'économie, influencer par les petitesses d'un entourage où les terribles appétits des uns et des autres la mettent constamment, vis-à-vis de son fils, en posture de solliciteuse. Vienne la tempête, la mère de famille se retrouve et se redresse, telle qu'aux jours où, fuyant Ajaccio révolté contre la France et le clan Bonaparte, elle jetait allègrement au gouffre béant ses modestes épargnes, les reliques de sa vie conjugale, les épaves d'une aisance à peine rétablie, même la liberté, la vie peut-être de ses derniers nés, et d'un pas fier, d'un cœur intrépide, s'éloignait de sa maison pillée.

A présent, les petits écus de jadis sont des millions, les pauvres bijoux de doublé sont des ruisseaux de pierres précieuses, l'officier municipal est roi, le capitaine de canonniers est empereur, mais Madame est restée pareille. Elle prêche, prépare, commande l'union; elle groupe les forces, elle aplanit les difficultés, elle tient qu'en la Famille est la suprême ressource et, d'une voix qui implore et qui ordonne tour à tour, elle appelle frères et sœurs à la brèche, près de celui qui tient le drapeau.

Durant cette année, les émotions ne lui ont pas manqué, ni les douleurs, et c'est à peine si quelques satisfactions fugitives les ont traversées. Elle a eu d'abord l'aventure de Murat et sa désertion de l'armée, mais la douleur qu'exprimait Caroline lui a fait penser que le roi de Naples se reprendrait, que c'était là une de ces faiblesses momentanées dont il était coutumier et que sa vaillance faisait à chaque fois excuser. La rentrée en grâce de Fesch, rappelé par l'Empereur de son exil de Lyon et chargé des négociations complémentaires du Concordat, avait été douce à son cœur. Toutefois, Fesch n'avait guère prolongé son séjour. Après que le Pape eut renié sa propre signature et désavoué les engagements qu'il avait pris, le cardinal n'avait que faire à Paris et à la Cour et il était retourné dans son diocèse où il comptait accomplir enfin sa visite pastorale.

Dès lors, Madame s'est acharnée à Louis qu'elle prétendait ramener en France ; elle a passé par mille incertitudes, espérances et désillusions, mais, malgré son éloquence, elle s'est heurtée à une obstination dont sa volonté n'est pas arrivée à triompher.

Catherine arrivée en France, si triste d'être séparée de Jérôme, si ennuyée d'une vie toute nouvelle et si privée des frivolités coutumières, a trouvé près de sa belle-mère ce que celle-ci pouvait donner — et dès le 20 mai, l'hospitalité à Pont, aussitôt que Madame y fut installée. Mais Pont n'a rien pour plaire à Catherine. D'abord, durant son séjour, il pleut constamment. « Il ne se passe pas de jour sans une heure ou deux de pluie. » On se promène, dans les intervalles, mais c'est de long en large, dans la grande avenue, seul débris qu'ait laissé debout la bande noire, dans le parc splendide qu'avait possédé le prince Xavier de Saxe. Madame, à la vérité, fait bien « travailler à un jardin à l'anglaise, mais c'est plus pour donner du pain aux travailleurs du pays que dans l'espoir de jouir de son ouvrage ». Et qu'est-ce que ce jardin près des splendeurs de Napoléonshöhe ? « Le reste de la journée est partagé entre le billard, la lecture et le boston, à quoi si vous ajoutez, écrit Rossi à Decazes, le dîner, le déjeuner et le repos depuis minuit jusqu'à onze heures du matin, vous saurez au juste l'emploi de notre temps pendant vingt-quatre heures, et, comme tous les jours se ressemblent, pendant des semaines et des mois. »

Plus que la visite de Catherine, l'arrivée de Decazes, qui a sollicité l'honneur « de venir à Pont faire sa cour », amène quelque diversion dans cette existence monotone. Le secrétaire des Commandements est pour cette partie de la famille — Madame, Pauline, Louis — l'homme indispensable, le trait d'union nécessaire. Pour ce qui est de l'officiel — car l'intime est réservé aux Corses, Rossi, Campi, et aux demi-Corses tels que Rolier — Madame s'abandonne à Decazes qui rédige et présente à signer tous les papiers. Par lui, elle a des nouvelles de Louis qui n'a point écrit depuis un mois, des nouvelles de Joseph dont elle est inquiète, et un récit plus ou moins véridique de la journée de Vitoria, enfin des nouvelles de Pauline dont Decazes s'est rendu le conseiller préféré. Decazes sait tout et parle de tout; il est l'homme aux nouvelles; l'on se demande à chaque instant où il s'est si bien renseigné, mais rien ne lui échappe et il accommode tout de faconde bordelaise, de gaîté, d'esprit, de façons de s'insinuer à quoi rien ne résiste.

Ici plus encore fait-il effort pour plaire : ne veut-il pas emporter des lettres qui l'accréditent près de l'Empereur, médiocrement disposé sans doute pour l'ancien correspondant du roi de Hollande? Ce qu'il prétend obtenir, c'est bien autre chose que le siège de conseiller à la Cour de Paris, la place de secrétaire des Commandements de Madame ou la croix de la Réunion, c'est que l'Empereur paye les dettes qu'a contractées son beau-père, le premier président Muraire dans des spéculations « qui l'ont gravement compromis ». Decazes, qui a perdu sa femme en 1807, qui n'a point eu d'enfant et pour qui, par suite, Muraire n'est plus de rien, a entrepris quand même de le sauver et cela lui fait honneur. Déjà, il a en poche des lettres de l'archichancelier et du ministre de la Police; il est venu en chercher de Madame et, par écrit, il en sollicite de Pauline; puis, muni de tous ces viatiques, il part pour Mayence où l'Empereur le reçoit, l'écoute et écrit ensuite à Cambacérès, en lui renvoyant les pièces : « Cette somme est trop forte pour moi. Cependant mon intention est que vous preniez des arrangements convenables pour tirer d'affaire ce magistrat. Comme il paraît qu'il est entre les mains d'usuriers et que d'ailleurs il a par lui-même quelques ressources, faites en sorte que cela me coûte le moins possible. Tâchez que j'en sois quitte pour 200 000 francs, payables un tiers cette année, un tiers en 1814, et un tiers en 1815. » Cette contribution impériale fut élevée à 250 000 francs pour le moins, versés tout de suite et, à son retour de Mayence, Decazes, avec l'autorisation de Savary, « s'établit dans un des bureaux de la police d'où il envoyait chercher les personnes avec qui il avait à traiter ». Ce fut sa première entrée dans la maison que, moins d'une année plus tard, le 9 juillet 1814, il devait occuper au nom du Roi comme préfet et, deux années plus tard, le 24 septembre 1815, comme ministre. On la croyait sise aux bords de la Seine : il montra que c'était aux bords du Léthé.

Louis s'est rapproché des frontières et le cœur de Madame a tressailli ; elle essaie une fois de plus de ramener à l'Empereur ce fils qui est peut-être son préféré ; elle échoue une fois de plus ; mais ailleurs des besoignes s'imposent à elle ; les événements pressent, elle veut être à Paris ; elle laisse à Pont toutes choses en état et le château entièrement meublé, car elle pense que certains de ses fils le prendront pour étape et y chercheront asile — ainsi Louis et presque Jérôme.

Pour elle, elle rentre et fait front au désastre. Au retour de Leipzig, l'Empereur vient la voir : « Loin d'être abattu, écrit-elle à Pauline, je l'ai trouvé plein de confiance dans le succès de ses affaires... Les choses ne sont pas aussi désespérées que nous l'avions cru d'abord... L'Empereur a laissé son armée à l'abri des insultes de l'ennemi et s'occupe, avec son activité et tous ses moyens, de pouvoir nouvellement se montrer encore terrible à ses ennemis s'ils ne veulent pas d'une paix honorable. »

Elle se prodigue, elle va et elle vient de Paris à Mortefontaine pour négocier avec Joseph, à Compiègne pour négocier avec Jérôme. Ce n'est point sa faute si elle ne gagne rien sur eux. A la fin de l'année, elle apprend que Louis est à Lyon. « J'ai été enchantée, écrit-elle à Fesch, d'apprendre que Louis est avec vous.

L'Empereur m'a demandé pourquoi il n'est pas venu de suite à Paris. Dites-lui que je l'attends chez moi et que, ce soir, ses frères doivent arriver. » Telle est sa confiance, et au moins croit-elle avoir réussi dans sa tâche maternelle, avoir convaincu Jérôme comme Joseph. Et elle ajoute cette parole digne d'une Romaine antique : « Mon cher frère, il n'est plus temps de tenir aux étiquettes. Les Bourbons se sont perdus pour n'avoir pas su mourir les armes à la main. »

*
* *

Pour le moins, Madame trouvait quelques consolations près de ses belles-filles Julie et Catherine ; elle vivait bien avec elles, surtout avec Julie, la préférée, dont elle appréciait, depuis près de vingt ans, le caractère et qui était le plus près de la Famille, le plus assimilée si l'on peut dire, celle qui, ayant connu les misères avant les splendeurs, entrait le mieux dans l'esprit des Bonaparte : mais, pour Hortense, ses sentiments restaient pareils, sinon pires.

C'était pour Hortense que la réunion de la Famille était redoutable. Louis pouvait revenir : s'il revenait et qu'il réclamât son fils comme l'Empereur lui-même reconnaissait qu'il en avait le droit, que faire, et quelle résistance opposer? Elle n'avait pourtant pas besoin de cette épreuve nouvelle ; elle venait de passer de grandes douleurs, où des malentendus avaient apporté par surcroît l'aigreur de sottes réclamations, et elle était excédée.

Après le départ de l'Empereur pour l'armée, au début d'avril, elle était allée s'établir avec ses fils à Saint-Leu. Jusque-là, elle était si intimement mêlée à la vie de l'Empereur et de l'Impératrice et au tourbillon de la Cour qu'il serait oiseux de lui chercher une existence individuelle. Même ensuite, sans oublier de qui elle est fille, elle se partage entre Malmaison et Saint-Cloud ; elle dîne ici et déjeune là ; alternativement, à Saint-Leu, elle reçoit les visites de Joséphine qui reste plusieurs jours auprès d'elle et de Marie-Louise qui épuise, dans une journée qu'elle y passe, tous les plaisirs qu'une ingénieuse hospitalité s'est plu à rassembler : déjeuner à l'allemande, promenade dans les bois de Montmorency où l'on quitte les voitures pour un grand tour à cheval, goûter au château de la Chasse avec d'admirables gâteaux et des laitages, toilette ensuite, dîner, et, après, Brunet, dans les *Habitants des Landes* que l'Impératrice a voulu revoir et Potier dans le *Ci-devant Jeune homme*. Ces farces, parfois grossières et toujours bêtes — mais qui est pour juge de ce qui, au théâtre, plut, émut, amusa cinquante ans deçà? — interdites par l'Empereur dans les résidences, faisaient le régal suprême des villégiatures de Marie-Louise.

A la fin de mai, la reine, laissant ses fils à Malmaison, chez leur grand'mère, part pour Aix-en-Savoie. Dans sa voiture, elle emmène sa fidèle et habituelle compagne, Mme de Broc ; suivent le chevalier d'honneur d'Arjuzon, Lasserre, le médecin, Mlle Cochelet, lectrice, Mlle Pio, dame d'annonce ; dans une troisième voiture, les gens de service. Elle s'établit au-dessus d'Aix dans cette maison Chevalay que Pauline habita l'année précédente et qui est décidément la seule à peu près logeable. Les divertissements sont tels qu'elle les prend d'ordinaire, promenades, dessins, lectures, musique avec ces amies de pension qui composent sa cour. Le 10 juin, elle choisit pour but la cascade de Grésy. Cascade si l'on veut : sur de médiocres rochers, très peu d'eau qui s'ébat ; c'est une de ces merveilles de nature comme il en faut à une station d'eaux, à quoi les hôteliers font une réputation et pour quoi ailleurs nul ne se dérangerait. Pour voir cette chute d'eau microscopique, l'on passe sur une planche que le meunier voisin jette sur un petit bras d'eau vive et tourbillonnante. La reine franchit lestement ce pont volant qui n'a pas quatre-vingts centimètres. Mme de Broc qui la suit, glisse, tombe, disparaît dans cet étroit bief et tout de suite est emportée, Mlle Cochelet, M. d'Arjuzon, accourent, se lamentent ; la reine détache son schall, en jette un bout dans le torrent, appelant son amie. Des paysans arrivent aux cris : la reine qui, d'un bond, est repassée de la petite île sur la rive, promet « tout ce qu'on voudra pour qu'on la sauve » ; on détourne les eaux ; on retrouve le corps ; on le met dans la voiture ; on court à Aix ; tous les soins sont vains, elle est morte.

En ce temps où des jeunes hommes périssaient par milliers sur les champs de bataille de la Saxe, la mort de cette jeune femme causa, elle seule, plus d'émotion dans la société que les carnages réunis de Lutzen et de Bautzen. Mme de Broc tenait à tout : nièce de Mme Campan, sœur de Mme Ney et de Mme Lambert, élevée à l'institut de Saint-Germain où elle avait eu pour compagnes toutes ces femmes ayant pris rang à la Cour et à la Ville ; elle n'était jamais sortie de l'orbite d'Hortense, n'avait jamais pris une vie indépendante et, étant d'une lignée habituée depuis des générations à la domesticité de la Cour, s'était trouvée toute heureuse de retourner ainsi à ses propensions ancestrales : mais, ainsi faite, elle ne gênait personne ; même point ces dames du Faubourg qui eussent pu s'étonner qu'une petite Auguié eût épousé un homme aussi bien né que M. de Broc.

« Pauvre Mme de Broc ! écrit Mme du Cayla à M. de La Rochefoucauld qui se trouvait à Aix ; peut-être l'auriez-vous sauvée si vous aviez été près d'elle ; pauvre femme, vous l'eussiez appréciée comme moi si vous l'aviez connue. Elle était naturellement bien sans avoir de l'esprit beaucoup ; elle plaisait et elle était aimée. » Mme de Souza écrit à Mme d'Albany : « Qu'avez-vous dit du malheur arrivé à cette pauvre petite Mme de Broc sous les yeux de la reine Hortense ? Sa santé en a bien souffert et je crois qu'elle en restera frappée toute sa vie. Il semble qu'il y ait des fatalités qu'on ne peut fuir. La reine voulait prendre un autre but de promenade. C'est cette pauvre petite qui a insisté, supplié pour qu'on allât à cette cascade et qui, deux fois, a fait changer l'ordre donné au piqueur. La Providence ! dirait Mme de Sévigné. » Voilà du roman, cela sied à Mme de Souza; mais si elle romancise, n'est-ce pas qu'à sa façon elle s'émeut ?

Les journaux s'emplissent de détails évidemment communiqués. L'article du *Journal de l'Empire*, par la précision, le ton, la forme, vient sûrement de l'entourage de la reine; peut-être a-t-il été écrit par Mlle Cochelet qui l'insérera tout au long comme morceau de choix, dans ses mémoires. Le *Journal de Paris* et la *Gazette de France*, moins favorisés, consacrent pourtant à Mme de Broc cinquante lignes petit texte, quarante de plus qu'à un sénateur fort connu : Jacqueminot, comte de Ham, mort le même jour.

Les ennemis mêmes d'Hortense s'intéressent : « Vous avez vu dans les papiers publics l'accident affreux arrivé à une des dames de la reine Hortense », écrit Madame à Élisa et cette mention d'un événement qui ne touche pas les siens, d'une personne qui ne soit pas de sa famille, est tellement hors de ses habitudes qu'elle atteste son émotion. N'est-ce pas que cette simple ligne est bien autrement émouvante que cette étonnante phrase de la tante, la Campan, à Aimé Martin : « Quel sujet touchant pour une élégie ! C'est à vous de la traiter ! » Les femmes qu'a contaminées la littérature n'ont plus, dans l'intimité de leur cœur, un sentiment qui soit sincère, profond et vrai; il faut qu'elles étalent, dans des vers impudiques ou des proses déshonnêtes, leurs joies et leurs douleurs, et, lors même qu'elles sont, par l'âge ou l'ineptie, incapables de prostituer elles-mêmes leurs sentiments au public, elles provoquent ainsi quelque Aimé Martin a en donner la représentation.

Et cette tante, inspiratrice d'élégies, se cabre et devient insolente, avec toute la famille Auguié, rendant la reine responsable, sinon de la mort de Mme de Broc, au moins des précautions mêmes qu'elle a prises pour la faire annoncer à la princesse de la Moskowa, et qui, par une méprise de Lavallette, le directeur général des Postes, et par un excès de zèle du duc de Rovigo, ont tourné contre ses intentions. Mme Campan est aigre, Mme Ney est indignée et la pauvre reine qui a voulu bien faire, se justifie comme une coupable devant ces gens qui lui doivent tout. Au moins, ailleurs, lui montre-t-on une sympathie réelle et s'efforce-t-on à la consoler. Joséphine envoie à Aix son chambellan, M. de Turpin, pour avoir de plus sûres nouvelles de sa fille. « Elle s'empresserait de partir elle-même pour peu que sa présence et ses soins lui fussent utiles. » Tout ce qui est à Aix s'inscrit. Hortense se passerait sans doute de l'oraison funèbre de Mme de Broc que M. de Boufflers met en couplets :

« D'esprit et de grâce pétrie,
Elle sut briller tour à tour,
Comme un diamant à la Cour,
Comme une fleur dans la prairie... »

mais point des visites d'Auguste de La Grange, le beau La Grange, l'Apollon du Ballet des Heures, revenu de Russie sourd et rhumatisant à faire pitié, de celles, moins attendues, de Sosthène de La Rochefoucauld et d'Elie de Périgord. Cela fait peu à peu une société et une distraction autour de la reine dont la pensée était maladivement occupée par le souvenir de son amie.

Elle voulait qu'on rapportât le corps à Saint-Leu, qu'on l'inhumât dans une chapelle de l'église « où elle ferait élever un monument qui perpétuerait les souvenirs et les regrets d'une amie de son enfance qui lui a été enlevée de la manière la plus affligeante » ; mais le ministre des Cultes ne s'est pas cru « le droit de déroger, même dans un cas aussi favorable, à la règle contre l'inhumation dans les églises » et il a pris les ordres de l'Empereur : Il faudra que la reine fasse, tout près de l'église, construire une chapelle particulière. A Grésy, elle jette un pont à garde-fou à l'endroit où a glissé Mme de Broc et elle érige un petit monument où une brève inscription relate l'accident et avertit les touristes : « O vous qui visitez ces lieux, n'avancez qu'avec prudence sur ces abîmes, songez à ceux qui vous aiment. » A Aix, à l'hôpital, elle fonde, en souvenir de son amie, moyennant une rente de 556 francs, plus 1 485 francs pour premier établissement, dix lits à l'usage des indigents, sous condition que, le 18 juin de chaque année, une messe sera célébrée pour le repos de l'âme de Mme la baronne de Broc. L'Empereur, par décret rendu à Dresde le 29 août 1813, approuve la fondation. En ce temps-là, l'Administration allait vite — il est vrai qu'il s'agissait d'une reine.

Pour célébrer la fête de l'Empereur, c'est encore un hommage qu'elle imagine de rendre aux vertus bienfaisantes de son amie, en offrant à quatre cents indigents d'Aix et des environs un dîner où elle ne donne pas seulement les victuailles, mais tous les ustensiles qui ont servi à les préparer et à les manger, casseroles, couverts, assiettes et verres. Sur la demande de Mme de Boufflers, ci-devant Sabran — et c'est bien pourquoi M. de Boufflers a chanté Mme de Broc — elle sollicite la grâce d'Elzéar de Sabran, vis-à-vis duquel l'Empereur n'a garde de prendre, comme on a dit, des mesures de terreur. « Ce n'est pas un conspirateur, a-t-il écrit à Savary, ce n'est qu'un polisson qu'il fallait faire fouetter et envoyer à Vincennes ou ailleurs, mais dont il ne fallait pas parler. » Et l'on rend cette victime à sa famille en pleurs.

Cependant le séjour à Aix se prolonge sans raison. Partie de Paris à la fin de mai, la reine est encore à Aix à la fin d'août. Elle semble ne pouvoir se détacher des lieux où elle a perdu son amie et se plaire à y renouveler sa douleur par le spectacle du décor où elle vécut avec elle. Pourtant elle a ses fils qui devraient être sa première consolation : Joséphine le pense ainsi et, dans chacune de ses lettres, cite les jolis mots du petit Oui-Oui, les fait valoir, rappelle sur les deux enfants la tendresse de leur mère. Mais Hortense qui, ses fils présents, paraît ne vivre que pour eux, semble se refroidir à proportion qu'elle s'éloigne. Elle écrit à la gouvernante des lettres comme indifférentes, à son fils aîné des lettres telles qu'à un enfant de trois ans. Ainsi à la gouvernante, le

7 juillet : « Ma chère madame de Boucheporn, vous savez tout ce que j'ai souffert de la perte d'une amie que je regretterai toujours, mais ce que vous ignorez, c'est combien je suis sensible aux preuves d'attachement qu'on m'a montrées dans cette circonstance ; je sais bien apprécier le vôtre, ainsi que tous les soins que vous donnez à mes enfants et il m'est doux de vous parler de toute ma satisfaction et de vous renouveler l'assurance des sentiments que je vous ai voués » ; et à son fils Napoléon, le 21 juillet : « Mon cher enfant, je suis bien contente de toi. Boucheporn m'écrit que tu es bien gentil. Il faut continuer et bien penser à ta maman dont tu es le grand bonheur ainsi que ton frère. Je vous embrasse tous deux bien tendrement. Les eaux me font du bien et je me sens déjà mieux. » Cette lettre, qu'on la compare à celles qu'écrit Louis au même enfant : De quel côté, de la mère ou du père, est la tendresse, l'attention à ce qui touche au physique ou au moral, au développement de l'intelligence ou du cœur, de la santé et de la vigueur ? Qui s'applique jusqu'à la minutie aux détails d'éducation, qui s'évertue à donner à l'enfant une âme virile et qui lui parle comme à un bébé ayant à peine sa connaissance ? En vérité, le parallèle n'est point à l'honneur de la reine et s'il est vrai qu'elle se passionne pour ses enfants — au moins pour les légitimes — cette passion est intermittente, et l'on ne saurait la croire intelligente.

Pourtant, quand, revenue par les Echelles expressément ouvertes devant elle, par ce château de Bussy-

Rabutin où elle se pare devant la Cochelet d'une arrière-grand'tante Beauharnais « immensément riche », enlevée par Bussy et délivrée par un La Rochefoucauld, elle arrive à Saint-Leu où l'attendent Joséphine et ses fils, elle paraît toute mère. Après une seule course à Paris pour voir le père et les sœurs de Mme de Broc, elle repart avec ses fils pour Dieppe où on lui a conseillé, pour consolider ses cures d'Aix, de prendre les bains de mer. Avec sa suite, M. de Marmold, Mme Harel, Mme de Boucheporn, Mlle Cochelet, l'abbé Bertrand, elle habite, assez loin de la ville, un petit château qu'elle a pris en location. On passe là un temps, délicieux pour les enfants, terrible pour la mère, qui, malgré la Faculté, manque périr des bains-douches pris mal à propos en septembre. Après trois essais, elle s'en tient à des bains d'eau de mer chauffée qui réussissent mieux. Vie de recluse d'ailleurs, point de monde, à peine d'excursions, encore moins de distractions.

Fin septembre, on revient à Saint-Leu d'où la reine voisine avec Saint-Cloud, — car avec Marie-Louise elle est toujours au grand tendre, — et surveille, à l'hôtel de la rue Cerutti, la transformation, par les tapissiers, de son appartement particulier, la chambre à coucher surtout, tendue en cachemire blanc avec de belles franges en or, les rideaux du lit et des fenêtres en mousseline de l'Inde brodée en or.

C'est là qu'elle revient à la fin d'octobre et, malgré les événements de la guerre et les inquiétudes qu'elle levrait avoir, elle entr'ouvre ses salons, et commence ı recevoir le beau monde. Elle paraît occupée surtout, ı ce moment, de préparer, pour en faire présent à es amis au nouvel an, le recueil de ses romances t, aux soins qu'elle donne à cet album, l'on peut uger quel prix elle y attache. Ce livret, d'un format etit in-quarto oblong, porte pour titre : *Romances nises en musique par S. M. L. R. H.* et renferme louze planches gravées, paroles et musique, pour les louze romances : *le Beau Dunois, Complainte d'Héloïse au Paraclet, l'Attente, le Bon chevalier, l'Heureuse solitude, Adieux d'une mère à son fils, Regrets l'absence, Ne m'oubliez pas, Serments d'amour, la Iélancolie, la Plainte inutile*, et, en regard, sont douze essins de la reine, gravés en manière noire par 'iringer sur un trait de Muller : c'est, telle qu'on a ssayé de la décrire ailleurs[1], l'efflorescence du genre 'roubadour. Dans un gothique de pendules, des hevaliers sentimentaux et intrépides attestent leur mour pour leur dame ou veillent appuyés sur le er de leur lance. Si les paroles sont de La Borde, si a musique est de Carbonnel, si les dessins sont de 'hiénon, peu importe; l'écolière dont ces messieurs nt mis sur pieds les vers, les notes et les traits, n'en st pas moins l'auteur responsable et c'est tout un ôté de sa nature, c'est toute sa vocation artistique ui se manifeste. Au titre, aquafortisé par Normand, es muses tendent des palmes vers son chiffre cou-

[1] Voy. *Napoléon et les femmes*, p. 311.

ronné et, en frontispice, apparaît son portrait que Monsaldi a gravé en couleurs d'après des miniatures d'Isabey. Tant elle y attache d'intérêt que le frontispice est double : tantôt elle est représentée à mi-corps, vêtue d'une robe claire de mousseline de l'Inde blanche à haute chérusque, que traverse une voltigeante écharpe bleue, coiffée d'une couronne d'où s'échappe un long voile de gaze, et tenant des deux mains une lyre d'or qu'elle accorde ; tantôt, en buste, vêtue d'une robe bleue montante, à haut col tuyauté, coiffée, comme dans le buste de Bosio, de myosotis qui, par devant, cachent presque la couronne posée très en arrière, nimbée d'un voile blanc qui s'enroule et retombe sur la robe ; et cette estampe qui, reprise au pinceau avec des soins infinis, joue à s'y méprendre la miniature, demeure dans l'œuvre de Monsaldi à coup sûr la plus précieuse. Chacun des albums est habillé de maroquin rouge à grain long, orné de fers qui diffèrent à chaque fois, aussi bien par la forme de l'H couronné frappé sur un des plats, que par la disposition des semis, des aigles, des lyres symboliques. On sent une attention féminine portée sur tous ces petits livres, comme si chacun avait sa destination prévue et qu'une idée y fût attachée. Que de temps il a fallu pour graver, imprimer, tirer, relier ces minces plaquettes ! Mais plus les ouvriers tardaient, plus la renommée s'en emparait, plus les demandes affluaient. Obtenir la promesse d'un de ces précieux livrets devint la faveur la plus enviée, et non pas seulement à la Cour :

l'apparition du recueil des Romances de S. M. L. R. H, fut un des événements mondains de cet hiver de 1813 où les Coalisés franchissaient le Rhin et où la France devinait dans la brume glacée les silhouettes terrifiantes des Cosaques.

C'est un singulier état d'esprit que celui d'Hortense. On veut la croire fidèle et dévouée à l'Empereur; à coup sûr, elle continue à être intimement liée à Flahaut; mais une amitié féminine semble l'emporter sur toutes celles qu'elle entretint jusqu'ici : soit que, Mme de Broc lui manquant et les Auguié s'étant mal conduits vis-à-vis d'elle, elle ait besoin d'une autre confidente; soit qu'elle se trouve entraînée par un sentiment d'un autre ordre et qu'on voudrait ne pas deviner. Zoé Talon, comtesse du Cayla est aussi une connaissance de Saint-Germain, mais, jusque-là, l'intimité a été médiocre : à présent elle est quotidienne. Et Mme du Cayla semble avoir entrepris de mettre Hortense en flirt réglé avec son ami Sosthène de La Rochefoucauld. A chacune des lettres, des délicieux billets qu'elle écrit tous les matins à cet ami, Zoé fait intervenir Hortense. Elle pousse celle-ci à lui écrire. à le recevoir, à le traiter en familier. Elle apporte des petits livres sur qui La Rochefoucauld écrit « tout ce qu'on peut dire de sensible et d'attachant », et la reine les copies. Elle dîne à l'hôtel Cerutti, avec la reine, « seule absolument, point de laquais même; nous nous servions nous-mêmes », écrit-elle. Pourtant, « en général, dit-elle, je n'y vais que le matin », mais, il semble, tous les matins.

De ce rapprochement si vivement sollicité, si adroitement saisi par Mme du Cayla, qu'y a-t-il à penser? Des parties des lettres non datées, où la fréquence des rapports verbaux permet les conventions, les sous-entendus et les élisions, restent obscures et mystérieuses. Il ne s'agit pas uniquement d'obtenir pour Sosthène un exemplaire des Romances; la reine ne s'est pas éprise de ce bel homme. Dans certaines des lettres, Flahaut passe, comme cet après-dîner dont Mme du Cayla écrit : « Le soir, il est venu M. de Flahaut et trois ou quatre personnes. Elle l'a fait chanter et elle a chanté elle-même. Avant son arrivée, elle avait demandé s'il viendrait à M. de Canouville qui disait toujours qu'il ne le croyait pas. » Et ce croquis léger, si net pourtant que l'essentiel saute aux yeux, suffit pour montrer la place prise. Donc, ce n'est pas d'amour qu'il s'agit. Alors, pourquoi une femme d'autant d'esprit, si ouvertement hostile au régime, si violemment dévouée à la royauté, fille de cette Mme Talon, nièce de cette Mme de Champcenetz prises, durant le Consulat, en flagrant délit de conspiration, fréquente-t-elle avec cette assiduité chez la reine, y conduit-elle son chevalier servant, ce La Rochefoucauld qui depuis Leipzig rêve et conspire le retour de son roi?

D'autres personnages passent dans ce salon où Mme du Cayla se vante de « n'avoir pas encore fait une rencontre désagréable »; les emplois dont ils sont revêtus expliquent mieux leur présence; mais leurs discours ont toujours un air de mystère. Hortense semble avoir l'illusion de l'amitié de femme à homme, de princesse à particulier. Elle a recherché La Rochefoucauld, elle recherche Molé : elle entre avec lui dans des explications, ne comprenant pas qu'il tient à présent, avec la simarre du grand juge, bien mieux que ce qu'il cherchait près d'elle, alors qu'il paraissait s'offrir pour être le gouverneur de ses fils. « Elle me dit, écrit Molé, que je n'étais pas fait pour l'amitié, me faisant entendre que je me réservais pour un sentiment plus exclusif. » Hortense pensait l'amour; Molé réalisait d'abord l'ambition; mais, sur un point ou l'autre, ils ne pouvaient s'entendre.

Vers le milieu de novembre, le bruit se répand que Louis va arriver à Paris. M. et Mme de Rémusat, venant dîner à Malmaison, ont raconté à Joséphine « qu'il avait écrit à l'Empereur pour se raccommoder avec lui, en lui disant que, puisqu'il était dans ce moment malheureux, il lui demandait de ne plus le quitter. C'est très louable et très bien à lui assurément, écrit l'Impératrice à sa fille, mais je crains pour toi de nouveaux tourments et cette idée m'afflige. Du courage, ma chère fille, une âme pure comme la tienne finit toujours par triompher de tout ».

Ce n'était encore qu'une fausse alerte, mais Hortense avait pris l'éveil : les malheurs arrivaient en troupe, les nouvelles étaient pires à chaque courrier et l'on était obligé à les avouer. Tout annonçait le désastre : les dons patriotiques qu'on provoquait, les réquisitions de chevaux qu'on ordonnait, le départ des conscrits qu'on pressait, la générale misère, l'universelle inquiétude. Si loin que les princesses fussent tenues de la politique, si peu que pénétrât dans leurs boudoirs le bruit que faisait la Nation, Hortense, en correspondance réglée avec son frère, avait appris de lui que de tous côtés on trahissait, que lui-même avait été tenté par les Coalisés et qu'il avait refusé leurs offres. Elle en avait pris un grand orgueil[1]. A des jours on paraît héroïque, en faisant à peu près son devoir. Mais ce n'était pas tout que les nouvelles d'Italie; des gens du peuple venaient dénoncer à la reine, fille de Joséphine, des complots royalistes; des mères ou des sœurs venaient la solliciter en faveur de leurs fils ou de leurs parents compromis dans les conspirations. Pourtant, elle choisissait ce moment pour entrer et s'établir en liaison avec l'homme et la femme qui, trois mois plus tard, devaient par leurs cris et leurs gestes de prière, appeler la bienveillance des Coalisés victorieux sur l'Auguste Famille des Bourbons.

Le 1er janvier, il n'y a plus à en douter : Louis est arrivé; il est descendu chez sa mère. Hortense le prend mieux qu'on n'eût pensé : « J'en suis bien aise, dit-elle à Mlle Cochelet; mon mari est bon Français, il rentre au moment où toute l'Europe se déclare

[1] Voy. *Joséphine répudiée*, p. 307 et plus loin tome IX, chapitre XXX.

contre elle. C'est un honnête homme, et, si nos caractères n'ont pu sympathiser, c'est que nous avions des défauts qui ne pouvaient aller ensemble. Moi, j'ai eu trop d'orgueil; on me gâtait quand j'étais jeune; je croyais trop valoir peut-être et le moyen, avec des pareilles dispositions, de vivre avec quelqu'un qui est trop méfiant? Mais nos intérêts sont les mêmes et il est digne de son caractère de se réunir à tous les Français pour aider de ses moyens à la défense de son pays. » Est-il bien vrai qu'elle parle comme le rapporte sa confidente — et surtout qu'elle pense comme elle parle? Au moins a-t-elle l'Empereur pour la protéger contre cet époux à grand caractère, car autrement elle n'eût point été si tranquille; mais, comme une marque de ses sentiments, Napoléon vient de lui adresser pour ses étrennes le plus beau des cabarets de Sèvres qu'on ait présentés à son choix : un déjeuner de cinq pièces fond bleu avec « des peintures à sujets anacréontiques en manière de camées » que Parent a exécutées.

***

Tout cela sans doute n'intéressait guère Madame. La présence de Louis à Paris devait la priver des visites d'Hortense, multiplier au contraire celles de ses petits-fils. Elle ne s'en plaignait point. Quelque jour elle arriverait bien à réconcilier ses fils et il ne manquerait à son bonheur que de ramener Lucien auquel elle continuait à faire des envois d'argent qu'il trouvait toujours insuffisants; mais quels que fussent ses efforts, elle n'avait rien gagné et, tout au contraire, le fossé s'était élargi, de façon à paraître infranchissable.

Les heures semblaient longues en effet à Thorngrove, à présent que l'Iliade et l'Odyssée étaient achevées et que le sénateur, ayant corrigé les épreuves du *Charlemagne*, imprimé chez Longman, attendait impatiemment l'immortalité que son poème devait lui apporter. Il restait pourtant dans les nues, car, étant entré en relations avec le célèbre Herschell, il « avait été pris du goût de se livrer à l'astronomie, dont sa connaissance des hautes mathématiques, écrit Alexandrine, lui facilita bientôt les calculs nécessaires ». Où, comment, à quel moment, Lucien avait-il étudié « les hautes mathématiques », sa femme ne le dit point, mais « il les connaissait ». Cet homme était universel. Quoi qu'il en fût des calculs, il fit bâtir dans le parc de Thorngrove un petit observatoire, et, sur les conseils de Herschell lui-même, il forma un cabinet astronomique dont le véritable directeur fut le père Maurice — dans le monde Maurice Malvestito — un Brescian, franciscain sécularisé, que Lucien s'était attaché depuis 1804, aumônier de la maison, confident de Monsieur et de Madame, précepteur des enfants, l'homme qui menait toutes choses, y compris les étoiles.

Le père Maurice ne se tenait point à l'astronomie, il avait traduit *Charlemagne* en vers italiens, il étudiait les sciences naturelles avec passion et se délassait en traitant les animaux de la maison, car il portait aux bêtes du bon Dieu le même amour que son père saint François. Il étudiait les langues orientales, était fou de musique et s'efforçait de reconstituer « la mélodie sur laquelle les Hébreux chantaient, dans leurs fêtes, les psaumes de David et les autres prières liturgiques ». C'était là « une utopie » qui devait plaire à Lucien.

La naissance de son dixième enfant — un fils auquel Louis devait servir de parrain et qui fournit, sous le nom de Louis-Lucien, une longue et intéressante carrière — (4 janvier 1813) lui apporta des joies aussi pures que l'Astronomie. Madame Lucien, malgré ses airs de matrone et son robuste embonpoint, n'avait que trente-cinq ans et devait encore lui donner quatre enfants. Sans doute se remit-elle fort vite, à son ordinaire, car, dès le 23 janvier, Lucien sollicita près du ministère anglais l'autorisation d'aller pour trois mois à Paris, afin d'y engager des négociations, aussi bien avec l'Empereur qu'avec Joseph, et de leur servir de médiateur près du gouvernement britannique.

On peut croire que, en même temps, il écrivit à Madame pour offrir ses services et demander à être échangé. Au moins parle-t-on d'une lettre qu'il aurait écrite vers ces moments et dont l'Empereur aurait marqué sa satisfaction, tout en refusant les propositions qu'elle contenait, mais cela est trop hasardé pour qu'on en fasse état.

Vraisemblablement était-il poussé à tous ces expédients par le manque d'argent. En octobre 1812, il avait expédié en Italie cet André Boyer, le neveu de sa première femme, qui était son homme de confiance. Débarqué à Naples vers la fin de novembre, d'un navire tunisien, Boyer avait été soumis par le ministre de France à une active surveillance et avait même été averti, par le gouvernement de Caroline, qu'il eût à ne point quitter la ville avant qu'on eût reçu des instructions à son sujet. L'Empereur, averti dès son arrivée, avait ainsi formulé ses volontés : « Donnez ordre, avait-il écrit au duc de Rovigo le 20 décembre, d'arrêter le nommé Boyer venant de Londres et qui a débarqué à Naples. On l'arrêtera au moment où il mettra le pied sur le territoire de l'Empire. » André avait un frère, inspecteur des Droits réunis à Rome, et, par ce frère qui était venu à Florence pour des affaires personnelles, le directeur général de Police cherchait à obtenir des renseignements sur ses faits et gestes : il croyait apprendre que, n'ayant ni les moyens de retourner à Londres, ni l'espoir d'être employé dans l'Empire, André sollicitait pour être réintégré à Naples dans l'administration des Postes, alors que, en réalité, il ne s'occupait que de mener à bien sa mission. A la fin de mars, renonçant à venir personnellement à Rome, il convoquait à Naples un certain abbé Colonna, protégé et peut-être parent de Madame et de Fesch, qui cumulait les fonctions d'homme d'affaires de Lucien à Rome et de chapelain du Palais impérial de Monte-Cavallo. Celles-ci étant le plus régulièrement payées, l'abbé, qui prétendait rester en bons termes avec la police, se hâta de venir faire sa déclaration et montrer la lettre de Boyer. Il n'avait garde de se rendre à Naples : pourquoi faire d'ailleurs ? L'argent qu'il eût pu avoir en caisse avait été absorbé par les traites de Lucien, qui avait emprunté à un sieur Leoni Paoli, neveu du général, venu en Angleterre pour toucher la succession de son oncle, une somme de 23 000 piastres (125 000 fr. environ), en échange de quoi il lui avait remis des lettres de change sur Rome. L'abbé avait grand'peine à en payer les intérêts, tous les biens meubles et immeubles de Lucien étant engagés ou séquestrés.

Ce n'était pas avec 125 000 francs, fussent-ils nets, que Lucien pouvait faire un nouvel établissement. Pourtant il y songeait, malgré l'achat de Thorngrove et les dépenses de toute sorte qu'il y avait faites : il avait renoncé aux États-Unis et c'était en Autriche, dans la Styrie, qu'il comptait obtenir de résider. Déjà il avait fait des démarches à la cour de Vienne : sans doute, l'Autriche était en guerre avec la France, mais ce scrupule ne l'arrêtait pas. Même reprenait-il son frère Louis d'avoir quitté les États autrichiens et l'invitait-il à retourner à Gratz pour y vivre avec lui : « Crois-tu donc, lui écrivait-il[1], que tu te serais rangé parmi les adversaires de la France si tu étais resté tranquillement dans ton asile de Gratz, dans les États d'un souverain qui, s'il est maintenant en

[1] Je n'ai que la traduction en allemand de cette lettre.

guerre avec l'Empereur, lui est allié par des liens si étroits et dont tous les efforts en vue d'arriver à la paix concourent si utilement avec ceux de toute l'Europe. Non, mon frère! Je vois seulement les ennemis de la France en ceux qui prolongent la guerre pour une fausse gloire, en ceux que n'émeuvent point les cris de douleur d'un million de familles en deuil!... Que l'Autriche m'accorde un asile, je viendrai, sans croire que je me lie par là aux ennemis de la France. Comme la Suisse n'est plus neutre, j'espère te voir bientôt dans ton coin philosophique de Gratz, jusqu'à ce que nous puissions nous rendre ensemble dans cette pauvre Rome, maintenant si barbarement profanée, et qui, grâce aux puissances alliées et à son pape, va rentrer en possession de la neutralité solide, pacifique et religieuse... Là j'attends et j'espère notre réunion pour cet été; là je retrouverai ma fortune qui est aussi la tienne. La littérature et une vie sans reproche nous consoleront, surtout si l'Empereur signe à la fin une paix qui permette à la France, à l'Europe et à l'Église de respirer. »

Lucien ne pouvait guère douter que cette profession de foi, qui, adressée à Louis, paraissait si inopportune, tomberait, dans la course que la lettre devait effectuer, aux mains des agents de la Coalition. Ils y apprendraient les sentiments qu'il professait vis-à-vis de celui « qui prolongeait la guerre pour une fausse gloire et que n'émouvaient pas les cris de douleur d'un million de familles en deuil ». Ainsi parlait-on au quartier-général des Coalisés, au faubourg

Saint-Germain et à Hartwell : Mais là, c'était tout simple : écrits à Thorngrove par un frère de l'Empereur, ces mots prenaient une autre portée, et l'employé du cabinet noir autrichien qui les recueillit avait droit à une gratification.

*
* *

C'est d'une autre encre qu'écrit Pauline ; c'est d'un autre ton qu'elle parle : Récoltées par les cabinets noirs, ses lettres attesteront sa frivolité, sa vanité, sa coquetterie, son inconstance en amour ; elles attesteront qu'elle fut sèche de cœur, fort ladre, brouillonne, capricieuse et coléreuse, mais que, à son frère, elle fut et resta inébranlablement fidèle. Comme, durant toute l'année 1813, elle a vécu éloignée de Paris, sa correspondance avec Madame et Fesch, avec son intendant et ses dames la peint au naturel.

Le mois de janvier l'a trouvée à Hyères, nullement en disgrâce, comme on a dit. Si elle écrit peu à Marie-Louise, elle lui adresse pourtant les compliments d'obligation et l'Impératrice lui répond avec autant d'amabilité gourmée qu'à ses autres belles-sœurs — Hortense exceptée. Marie-Louise a été chargée de lui annoncer pour ses étrennes un cabaret de porcelaine de Sèvres : ce sera au choix de l'Empereur, un cabaret de six tasses, forme Jasmin, doublées d'or, fond vert de chrome, avec, en médaillons, des portraits de femmes célèbres peints en miniature par

Mme Jaquotot, qui coûtera 2400 francs; mais Pauline n'a que faire des femmes célèbres, elle veut des peintures à son goût et elle écrit à son intendant : « Je vous prie d'aller à Sèvres me choisir le déjeuner que l'Empereur m'a destiné. Vous choisirez celui qui sera le plus beau et faites en sorte que, sur plusieurs tasses, il y ait le portrait de l'Empereur. »

Non seulement la Cour ne lui est pas interdite, comme on s'est plu à le raconter, mais l'Empereur souhaiterait qu'elle y parût. Il lui écrit le 27 janvier : « Je vois avec peine le mauvais état de votre santé. Vous auriez mieux fait de venir à Paris que de vous laisser promener de contrée en contrée par l'espérance des médecins. Vous auriez mieux fait d'aller à Nice qu'à Hyères; je ne vois pas d'inconvénient à ce que vous alliez dans cette ville. » *Vous auriez mieux fait d'aller à Paris*, répond à toutes les histoires d'exil.

L'Empereur ne croit pas que sa sœur soit sérieusement malade, il la tient toujours pour malade imaginaire et, par là, il est injuste. L'état de Pauline est toujours aussi précaire; elle a grand'peine à supporter la voiture; ne se promène qu'en chaise à porteur et, pour prendre de l'air et de l'exercice, imagine de se faire balancer sur une escarpolette des heures durant; elle est maigre à faire peur; ses forces disparaissent de jour en jour. Elle ne cesse d'ailleurs de penser à Canouville; elle a voulu qu'on tressât pour elle, avec ses cheveux qu'elle avait soigneusement recueillis, un bracelet « qu'elle se propose de toujours porter »; et, s'inquiétant des souvenirs matériels qu'elle lui a donnés ou qu'elle pourrait recevoir de lui, elle les réclame au frère de son amant, le Canouville, maréchal des logis du Palais.

Cette passion rétrospective n'était point troublée par la présence de Duchand, lequel n'en était pas plus mal partagé, mais, en janvier, Duchand a dû partir. Vainement, son congé expirant avec l'année 1812, a-t-il sollicité le 13 janvier une prolongation. Elle lui a été sèchement refusée et il a reçu l'ordre de rejoindre la Grande Armée. Il y fait merveille. A Bautzen, il a deux chevaux tués sous lui et, en récompense, l'Empereur lui accorde le 8 juillet l'Aigle d'or de la Légion et le 27 août le grade de major; à Leipzig, avec douze bouches à feu, il résiste victorieusement à 25 000 hommes, soutenus par trente canons, et l'Empereur le crée baron de l'Empire. Quant à l'avoir autorisé à prendre le nom du terrain sur lequel il avait combattu, pure légende. Duchand ne se fit appeler Duchand de Sancey qu'en 1818 et Sancey, commune du Doubs, n'a rien à voir en Saxe.

Après le départ de Duchand, voici Pauline mécontente, agitée, nerveuse, écrivant sans cesse, faisant écrire tout ce qui l'entoure, lésinant sur tout ce qui ne la concerne point et jetant des cent mille francs aux bijoutiers. Mme de Cavour, exaspérée de payer de sa poche le papier et la cire, car la princesse tient sous clef sa provision, écrit à l'intendant : « Il est bien assez que je fasse tout le jour le secrétaire parce que je n'en ai aucun, sans qu'on me fasse tirailler pour le papier. C'est énorme ce que je dois écrire pour la princesse, envoyez-moi vite donc un grand carton de papiers de toute espèce, plumes de corbeau, cire d'Espagne, hosties, enveloppes, etc. »

Tout le monde est attelé aux écritures, Montbreton qui est venu remplacer Tonnerre, Mme de Cavour constamment de service, Rosalie de Quincy qui enrage d'avoir quitté Paris. On travaille moins dans le cabinet d'un ministre — et c'est le ministère des caprices.

Plus la princesse est condamnée à rester immobile, plus sa tête s'agite, plus son cerveau travaille, plus ses lettres courent, plus ses ordres se multiplient, se croisent et se contredisent. Mais où ils ne varient point, c'est sur l'article des économies. Mme de Barral avait jusque-là conservé son traitement; elle est rayée des états; on ne l'avertit pas : elle le saura à la fin du quartier. Les dames françaises touchaient 11000 francs par an; c'est assez de 8000. Les Piémontaises descendent à 2000, sauf Mme de Brignole et Mme de Saluces, mais, pour celle-ci, on impute sur son traitement sa pension de 3000. Mme de la Trinité est morte; on ne la remplace pas, non plus que M. de Mussan d'Hallet-Deshayes, écuyer. Ce n'est rien là : « Je renvoie mes chevaux et une partie de mes gens, écrit la princesse à son intendant, vous renverrez tout ce qui est cuisine ou office... Vous donnerez à tous ces gens-là un mois de gratification. On ne fera de livrée pour personne jusqu'à mon retour et, en général, on mettra le plus d'économie possible. Ce voyage me ruine de toutes les manières. » Et elle signifie d'un ton bref qu'elle entend que ses ordres soient exécutés à la lettre et qu'elle ne souffrira pas la moindre observation. Même note à Decazes qui est décidément son homme de confiance, et qui, de droit, simplement membre de son Conseil, est en fait l'administrateur de sa maison, le contrôleur général, au-dessus de David et de Michelot. Elle lui écrit : « Je renvoie mon budget avec mes réductions. Elle sont considérables, mais les dépenses excessives que je fais ici me forcent à être très économe pour celles que je fais à Paris. » En effet, par rapport au budget de 1812, la toilette et l'écurie mises à part, la réduction est de 108000 francs, 45000 sur la bouche, la chambre et l'antichambre; 15000 francs sur l'entretien du palais de Paris, 20000 francs sur Neuilly, 24000 francs sur le fond de réserve; mais le chapitre des *Dépenses diverses*, voyages et fantaisies, saute de 98000 à 155000. Par là, ce qui est pris sur la dépense normale s'élève en réalité à 165000 francs. Quant à l'écurie, au lieu de 100000 francs en 1812, la princesse ne passe que 72000 francs, et elle la diminue à vingt-six chevaux. Les livrées seront serrées, de façon qu'au retour, elles aillent trois mois de plus.

Sans doute les frais de maladie ont coûté cher! Pour avoir à Aix six semaines Buzzini, le médecin de Genève, on lui a donné 30000 francs. Pour décider

Peyre, le premier médecin, à venir consulter, on l'a gratifié impérialement ; à présent, c'est 10 000 francs par an que la princesse paye le docteur Espiaud qu'elle a attaché à sa personne et qui bientôt jouera dans la petite cour un rôle majeur. Mais ce ne sont en réalité ni les médecins ni les voyages qui obèrent, bien plutôt les bijoutiers : d'abord Friese pour 28 000 francs, Picot pour 15 000, Devoix pour presque autant ; surtout il y a un collier de brillants de 220 000 francs au moins que la princesse veut acheter ; enfin, elle écrit à Decazes : « Je vous prierai aussi de voir, mais bien en sous-main, s'il y avait une bonne occasion d'avoir deux rangs de belles perles, de chacun 50 000 francs. Je paierais cela sur les économies que je fais sur ma toilette. Cela n'a rien de commun avec le collier. Je viens de m'apercevoir que les miennes sont importables par la raison que Mme de Saluces les a mises et laissé tomber et qu'elles sont cassées. » Et, en même temps qu'elle liarde sur chacun, elle revient à toute lettre sur les 220 000 francs qu'elle a fait offrir du collier de brillants, 60 000 comptant, le reste par mois, sur les belles perles qu'il lui faut. « On peut consulter Madame » sur leur qualité, « mais cela bien secret ».

Fantaisie et caprice, semble-t-il : prévoyance et sagesse peut-être. N'est-ce pas un placement qu'elle fait ? N'est-ce pas une fortune mobilière qu'elle crée ? Les diamants et les perles sont, sous le plus petit volume, les valeurs les plus précieuses et le plus facilement transportables. Au cas où Pauline penserait à l'avenir, ce qui n'est guère probable, ne serait-elle pas bien inspirée? Mais ce n'est point qu'elle raisonne, c'est qu'elle obéit au goût qu'elle a de se parer, fût-ce uniquement pour elle-même.

De telles réductions dans ses dépenses ne sauraient passer inaperçues; des gens renvoyés se plaignent; un frotteur et un marinier s'adressent à Duroc pour être replacés dans la Maison de l'Empereur; Duroc fait venir l'intendant, lui parle de ces individus, dont un surtout a été à Neuilly, neuf années durant, au service de Caroline, puis de l'Empereur. Il dit qu'il regrette de ne pouvoir le prendre, mais qu'il est obligé de réserver toutes les places « pour des malheureux revenant de Russie qui, quoiqu'ayant perdu un doigt peuvent encore faire l'office de valets de pied ou de frotteurs ». Michelot s'inquiète : « Il faut croire que M. le duc de Frioul a eu de puissants motifs pour se détourner un instant de ses grandes occupations et m'entretenir des personnes réformées à Neuilly. » Voilà Pauline qui s'affole. Déjà, comme elle n'a pas mauvais cœur, le 5 février, tout en réitérant ses ordres de renvoyer une partie des domestiques, elle a écrit en post-scriptum, sans souci de se contredire : « Il faudra sans doute payer aux gens qu'on renvoie trois à quatre mois de gages, mais on les prendra sur les autres articles », et, en second post-scriptum : « On pourrait faire une somme de 3000 francs pour gratification aux gens renvoyés »; lorsque arrive une lettre directement écrite à Mme de

Cavour par Duroc qui a jugé le mauvais effet sur l'opinion d'une telle réduction des Maisons princières, Pauline, commence par nier : elle n'a réformé personne que quelques gens de l'écurie et de la cuisine, ici parce qu'il y avait trop d'aides, là parce qu'il y avait moins de chevaux, mais elle n'a pas entendu que l'intendant renvoyât les gens de service de Neuilly, ni les valets de pied de Paris. Duroc précise. Pauline ordonne alors qu'on loge le marinier à Neuilly et qu'on l'emploie quelque part « jusqu'à ce qu'on ait trouvé l'occasion de le placer chez Madame ou chez la reine de Westphalie qui se forme une maison ». Mme de Cavour doit écrire au grand maréchal que l'affaire est arrangée. Mais le marinier continue à réclamer : on passera donc par ce qu'il veut, on le rétablira dans son ancienne place, parce que d'abord Son Altesse désire que Duroc n'ait plus à intervenir — car Duroc ici c'est l'Empereur, — et, s'il y a de la politique dans cette sollicitude pour les humbles, il y a aussi de la justice.

Au milieu de ces tracasseries, on s'est disposé à quitter Hyères, « car l'humidité qu'il y fait à cause des marais dont elle est entourée est contraire au rétablissement de Son Altesse ». Le 7 février, on s'embarque pour Nice où l'on arrive le 8 : la princesse n'a pas trop souffert de la traversée ; elle espère tout à présent du climat pour sa santé ; mais, aux premiers jours, on n'aperçoit guère d'amélioration à son caractère. « En tout, sa maladie la rend fort irritable et on ne peut rien lui représenter. » Elle est installée dans la Maison Grandis, au quartier des Baumettes. Et sa réputation est si bien faite ailleurs que les historiens de Nice annoncent que, « chaque jour, elle s'y livre aux plus ridicules caprices et qu'elle donne des dîners et des fêtes ». La pauvre! « Nous ne voyons âme qui vive, écrivent Mme de Cavour et Mlle de Quincy. Nous passons notre vie à voir passer Son Altesse d'un lit dans l'autre. Nous ne songeons pas seulement au Carnaval. » La légende des fêtes de Pauline n'en délectera pas moins les Niçois.

Pour des caprices, certes elle en a, mais point qui regardent les gens de Nice. En ce moment, son esprit est occupé par deux grosses affaires — mise à part celle du collier qu'elle finit par payer 215 000 francs seulement, celle des perles, celle des domestiques renvoyés, celle des dettes de Mme de Saluces, celle des économies, et bien d'autres de même espèce. D'abord, on a annoncé que Borghèse allait venir à Paris et la princesse règle comme il sera logé, servi, nourri et voituré. Point de détail qu'elle trouve indigne. Le prince logera au premier sur la cour; seulement, on fermera la chambre gros bleu et or, le cabinet orange, la salle de bains et le billard; ce seront ses gens à elle qui feront le service des appartements, et ils fermeront les jalousies à cause du soleil, et ils couvriront les meubles du salon quand le prince ne recevra pas ou quand il aura fini de recevoir. Au second étage, elle livre quelques pièces pour la suite, mais tout le reste sera fermé et l'intendant prendra la clef. Il n'y aura d'habillés que les domestiques nécessaires pour le service du prince, afin que les livrées ne s'usent pas. Point de linge, point de vin, et, bien entendu la dépense de la maison ne la regardera en rien. « La princesse désire cependant qu'on mette à la disposition du prince deux ou trois bouteilles de liqueurs des Iles et autant de bouteilles de rhum, mais seulement pour lui seul. Quant aux chevaux, ils ne passeront pas le bois de Boulogne : point à la campagne, ni à la chasse » : Borghèse ne vint pas : c'est dommage. Son séjour au palais conjugal eût été délicieux!

L'autre affaire majeure est celle des cachemires : La comtesse Andreossi a acheté à Constantinople, pour le compte de la princesse, un cachemire blanc à palmettes vertes qu'elle a confié à son frère, M. de la Tour-Maubourg, ci-devant secrétaire et chargé d'affaires à Constantinople, qui rejoint à présent le poste de Wurtzbourg où il a été promu. Pauline attend son cachemire avec impatience; celui-là, elle l'aura peut-être; mais, en même temps, Mme Andreossi a expédié de Constantinople, par une autre voie, une caisse contenant aussi des cachemires pour la princesse et pour plusieurs dames : Mme de Cavour, Mme de Rochefort, la maréchale Augereau. La caisse est arrêtée à Milan. La princesse écrit à M. de Sussy, ministre des Manufactures, le priant de concilier l'affaire. Point de réponse. Alors, elle emploie Decazes, très lié avec Sussy, pour lui faire comprendre que « Son Altesse Impériale est un peu étonnée de son manque d'empressement. » A coup sûr, Sussy ne demanderait pas mieux que de s'empresser, mais il a dû transmettre à l'Empereur la lettre même de Pauline et l'Empereur a refusé toute faveur : « Les princesses, a-t-il écrit, doivent donner l'exemple d'obéir à la loi et d'encourager les manufactures nationales. » *Lugete veneres!* Voit-on Pauline en ternaux!

Reste à payer. Les schalls pour Mme de Castiglione et Mme de Rochefort étaient dans une caisse à l'adresse de la princesse. La princesse en est responsable. Ainsi le pense-t-elle au premier mouvement et fait-elle offrir le paiement : C'est 3215 francs pour la duchesse de Castiglione seule. Au second mouvement, la princesse change d'avis. Le général Andreossi a présenté sa note : 7209 piastres qui, à 3fr,40 la piastre, font 24910 francs 60 centimes. C'est beaucoup d'argent. Pauline écrira donc le 26 novembre que, quant aux schalls, elle est très décidée à ne pas les payer à Mme Augereau, qu'elle en a perdu elle-même pour 12000 francs et qu'il n'est pas juste qu'elle supporte toute la perte. Et cela fait dans tout ce monde un déplorable effet.

Le séjour à Nice est rempli par ces grandes affaires et bien d'autres aussi graves : meuble à bijoux commandé à Jacob; portraits demandés à Saint et surveillés par Forbin et Denon ; buste en marbre que Bosio fait à nouveau, épreuves en plâtre qu'il tire du premier buste et qu'il doit revoir et terminer ; arbustes à fleurs qu'on doit apporter de Montgobert ou obtenir des pépinières impériales pour Neuilly ou le Faubourg ; boîtes à chiffre ou à médaille, avec ou sans diamants ; eau de Seltz qui manque, bougies qui sont affreuses ici, sarments de vigne qu'on ramassera à Neuilly, car la princesse « aime beaucoup à allumer son feu avec les sarments, les petits fagots et les pins » ; bijoux qu'on apporte et remporte de Paris à Nice, car Pauline a voulu voir son écrin et, de ses mains amaigries, remuer, toucher, palper ses étonnants bijoux ; petits oiseaux qu'on protège à Neuilly ; interdiction de tirer des coups de fusil, proscription des pies et des chats ; tout cela pêle-mêle, par décrets authentiques, formels, contradictoires, et aussitôt rapportés.

Ainsi, le 31 mars, Pauline, sur la nouvelle que son ci-devant beau-frère, Leclerc, a été, le 12, relevé de ses fonctions de préfet de la Meuse, lui assigne une pension annuelle de 6000 francs sur Montgobert. La lettre qu'elle lui écrit est charmante, pleine de tact et « de ménagement ». C'est le premier mouvement. Voici le second : en septembre, elle écrit à Decazes : « J'ai demandé si on avait payé à M. Leclerc plus de 3000 francs pour la pension de 6000 que je lui avais offerte. Je n'ai jamais eu de réponse. Mon intention est qu'on ne lui donne pas les trois autres, si cela n'est pas fait. » Du même coup, elle veut en finir avec les Leclerc, régler ce qui reste dû, sur la succession du général, à Mme Leclerc, mère. Elle cédera donc aux Leclerc Montgobert, à condition qu'ils se chargeront d'une dette de 25000 francs ; quant à Lieu-Restauré, elle le vendra à son profit. Voilà sa proposition qu'elle déclare définitive. Le 17 octobre tout est changé : « Décidément, écrit-elle, je ne veux pas donner Montgobert. En arrivant à Paris, j'ai besoin de respirer un bon air. Neuilly ne peut pas me convenir pour l'été ; je n'aurai pas encore Villiers ; je veux faire meubler Montgobert. J'y passerai les fortes chaleurs... Mon médecin m'assure que cet air me convient parfaitement et je l'ai éprouvé moi-même. Je sais que c'est fort petit, mais je compte n'y faire qu'un petit voyage de six semaines tous les ans. J'y aurai quelques amis et je serai là plus en liberté... J'ai là un monument qui m'est bien cher et c'est un des motifs qui font que je le garde. » Et, vu le désir inattendu qu'elle éprouve de venir pleurer, avec quelques amis, près du tombeau du général, elle offrira à Mme Leclerc Lieu-Restauré, pour s'acquitter de tout envers elle, et à M. Leclerc l'aîné, la Novellara, en *cadeau*. Dans le cas où l'on aurait instruit les Leclerc de ses premières intentions, on leur dira qu'elles ont été mal interprétées et qu'on s'est trompé. Le 24 novembre, nouveau changement : Voici ce que la princesse décide *irrévocablement* : « Céder tout de suite Montgobert et la ferme à Mme Leclerc pour ce que je lui dois de la succession Leclerc. Si elle y consent, je le désire de tout mon cœur. Envoyez-moi l'écrit que je le signe et que je n'en entende plus parler. Je ferai cette donation à partir du 1er janvier 1814 et elle se chargera de la dette des 25 000 francs. Je serais désespérée de la payer... Quant à Lieu-Restauré et à la Novellara, je ne veux pas les donner dans ce moment. Je suis bien aise de conserver cela, mais il faut bien que vous vous gardiez de lui faire comprendre mes intentions. »

Ce n'est point fini là et il faudra encore que les Leclerc subissent bien des caprices de leur ci-devant alliée avant qu'ils s'établissent à Montgobert.

Surtout le séjour à Nice a été traversé par des souffrances presque continuelles. Le 13 février, Mlle de Quincy écrit : « La santé de Son Altesse est un peu moins mauvaise ; mais il y a fièvre depuis deux jours. » On espère dans le beau climat et dans le nouveau médecin, mais l'un et l'autre n'y peuvent rien. « Notre princesse, écrit le 28 Mme de Cavour, est toujours dans le même état ; son estomac est mieux. Quant à la fièvre et aux douleurs, c'est toujours la même chose. » En mars, « la santé de Son Altesse Impériale est toujours à peu près de même » ; point de forces et beaucoup d'ennui ; le 7 avril, « la princesse est toujours bien maigre et a toujours sa petite fièvre, mais d'ailleurs elle est un peu mieux. » Le 28, « Son Altesse est toujours bien souffrante, elle vient d'avoir et elle a encore une crise assez forte, bien qu'elle le soit moins qu'à l'ordinaire. Un jour de calme est suivi de huit jours de douleur. Elle a suspendu son régime. » Et c'est un désespoir dans la maison où la vie est intenable, devant cette perpétuelle maladie à laquelle nul médecin ne comprend rien et les variations d'un caractère que l'ennui et l'oisiveté exaspèrent plus encore que la souffrance.

Mais quoi ! N'est-ce pas 1813, le lendemain de la campagne de Russie, la veille de la lutte suprême où l'enjeu va être l'Empire et, par là, pour les Bonaparte, être ou n'être pas ? Quels sentiments Pauline accuse-t-elle ? Comprend-elle quel abîme elle côtoie et jusqu'où elle peut rouler ? Ajoute-t-elle cette inquiétude majeure aux futilités dont elle se tourmente et, par celles-là, surmonte-t-elle un instant celles-ci ? Non. Elle croit si bien aux succès de l'Empereur qu'elle ne semble pas un instant troublée ; elle se fie au génie de son frère ; elle envisage la campagne qui s'ouvre comme apportant l'inévitable revanche des malheurs que l'hiver seul a causés. Elle est pleine de cet espoir et le doute même lui paraîtrait une offense. A cela, une bonne raison : elle est sans nouvelles, comme tous les Français, n'ayant par les journaux, depuis la publication du Vingt-neuvième Bulletin, pas même l'indice de ce qui se prépare en Europe, n'apprenant que des victoires par les salves de canon ou les sonneries de cloches. Moins que qui que ce soit, elle est renseignée. Nul de la Famille ne lui écrit des nouvelles politiques, par prudence d'abord, puis par égards pour ses nerfs. On a élevé autour d'elle un mur de ouate qui intercepte tous les bruits. Dans la maison, la consigne est si sévèrement donnée, si rigoureusement suivie, qu'on ne doit pas même y faire part des malheurs particuliers. « Dites à Ferrand, écrit Mme de Cavour à l'intendant, que, s'il a de mauvaises nouvelles de sa petite à donner à sa femme, qu'il ne lui écrive pas, parce que cela tourmente la princesse et que, lorsqu'il reviendra, il n'ait pas trop l'air chagriné. La princesse voudrait qu'on n'écrivît ici aucunes mauvaises nouvelles qui regardent les familles des personnes qui sont ici, mais je sais que cela est difficile. »

Si Pauline entend priver sa femme de chambre favorite des nouvelles de sa fille malade et, semble-t-il, mourante, parce que cela la distrairait de son service et attristerait son visage, comment parlerait-on autour d'elle de la guerre ? L'on garde une attitude d'autant plus réservée qu'elle est commandée à la fois par l'Empereur, qui n'aime pas qu'on parle, moins encore qu'on écrive, et par la princesse, qui, portant à son frère une admiration religieuse et passionnée, n'admet pas qu'on puisse douter qu'il ne doive être constamment victorieux. Les nouvelles mauvaises ne serviraient qu'à l'inquiéter, à rendre pour ses entours la vie plus difficile encore. Et puis, qui les connaît ? Pauline demeure donc dans son ignorance entière des choses du dehors, uniquement occupée de ses fantaisies, de ses tracasseries d'intérieur, de ses souffrances et des remèdes qu'elle y cherche.

A la fin de mai, elle se décide à partir pour les eaux de Gréoulx. « Je désire, écrit Mme de Cavour, que les eaux fassent du bien à Son Altesse. Elle en a bien besoin, car elle est bien faible. En attendant, le voyage me fait bien peur, car je crains qu'elle ne souffre. On a cependant pris toutes les précautions pour qu'elle trouve sur sa route toutes les commodités possibles, soit pour le transport, comme pour les gîtes. »

Saluée à son départ par le préfet des Alpes-Maritimes, M. Dubouchage, frère aîné de l'ancien ministre de la Marine de Louis XVI, qui, en récompense des soins qu'il a pris, recevra un buste en plâtre, comme jadis Ladoucette, sans consulter l'Empereur qui, crainte des Anglais, eût sans doute interdit le trajet par mer, la princesse s'embarque à Nice, descend à Fréjus d'où elle gagne Draguignan dans une berline qu'on a exprès envoyée de Paris à Marseille, mais qui, si bien suspendue qu'elle soit, la fatigue et la fait souffrir à crier. A Draguignan donc, quittant ses dames qui la précéderont en faisant le détour par Aix, elle monte dans sa chaise à porteurs pour le reste du voyage ; mais, pour atteindre en chaise à porteurs Gréoulx, à la limite des Hautes-Alpes, du Var et des Bouches-du-Rhône, il faut des lacets à l'infini, par Lorgues, Saint-Maximin, Barjols, Quinson et Riez, si bien que, partie le 2 juin de Draguignan, elle arrive seulement le 7, bien fatiguée, bien souffrante, mais mieux qu'on n'espérait après une telle folie. Pauline sait bien que l'Empereur la désapprouverait ; aussi, de chaque station, sur la route d'Aix, la lectrice expédie à l'intendant des lettres qu'on remettra à la Famille comme venant de Nice.

« Gréoulx est devenu un palais, écrit Mlle de Quincy. Personne ne le reconnaît et les buveurs qui sont au nombre de soixante seraient beaucoup plus considérables si nous n'occupions pas la moitié de la maison. L'année dernière, il y en avait cent cinquante ; cette année, il y en aurait deux cents. Son Altesse leur donnera encore plus de célébrité. Du reste, ajoute-t-elle, le pays n'est pas plus beau. Oh ! les vilains rochers ! Envoyez-nous donc des buveurs aimables, il n'y en a pas un là. »

Le séjour à Gréoulx s'annonce fort bien. Après dix jours, la princesse n'a pas eu de crise et elle prend les eaux régulièrement et avec succès. Il y a bien encore des traverses et, quand souffle « un vilain vent appelé mistral qui, en dépit de la Provence et de la saison, amène du froid », la princesse est « bien souffrante », mais, au résumé, l'amélioration est telle que Pauline se voit déjà à Paris et à Neuilly. Dès lors, l'objet de ses préoccupations a changé ; elle ne pense qu'à organiser, à embellir, à orner ses deux palais. Tout y est passé en revue avec une attention méticuleuse et tracassière. Pas de jour où une note de huit, dix, douze pages « écrite sous les yeux et sous la dictée de S. A. I. Madame la princesse Pauline », par la lectrice, Mlle de Quincy, ne parte pour Paris. Il y a des raffinements de luxe, une folie de fleurs, des vases de marbre à l'infini, des imaginations « d'escaliers à l'anglaise, du meilleur goût et d'une élégance recherchée », avec la rampe en bois d'acajou, les barreaux en bronze, des vases bronzés assortis pour y mettre des fleurs, les marches très douces, d'un bois clair et « un petit tapis au milieu et pas de toute la largeur de l'escalier ». C'est des recommandations sur les portes, les rideaux, les clefs, les lieux à l'anglaise très propres, les mauvaises odeurs, les sonnettes, les pompes — et puis l'argenterie à renouveler, et puis les parures à monter et à enrichir. De Gréoulx elle se promène en souvenir dans chacun des salons, l'inspecte, change les meubles de place, vérifie les tentures, accroche ou décroche les tableaux. L'ère des règlements est rouverte ; Paulette, la divine Paulette, légifère à nouveau et elle rend des décrets, comme celui du 4 juillet, en vingt articles de ce genre : « ARTICLE 3. On ôtera tous les baquets d'aisance. Les gens iront dans les commodités qui sont sur le devant de la maison. La première fois qu'on manquera à la règle pour faire quelque cochonnerie, M. Michelot fera payer un louis d'amende. La seconde fois, on chassera celui qui aura manqué, sans pension ni recommandation. Le suisse d'antichambre surveillera les valets de pied pour qu'ils ne parlent pas haut, attendu que leur antichambre est près de Son Altesse et que d'ailleurs cela n'est pas décent. Il ne laissera pas jouer aux cartes ni autrement. Les amendes seront de 3 à 6 francs. »

Le style n'est point noble, mais l'ordonnance est stricte et les sanctions rigoureuses. C'est que Pauline joint à son caractère natif, méticuleux et tracassier, ayant certains des côtés intimes du caractère de Napoléon, le désir de modeler sa maison sur celles de Joséphine et d'Hortense, parangons d'élégance et de goût.

Bien sûr, aimant aussi peu ses belles-sœurs, ce n'est pas d'elles qu'elle attend des renseignements, mais, à chaque lettre, elle commande à son intendant de s'instruire comme on fait chez elles pour les livrées, pour les fleurs, pour les massifs, pour les tentes à l'entrée des vestibules, pour les réverbères, les tapis, les gages, la police. Cela revient comme un refrain ; sans se l'avouer, malgré sa beauté, sa grâce, son argent, elle se sent incapable de faire aussi bien, et malgré elle, elle se conforme à la mode qu'ont inaugurée ces Parisiennes.

Entre deux saisons à Gréoulx, Pauline va, du 12 juillet au 19 août, s'établir près d'Aix dans une maison de campagne appelée La Mignarde que le commissaire ordonnateur J.-B. Rey, qui en est propriétaire, a mise à sa disposition. Joli site, de l'eau, de beaux arbres, une gentille installation. Pauline compte reconnaître l'hospitalité qu'elle y recevra, cinq semaines durant, avec un schall de cachemire de cinquante à soixante louis qui aura « de l'apparence. » Elle fait chercher à Paris. « Il ne faut pas l'acheter, mais il faut en donner les détails pour que Son Altesse se décide. » Son Altesse ne se décide pas et elle trouve sa générosité suffisamment prouvée par le don d'un buste en plâtre.

Le séjour à La Mignarde a débuté par un temps détestable qui ne permet pas de sortir le nez dehors. « Il fait un mistral redoutable et un froid à se chauffer. » Pourtant la princesse, remontée par sa cure, persiste pour le moment à penser qu'elle rentrera à Paris en septembre. Elle jouit en égoïste de ses parures qu'elle s'est fait apporter, elle attend des devis, elle raffine encore en pensée sur tout ce qu'elle a commandé : « Il est temps, écrit-elle, qu'en arrivant à Paris, je puisse un peu jouir après avoir tant souffert... J'aurai bien du plaisir à être enfin chez moi et à y trouver tout ce qui me fera plaisir... Je veux que tout soit d'une propreté charmante. » Mais les devis d'architecte n'arrivent pas et la princesse ne veut rien commencer sans les avoir examinés. Lorsqu'ils parviennent à La Mignarde en août, elle les trouve excessifs. « On parle maintenant, écrit-elle, de cent mille francs comme de dix francs. J'ai donc réduit le tout à ce qui m'a paru convenable et raisonnable. Je ne veux pas qu'on passe d'un sou les 80000. Tout est compris dans cette somme, même Neuilly. J'entends qu'avec la somme fixée, les mêmes choses soient faites. Je garde tous les devis afin d'en faire la comparaison. En y mettant de l'économie et plus de temps, cela pourra se faire. » Elle dit même : « Si mon palais n'était pas fini, je logerai ailleurs. »

Mais une lettre de l'Empereur vient changer tous ses projets. Avant de quitter Nice, au moment où elle était encore fort souffrante, elle a écrit à son frère une lettre que, par ses ordres, on a portée aux Tuileries et où, alléguant les avis de son médecin, elle demandait à prolonger son séjour dans le Midi. De Dresde, le 19 juillet, l'Empereur répond : « J'ai reçu votre lettre. Je vois avec peine que votre santé soit toujours mauvaise. Je ne puis que m'en rapporter aux conseils que vous donnent vos médecins. J'approuve que vous restiez dans le pays qui vous promet un prompt rétablissement et un plus prochain retour à Paris. » La princesse écrit aussitôt : « Je compte n'être de retour à Paris qu'au printemps d'après une lettre très aimable de l'Empereur qui m'engage à suivre l'avis des médecins en passant encore un hiver à Nice, afin de retourner le plus tôt possible à Paris et dans le meilleur état possible. »

Elle est repartie le 20 août à Gréoulx où la même existence recommence avec des tracasseries pareilles. A présent, ce qui l'inquiète, outre les domestiques qu'on renvoie et qu'on reprend, les travaux sur qui elle ne tarit pas, la propreté à propos de quoi elle s'exalte, c'est la question des confitures, celles qu'on a dû faire cette année, les anciennes qu'on ne lui a pas envoyées, les nouvelles qu'elle entend goûter ; c'est la vente annoncée du mobilier du duc d'Abrantès et l'unique preuve de l'intérêt qu'elle prend à cette Laurette qui, à en croire les mémoires, aurait été sa meilleure amie, c'est de commander qu'on fasse chez elle une bonne provision de vins d'Espagne, car le duc en avait quantité. On en prendra pour dix mille francs, mais après qu'on les aura goûtés et fait goûter. Et puis elle s'informe si la duchesse vendra ses saphirs et de quelles autres pierres elle serait disposée à se défaire : « Je sais, écrit-elle, que ses saphirs sont beaux et on pourrait peut-être les avoir à bon compte. » Et « M. Decazes qui connaît la duchesse sera un très bon intermédiaire. »

L'on croirait à un égoïsme à ce point déterminé que, hors elle-même et ce qui la touche, Pauline n'aime rien ni personne. Elle aime ses frères pourtant, et bien plus que ses amants. Elle aime sa mère, Fesch et Louis avec qui elle correspond et pour qui elle cherche des cadeaux qui puissent leur plaire. Surtout, elle aime l'Empereur. Quelque soin qu'on ait pris pour lui cacher les mauvaises nouvelles, on n'a pu empêcher certaines de filtrer jusqu'à elle. Elle a bien été contrainte de se dire que les choses n'allaient pas bien, lorsqu'elle a vu M. de Clermont-Tonnerre partir dans les Gardes d'Honneur, et qu'elle a dû appeler M. de Montbreton pour le remplacer. A mesure que sa santé s'améliorait, l'on a été moins discret. Ce qui prouve à présent qu'elle sait, c'est qu'elle impose le secret : « La princesse, écrit Mlle de Quincy, me charge de vous dire qu'il faut prévenir tous les gens et toutes les femmes ou sœurs de ne rien écrire sur la politique. Ces gens-là écrivent des sottises que ceux-là répètent et il n'est pas convenable que cela soit. Imposez le silence sur ce chapitre, cela choque Son Altesse et avec raison. Elle est décidée à renvoyer le premier qui s'en mêlera et à faire punir le premier qui aurait écrit. » Mais cela est de la déférence, du respect, peut-être de la crainte, non de la tendresse.

En voici : Ayant sorti ses bijoux de son palais, et les ayant fait apporter à Gréoulx, elle les renvoie, ordonnant qu'on les dépose chez Madame. Là, on prendra son grand collier de diamants, celui que Picot lui a fourni et qui est estimé 210 000 francs. On le vendra, si on en trouve 100 000 francs comptant, et le reste en billets. Ainsi, de bijoux qu'elle vendra, d'argent qu'elle raclera dans sa caisse, ramasse-t-elle 300 000 francs qu'elle offre à l'Empereur. Elle est la première, elle est la seule à y penser. « S'il accepte, écrit-elle, je resterai embarrassée, mais n'importe. Je me réduirai moi-même. J'ai fait ce que je dois. » De Gotha, le 25 octobre, l'Empereur lui répond : « Ma sœur, j'ai reçu votre lettre du 13 octobre. Mes dépenses ont été considérables cette année et le seront encore plus l'année prochaine. J'accepterais le don que vous voulez me faire, mais la bonne volonté et les ressources de mes peuples sont telles que je crois mes moyens assurés pour faire face aux énormes dépenses qu'exigeront les campagnes de 1814 et de 1815, quels qu'en soient les événements. Si cette coalition de l'Europe contre la France se prolongeait au delà et que je n'eusse pas obtenu les succès que j'ai le droit d'espérer de la bravoure et du patriotisme des Français, alors je ferai usage de votre don et de tous ceux que mes sujets voudront me faire. »

C'est ici la première lettre qu'il lui écrive de ce style, la mettant presque dans la confidence de ses desseins, élevant à le comprendre cette Paulette qu'il traitait en enfant, dont il raillait et fustigeait les caprices, tout en lui gardant l'affectueuse complaisance d'un frère aîné, quelque chose d'attendri dans son amitié qui était comme un hommage à sa beauté.

Il a senti battre ce cœur qui tressaillait pour lui; il saisit, pour les baiser, ces radieuses mains qui tendent vers lui, pour réparer ses désastres, le peu d'or qu'elle possèdent, et à celle qui, la première et la seule, a compris quel était le devoir, parce qu'elle a écouté son instinct, il dit ces paroles fermes et graves, paroles d'Empereur que doit seule entendre la sœur préférée de César.

Jusqu'à la mi-octobre, Pauline a été retenue à Gréoulx par une grave maladie de Mme de Cavour — fièvre inflammatoire bilieuse, accompagnée d'un érésypèle général. Madame, très préoccupée des événements, les gens d'affaires justement inquiets de ne plus rien recevoir des dotations d'Allemagne, désiraient formellement qu'elle revînt directement à Paris, pour y prendre des précautions et des mesures indispensables. Dans la maison, tout ce qui est du service d'honneur aspire au retour, mais Espiaud, le nouveau médecin, qui n'y gagnerait rien et y perdrait tout, profite de l'étonnante autorité qu'il a prise sur Pauline — et qui sans doute n'est pas toute scientifique — pour ordonner un nouveau séjour à Nice. Montbreton qui la connaît depuis Montgobert, a vainement tenté un effort sur sa raison. Elle a d'abord semblé convaincue, et si, à ce moment, il avait été soutenu par une lettre de Madame, par des lettres de Decazes qu'une sorte de fatalité a retardées, « par l'avis de tout ce qui est près d'elle depuis dix-huit mois », il l'eût vraisemblablement emporté, « mais le soupçon qu'un peu d'intérêt personnel pouvait l'engager à tenir ce langage a détruit toute la force de ses arguments. » La princesse a donné « l'ordre le plus absolu de ne plus rien tenter auprès d'elle pour altérer ses résolutions. Elle a ajouté que ceux qui s'opposaient à son séjour à Nice voulaient sa mort. » C'est là de ces déclarations qui ferment la bouche aux bavards.

Quoique le temps fût tout à fait gâté, elle se mit en route le 18 octobre. Pendant trois jours consécutifs, abritée seulement par sa petite chaise, elle reçut une pluie torrentielle. Arrivée au Muy, près de Fréjus, elle fut obligée de s'arrêter quelques jours, partie à cause de sa santé, partie à cause du vent contraire. Elle s'embarqua enfin le 28 et subit dans la traversée jusqu'à Nice un mal de mer qui a achevé d'épuiser ses forces. A Nice, son état donne les plus vives inquiétudes. Son médecin, qui est seul à la voir, prononce qu'il est de toute impossibilité de la transporter, fût-ce à une lieue. Il renouvelle à tous les gens de la maison la défense expresse de lui rien communiquer. Des lettres qui arrivent à son adresse, même celles de la Famille, nulle n'est décachetée. « Je suis, écrit Montbreton, très inquiet de la situation où elle se trouve, car nous sommes très mal dans ce pays, et, si des circonstances majeures nous forçaient de quitter cette ville, je ne sais pas comment nous pourrions la transporter jusqu'à Lyon. »

Et pourtant, au moment même où elle débarquait

à Nice, elle s'occupait d'y faire venir de Paris, pour charmer ses soirées, un guitariste de grand renom, le nommé Castro, qui était de la maison de la princesse de Suède; elle lui faisait offrir un engagement, 800 francs pour le voyage, six, sept, même huit cents francs par mois, le logement et la nourriture. « Dans les circonstances présentes, écrivait-elle, cela lui sera avantageux; la princesse de Suède ne le gardera pas, l'hiver sera triste à Paris. Il apportera sa guitare et sa musique. » Mais ce n'a é[illegible] qu'une fantaisie qui passe : la maladie la fait r[illegible]ettre, les événements la font écarter. « Vous pensez bien, écrit-elle le 10 novembre, que, dans les circonstances, je ne peux plus l'avoir. »

A peine sortie de cet état de prostration et de faiblesse qui ne lui permettait ni de lire, ni même d'ouvrir une seule lettre, elle retombe aux inquiétudes qui la harcèlent. Les mauvaises nouvelles l'accablent, mais la crainte d'en manquer la torture. Que doit-elle? Combien a-t-elle en caisse? Il n'y a rien à espérer de Hanau, de la Westphalie, peut-être de l'Italie; alors, elle imagine des combinaisons, envoie des gens à Francfort et à Mayence, suspend les travaux qui ne sont pas d'urgence, arrête toutes les dépenses. De là pourtant à imaginer que ce soit la catastrophe, il y a loin. « Je vois bien, écrit-elle le 14 novembre, que ma position de fortune éprouve des pertes, mais je les supporte avec courage et résignation. Seulement, je réduirai mon budget pour l'année prochaine et je ferai moins de dépenses, ne voulant pas être jamais dans l'embarras. »

Là s'arrête sa prévoyance. Elle semble ne pas vouloir en apprendre davantage ; elle se cache à elle-même les vérités pénibles ; elle interdit aux personnes de sa maison « de lui parler de rien que de sa santé », elle « attribue toujours ses maux à ce qu'on lui dit » ; mais il faut bien qu'elle écoute lorsque Madame lui parle : « Que vous auriez bien fait, lui écrit Madame le 17 novembre, de suivre le conseil de M. de Montbreton dans le temps, car je crains bien que vous ne soyez forcée de quitter Nice lorsque vous vous y attendrez le moins. »

Comment quitter ? « Son état est désolant. Chaque jour, de nouvelles crises. Elle est dans l'impossibilité de quitter d'ici, écrit Mme de Cavour, le 24 novembre. Nous serons bien heureux si, en quatre mois, elle peut gagner assez de forces pour cela. Elle est maigre à faire pitié ; tout la chagrine et l'irrite. Il faut lui épargner autant qu'on peut les mauvaises nouvelles de ses affaires. » C'est là, en effet, la préoccupation continuelle ; mais elle est en méfiance, et elle veut s'en occuper toute seule ; de sa mauvaise écriture, douloureuse et lasse, elle écrit des factums à Decazes, le seul à présent dont elle prise et suive les avis. De temps en temps, dans des lettres de huit, de douze pages, elle s'interrompt : « Combien je suis fatiguée d'avoir écrit !... » « Je n'en puis plus !... » Et c'est encore des pages et des pages, un ressassement de plaintes pitoyables, comme un sanglot d'agonie.

En même temps, près d'elle, pour profiter des derniers débris de sa chancelante fortune et de son influence expirante, les demandes affluent et se font plus pressantes et plus âpres. M. de Forbin entend lui vendre, pour 3 500 francs, des nécessaires qu'elle lui donna jadis et, pour 6 000, des meubles provenant de sa terre de La Roque en Provence : on acquittera la lettre de change de 3 500 francs, mais, quant aux meubles, « ils ne sont pas arrivés depuis plus de cinq mois qu'ils ont dû être envoyés. La princesse croit donc qu'ils n'ont pas été expédiés. » Ordre à l'intendant de ne pas les recevoir et de les faire déposer chez M. Grégoire, homme d'affaires de M. de Forbin. Et puis, alors, des histoires pour qu'elle accepte, surtout qu'elle paye ces meubles. Mais de tous les solliciteurs, le plus pressant est Decazes. Non content de ce qu'il a reçu, il veut plus et mieux : une grande place : celle de procureur général, sans doute. D'abord il emploie Mme de Cavour et Mlle de Quincy pour prier la princesse d'écrire à l'Empereur; quand il a échoué, il s'adresse à Pauline elle-même, et, comme elle croit ne pouvoir se passer de lui, elle promet de s'exécuter : « Comme la poste part dans une heure et que je suis toute souffrante, surtout depuis trois jours, écrit-elle le 24 novembre, je veux, mon cher monsieur Decazes, vous dire seulement que j'écrirai pour vous à l'Empereur. Je vous enverrai la lettre pour l'Empereur et une aussi pour l'archichancelier pour qu'il la remette à l'Empereur. Je vous aime et je désire de tout mon cœur que vous soyez heureux. Si mes affaires eussent été meilleures, j'avais le projet de vous offrir cent mille francs pour votre beau-père et même, si je le puis, disposez de moi. » Mais la démarche qu'exige Decazes lui coûte si fort, lui paraît si inopportune et si risquée, qu'elle s'ingénie à gagner du temps. « Son Altesse Impériale, fait-elle écrire le 6 décembre par Mlle de Quincy, me charge de vous dire que vous n'ayez aucune inquiétude sur la demande qu'elle doit faire pour vous à Sa Majesté; que son intention est de la faire au jour de l'an. Son Altesse demande s'il ne faudrait pas encore écrire au ministre qui doit vous présenter, car Son Altesse veut faire *tout ce qu'il faut* pour que la chose réussisse. »

M. Decazes eut le bonheur qu'elle ne réussît pas, même au jour de l'an. Pour ce jour de l'an, la princesse, malgré les pertes qu'elle subit, entend faire les choses comme d'ordinaire, au moins en apparence, et il lui faut quantité de présents, tant elle a de services à reconnaître; mais au plus juste prix. D'abord trois cents francs de bonbons du Fidèle Berger — marque médiocre — en vingt ou vingt-cinq boîtes ou cornets; puis des bustes en plâtre, mais elle ne les paiera que 30 francs au lieu des 87 qu'on lui demande; après, des portraits par Saint ou façon-Saint, car Saint veut 500 francs par portrait et Mme Dumeray fera d'excellentes copies à 120 francs, surtout si la princesse indique les retouches, comme : « les cheveux trop clair, l'épaule trop relevés; la bouche pas assez fine »; pour les enfants dont les parents se sont rendus utiles, on aura de petits habits à la hussarde, bruns, à boutons d'argent et cordonnets de soie, avec le petit schako, le petit sabre et la petite giberne; « tout cela bien simple et pourtant joli, mais surtout pas trop cher. » Ce sera le cadeau d'importance, comme pour le petit Leroy, le fils du préfet de Draguignan. Paër aura une boîte à chiffre de 325 francs et Martini en recevra une moins belle, pour le soin qu'ils ont pris de procurer de la musique. Même pour les gens qu'elle aime le mieux, elle va à la rencontre. On montera un portrait d'elle par Saint dans un médaillon d'or, fort et solide, et on l'enverra à une adresse qu'elle donne, avec un nécessaire de vermeil, un de ceux qu'elle a rachetés de Forbin, qu'elle a ordonné de compléter et de remettre à neuf; et, à la place du chiffre effacé, on gravera un nouveau chiffre A. D. — Auguste Duchand.

Au moins, pour le Roi de Rome, ne lésine-t-elle pas et ne demande-t-elle pas des cadeaux d'occasion. « Vous chercherez dans Paris les choses qui pourraient le plus convenir au Roi de Rome, écrit-elle de sa main à son intendant. Je désire que, pour le jour de l'an, il ait un souvenir de moi. Vous porterez à Mme de Mesgrigny, sous-gouvernante, la liste des choses qui peuvent lui être agréables, avec la lettre que Mlle de Quincy vous enverra pour elle, et vous lui ferez choisir les choses qui pourront le plus convenir au Roi et que ce soit surtout quelque chose qu'il n'ait pas, soit des joujoux, soit un petit meuble, soit quelque chose de chez Biennais. Enfin vous arrangerez cela avec elle et vous pourrez y mettre jusqu'à 3 000 francs. Je vous recommande extrêmement cette commission ; j'y attache beaucoup de prix. » Sur l'avis de Mme de Mesgrigny, Michelot choisit chez Biennais un déjeuner en vermeil de 3 281 francs, et la princesse veut tout en savoir : s'il est d'une forme nouvelle, combien de pièces il comporte, quel est le décor, comment sont les armoiries, et, le 29 décembre, elle donne l'ordre qu'on le porte avec une lettre à Mme de Montesquiou.

Ainsi est-ce pour elle une occasion de tracasser et de se distraire en recherchant les présents qu'elle fera à l'archichancelier, à Fesch, au baron Louis, au cardinal Spina, son aumônier, qu'elle a mandé à Nice. Pour celui-ci, c'est un rubis du Brésil entouré de diamants « bien monté et avantageux » — sans doute, car il ne coûte que 800 francs.

Pour ses étrennes à elle, sauf l'Empereur qui y pense et lui envoie un déjeuner de cinq pièces, fond or avec des fleurs peintes par Van Os et Rivereux, rien, mais on a eu à Nice le 29 décembre la nouvelle de « l'entrée de l'armée ennemie dans la Suisse. Elle devait être à Genève hier, écrit Mlle de Quincy. Selon les lettres que nous avons reçues, on dit 160 000 hommes. Dieu nous aidera, je l'espère, mais, si la paix ne vient pas à notre aide, je ne sais comment cela finira. Mais l'Empereur nous la donnera peut-êre. »

C'est là ce qu'on pense dans la maison, et quelle désillusion cachent ces espérances prétendues ! Quant à Pauline, elle a près d'elle, outre Espiaud qui intercepte tous les bruits fâcheux, le valet de chambre Ferrand qu'elle a promu à la dignité de bibliothécaire et qui, comme tel, lui fait la lecture. Ce n'est point une sinécure, car il lui faut tous les romans qui paraissent et son divertissement unique est d'en entendre indéfiniment. Ferrand, qui se trouve ainsi constamment auprès de la princesse, « n'est parvenu à ce degré de faveur qu'en flattant tous ses goûts et toutes ses espérances. Il écarte toutes les mauvaises nouvelles, ne présente que les avantages remportés par l'Empereur et est arrivé à faire tirer le canon par le gouverneur de Nice pour les plus minces succès ». C'est là ce qui explique la persistante confiance de Pauline. Sans doute sait-elle que sa fortune est pour l'instant entamée et qu'elle doit faire des sacrifices. Elle en tient compte en établissant le budget de 1814 ; elle réduit 18000 francs sur la cuisine, 3000 sur la cave, 2000 sur le chauffage, 19000 sur les achats de linge ; plus de frais de bureau au régisseur, plus de traitement au secrétaire des Commandements[1], au

[1] Pour le secrétaire des Commandements, il faut avouer qu'elle avait trop tardé, à en croire le secrétaire lui-même. M. Ernest Dupré de Sainte-Maure, qui, à en croire David, n'avait aucun rapport avec le Dupré de Saint-Maur, officier aux gardes, ni avec cette famille, et « était le fils d'un très honnête marchand de Carcassonne nommé Dupré qui avait jugé à propos de féodaliser son nom en y ajoutant celui de Sainte-Maure », avait, depuis l'an XIV, été comblé par Pauline, qui lui avait donné, outre la place de secrétaire des Commandements, celle de gouverneur de Neuilly et, par ses démarches réitérées, l'avait fait désigner le 17 février comme député au Corps Législatif. Même, lorsqu'elle licencia partie de sa maison, elle eut le crédit de le faire nommer par l'Empereur sous-préfet de Beaune. Or, dans une brochure publiée en 1819 : HIER ET AUJOURD'HUI, SATIRES

chirurgien, au conservateur de la Galerie : un valet de chambre, deux valets de pied en moins, dix-neuf chevaux seulement à l'écurie ; même, sur la toilette, 6000 francs supprimés chaque mois. Mais ce budget des mauvais jours ne s'élève pas moins à 525 180 francs. C'est un moment à passer et le beau soleil luira de nouveau. Au pis, si la paix se fait, la princesse ne saurait perdre ses dotations, ni surtout ses rentes sur l'État français. Cela permettra encore de vivre. Aussi pense-t-elle, au début de janvier, à meubler Villiers où elle irait en juin : « Cela m'est essentiel, écrit-elle, car je ne peux habiter Neuilly l'été. »

Le 5 janvier Mlle de Quincy écrit : « Son Altesse est encore dans l'ignorance des dernières nouvelles, l'état dans lequel elle est encore pour quelques jours n'ayant pas permis à son médecin de l'en instruire... nous restons ici. Où serions-nous mieux ? Le pays est tranquille et d'ailleurs la santé de Son Altesse ne permet pas le moindre déplacement. »

Mais le 7 il faut bien lui parler. Un courrier arrive expédié par Madame et porteur de lettres urgentes.

qui, quoique anonyme, est surement de M. Dupré de Sainte-Maure, se trouvent page 14 les vers suivants :

> ... Si mon âme, bravant un système oppresseur,
> N'attendit pas, par la crainte asservie,
> La chute de l'usurpateur
> Pour signaler sa tyrannie,
> Si la Bourgogne a retenti souvent
> De mon zèle et de mon courage ;
> Si des Bourbons serviteur vigilant,
> De mon amour pour eux j'ai donné plus d'un gage...

Il faudrait citer diverses autres pièces, comme le *Député de l'an* 1813 et *l'Achat d'une terre en* 1814. Voilà un homme reconnaissant !

La princesse s'affole : partir, elle n'y pense pas, elle ne le peut pas — au moins le croit-elle — quelque danger qu'il y ait d'être coupé par l'ennemi. Elle envoie donc à Paris Mlle de Quincy qui portera ses instructions : Ordre à M. de la Borde, son caissier-payeur, à M. David, administrateur de ses domaines, à M. Michelot, son intendant, de remettre à Madame tout son argent, tous ses diamants, tous ses bijoux. Et ce sont des lettres d'une écriture qui tremble et s'effare, des lettres trois fois reprises, faites à coups de post-scriptum : « Rosalie va à Paris. Elle est chargée par moi des ordres importants. Il faut faire tout ce qu'elle vous dira et lui donner les détails qu'elle demandera sur toutes mes affaires, car je n'y puis rien comprendre. En détail. Je veux que tout reste dans le secret le plus grand. Elle vous dira tout ce que je ne puis faire moi-même. »

De Paris, à peine arrivée, Mlle de Quincy envoie des nouvelles déplorables et c'est fini de l'accalmie qu'avait procurée son départ. « Elle ne me cache pas, écrit la princesse, combien je suis pauvre et qu'il me faut diminuer mes dépenses de moitié. » Et alors elle veut congédier tous ses agents d'administration : « N'ayant plus de revenus, écrit-elle, je ne veux plus en conserver les charges. » Et tous les jours elle rumine des économies, elle renvoie des gens, elle vend des chevaux, elle se dépouille pièce à pièce de son train royal, et l'on dirait qu'il lui en coûte moins qu'à toute autre, non qu'elle n'en ait point joui quand elle le menait, mais que, en vérité, la plus grande partie de sa vie — même de princesse — s'est passée dans des auberges, et sans grands besoins. Le seul qu'elle ait réellement, c'est l'amour — et où en trouva-t-elle plus que sur les grand'routes ?

TABLE

XXVIII. Les rois napoléoniens en France (Août 1813. — Janvier 1814).

ÉVREUX, IMPRIMERIE CH. HÉRISSEY ET FILS

SOCIÉTÉ D'ÉDITIONS LITTÉRAIRES ET ARTISTIQUES
Librairie Paul Ollendorff
50, CHAUSSÉE D'ANTIN. — PARIS

ŒUVRES DE M. FRÉDÉRIC MASSON

de l'Académie française

Mémoires et Lettres du Cardinal de Bernis (1715-1758). . . . 2 vol. in-8°.
Le Cardinal de Bernis depuis son ministère (1758-1794) . . . 1 vol. in-8°.
Journal inédit du marquis de Torcy. . . . . 1 vol. in-8°.
Le Département des Affaires étrangères pendant la Révolution (1787-1804). . . . . 1 vol. in-8°.

ÉTUDES NAPOLÉONIENNES

I. **Napoléon inconnu. — Papiers inédits** (1786-1793), publiés en collaboration avec GUIDO BIAGI, *accompagnés de Notes sur la Jeunesse de Napoléon* (1769-1793). . . . 2 vol. in-8°.

La série est complète en deux volumes.

II. **Napoléon et les Femmes. — L'Amour**. . . . . . 1 vol. in-8°.
Joséphine de Beauharnais (1763-1796) . . . . . . 1 vol. in-8°.
Joséphine Impératrice et Reine (1804-1809). . . . 1 vol. in-8°.
Joséphine répudiée (1809-1814). . . . . 1 vol. in-8°.
L'Impératrice Marie-Louise (1809-1815) . . . . . . 1 vol. in-8°.

La série sera complète en six volumes.

III. **Napoléon et sa Famille** . . . . 9 vol. in-8°.

I. (1769-1802) . . .	1 vol.	V. (1809-1810) . . .	1 vol.
II. (1802-1805) . . .	1 vol.	VI. (1810-1811) . . .	1 vol.
III. (1805-1807) . . .	1 vol.	VII. (1811-1813) . . .	1 vol.
IV. (1807-1809) . . .	1 vol.	VIII. (1812-1813) . . .	1 vol.

IX. (1813-1814) . . . . 1 vol.

L'ouvrage complet formera douze volumes.

IV. **Napoléon et son fils**. . . . . 1 vol. in-8°.
V. **Napoléon chez lui. — La journée de l'Empereur aux Tuileries** . . . . 1 vol. in-8°.
VI. **Cavaliers de Napoléon**. . . . . 1 vol. in-8°.

CHAQUE VOLUME : 7 FR. 50

Collection à 3 fr. 50

Jadis. . . . . 1 vol. in-18.
Le Marquis de Grignan, petit-fils de Mme de Sévigné. 1 vol. in-18.
Souvenirs de Maurice Duvicquet . . . . 1 vol. in-18.
Jadis (2e série). . . . . 1 vol. in-18.

Sous presse : **L'Affaire Maubreuil.**

ÉVREUX, IMPRIMERIE CH. HÉRISSEY ET FILS

www.ingramcontent.com/pod-product-compliance
Ingram Content Group UK Ltd.
Pitfield, Milton Keynes, MK11 3LW, UK
UKHW020153250726
13967UKWH00003B/1037

9 782012 923966